아들
서울대
가다

아들! 서울대 가다

초판 1쇄 인쇄 2012년 07월 05일
초판 1쇄 발행 2012년 07월 10일

지은이 | 김대호
펴낸이 | 손형국
펴낸곳 | (주)에세이퍼블리싱
출판등록 | 2004. 12. 1(제2011-77호)
주소 | 서울시 금천구 가산동 371-28 우림라이온스밸리 C동 101호
홈페이지 | www.book.co.kr
전화번호 | (02)2026-5777
팩스 | (02)2026-5747

ISBN 978-89-6023-923-4 03370

대입수시 대비 매뉴얼

아들

서울대 간다

| 김대호 지음 |

너무나 많은 입시 정보의 홍수 불필요한 정보는 가라!

핵심만 파악하고 학생 스스로 창의적으로 변용하라!
서울대 합격생 아빠의 수시 대비과정 '생생리뷰'
십여 년의 '대입 전략 지도'와 '논술 지도'의 노하우 공개!
대입수시 전형에 필요한 모든 사례를 한 권에 담았다!

ESSAY

아들에게 쓰는 편지

네가 서울대를 가고 싶다고 했을 때 아빠는 내심 기뻤다. 최고의 명문학교를 가겠다는 너의 의지가 기특하기도 했지만, 사립대는 등록금이 비싸서 합격해도 걱정이 앞설 판이었기 때문이다.

평소에 아빠는 너에게 공부하라는 말보다는, 항상 이러이러한 사람이 되었으면 좋겠다고 말해 왔다. 그저 따뜻한 마음으로 이웃을 돌아보는 사람이 되었으면 하는 바람뿐이었다. 성적에 대한 기대가 아니라 올곧은 성품에 대한 기대가 더 컸었다.

네 생각에도 이런 아빠의 모습이 너의 학업 성적에 관심이 없어서 그런가보다 할 정도로 무심하게 느껴졌을지도 모르겠다. 그런데 아들아! 아빠는 내색은 안 했지만, 항상 너에 대한 기대와 믿음으로 살아왔다. 아빠는 네가 밝은 표정으로 친구들과 어울리며 놀러 나간다고 할 때가 가장 흐뭇했다. 이런 아빠의 속마음을 네가 알아채고 네가 공부에 전념했던 것 아니었나 싶다.

네가 서울대를 가겠다고 말한 이후, 무섭게 공부하는 너를 보면서 안쓰러우면서도 참 대견했다. 혹시 집안 사정 생각해서 저러나 싶은 생각에 미안하기도 했다. 그런 너를 보면서 아빠는 생각했다. '그래, 대학에 붙고 떨어지는 것은 아빠에게 중요하지 않다'고. 저렇게 눈에 불을 켜고 책을 잡고 있는 너의 모습 그대로가 아름다웠다고.

난 지금도 너를 보면 눈물 나게 고맙다. 내가 오히려 너를 통해서 인생의 교훈을 얻는다. 아빠가 너만큼만 열심히 살았으면 좋겠다.

아들아! 네가 내 인생의 존경스런 스승이다.

2012. 6. 5. 아빠가

머리말

자식을 가진 부모들의 한결같은 소망은 우리 아이들이 잘 자라서 훌륭한 사회 구성원으로 성장하는 것입니다. 지금보다 더 인간적이고 풍요로운 삶을 누릴 수 있기를 소원합니다.

하지만 현실은 우리의 아이들에게 많은 짐을 더해 주고 있습니다. '죽음의 사각형'이라고 불리는 내신과 수능, 그리고 비교과 영역과 대학별 고사까지, 현실이 너무 많은 것을 요구하고 있는 것도 사실입니다.

그런 부담감 때문에 너무 일찍 자신의 꿈을 포기하거나 막다른 곳에서 방황하는 아이들을 볼 때마다, 이 땅을 살아가는 한 아빠로서 참담함을 느낍니다. 인생의 기쁨과 즐거움을 느끼기도 전에, 무거운 책가방과 쫓기는 시간으로 고통 받고 있는 아이들을 생각하면 가슴이 답답합니다.

이러한 상황을 풀어주지 못하는 안타까운 아빠의 마음으로 이 책을 쓰게 되었습니다. 이 책이 어떻게 대학입시를 준비할지를 고민하는 학생들에게 작은 도움이 되었으면 좋겠습니다.

지금은 '스펙'의 시대라고들 하지요. 스펙으로 대학에 가고 스펙으로 입사하고 스펙으로 결혼하고, 진학이나 취업과 같은 삶의 중요한 선택들이, 누가 더 좋은 스펙을 가지고 있느냐에 따라서 결정된다고들 합니다. 그러나 아닙니다. 진정한 스펙은 자신에 대한 한없는 믿음과 당당한 자신감이라는 것을 아이들에게 간절한 마음으로 전해주고 싶습니다.

아들과 함께 고민했던 지난 3년을 돌아보면서, 보잘 것 없지만 아들의 평범했던 공부 방법과 대입수시 대비 방법을 구체적 사례를 들어 소개하여 보통의 학부모님 그리고 그 자식들과 작은 희망을 같이 나누고 싶은 마음입니다.

  십여 년부터 해왔던 논술 지도 경험을 바탕으로, 먼저 아이들이 스스로 공부를 할 수 있는 기초 공부법을 제시하고, 효과적인 대입수시 전략에 대해서 설명을 하겠습니다. 그리고 수시로 대학을 가기 위해 준비해야 할 구체적 자료들을 아들의 예를 들어 설명하려고 합니다.

  물론 개인적 특성과 환경의 차이로 이것이 공부의 왕도라고 단정적으로 말할 수는 없습니다. 다만 이 책에서 여러분이 궁금해 하는 부분이 조금이나마 해결될 수 있다면, 그것으로 만족합니다.

  지난 3년을 잘 이겨내고 꿈을 이룬 아들과 그 동안 옆에서 애정으로 돌봐 온 가족들에게 감사의 마음을 전합니다.

2012. 6. 5. 김대호

추천의 글

"내 아들, 네 후배 됐다."

지난 해 말 수십 년 지기인 대호(저자)의 아들이 서울대학교에 합격했다는 소식을 듣고 반갑게 축하해주었지만, 마음 한편에 의외의 놀라움도 있었습니다.

친구의 아들이 이른바 잘나가는 특목고 출신도 아니고 경제적으로 평범한 가정에서 성장하여 지방에 있는 고등학교에서 명문 대학에 입학하는 것이 쉽지 않을 것이라는 생각이 있었기 때문입니다.

합격하기까지의 과정을 담은 글을 읽어 보니 자녀의 대학 입학에 있어서 학생의 노력도 중요하지만 아울러 부모의 역할도 중요해 보입니다. 저 또한 대학생 자녀를 두고 있는 학부모이지만 자녀의 대학 입학을 돕기 위해 아빠가 나서는 것은 몹시 부담스러운 일입니다.

그만큼 대학 입학 전형 방식이 과거에 비해 복잡해졌습니다. 다양한 강점과 개성을 지니고 있는 신입생을 선발하고자 하는 취지입니다만 그러한 전형 방식의 변화는 또 다른 진입 장벽과 사교육 시장을 형성시킬 수 있습니다.

소득의 격차나 타고난 집안 배경의 차이에 의해 교육을 받을 수 있는 기회조차 현격히 달라진다면 사회적으로 볼 때 불행한 일이 아닐 수 없습니다. 저 또한 소득계층이나 사는 환경에 구애받지 않는 균등한 교육 기회 제공에 기여하겠다는 마음으로 온라인 교육 회사에서 일하고 있습니다.

그러한 관점에서 이 책은 중요한 의미가 있습니다. 평범한 배경 속에서 성장한 학생의 명문대학교 합격 과정을 구체적으로 기록하고 있기 때문입니다.

　비록 하나의 케이스에 불과하지만 그 안에는 한 고교생의 결단과 열정이 있고, 그 아빠의 헌신적인 지원 과정이 담겨 있습니다. 이 책은 대학 입학을 앞두고 있는 학생들은 물론 학부모님들에게도 유용하고도 감동적인 지침서가 될 것입니다.

2012. 6. 5. 박광수
서울대학교 경제학과 졸업
(주)교육지대 경영지원 실장

CONTENTS

I. 공부 비법! 이대로 따라해 봐

수년 동안 논술학원을 운영하면서 경험한 효율적인 학습법을 아들에게 실천하도록 권유했습니다. 별로 특별한 내용은 아니지만, 제 나름의 노하우라고 생각해서 아들에게 한번 따라해 보라고 했습니다. 이 장에서는 평범한 학생들에게 조금이나마 도움을 주고자, 제가 아들에게 전수한 학습 노하우를 소개하겠습니다.

▶ 1. 목표와 실천 계획을 세워라

대부분의 사람들은 살면서 많은 목표를 세웁니다. 특히 새해가 되면 많은 사람들이 빨갛게 떠오르는 해를 바라보면서 한 해의 청사진을 마음속에 그려봅니다. 해에게서 받은 벅찬 감동으로 세운 계획들이 비록 하룻밤의 꿈일 때도 있고 작심삼일일 때도 있지만, 어떤 특별한 경우에는 평생을 두고 이루고 싶은 소중한 목표가 되기도 합니다.

하물며 대학 입시를 앞둔 학생이 3년 동안의 목표와 계획이 없다면 참으로 안타까운 일입니다. 그런데 주변을 돌아보면 많은 학생들이 목표의식도 없이, 그저 공부에만 전념하는 것을 보게 됩니다. 어디로 가야 할지도 모르고 항해하는 배라면 얼마나 위태롭겠습니까? 조그만 풍랑을 만나더라도 당황하고 두려워하지 않겠습니까?

목표에는 단기, 중기, 장기적 실천 계획이 명확히 제시되어야 합니다. 그리고 체크가 가능해야 합니다. 자기 스스로 자신의 학업 상태를 점검하는 것입니다. 이러한 활동은 비단 대학입시를 위해서가 아니라 앞으로 사회생활을 해 나가는 데에도 큰 도움이 됩니다.

첫째, 장기적 목표입니다. 장기적 목표는 자신의 인생관, 가치관을 드러내는 삶의 지표입니다. 어떻게 살고 싶다는 가치관을 표현해도 좋습니다.

예를 들어 삼성그룹의 사장이 되겠다는 목표도 좋고, 양극화 극복을 위한 복지제도의 마련에 전력하겠다는 목표도 좋습니다. 단, 이러한 장기적인 목표가 설정되었을 때에는 구호에만 그치지 말고 반드시 세부적인 실천 방안을 마련하는 작업이 필요합니다. 삼성 그룹의 사장이 되겠다면 대학에서 어떤 전공이라도 상관없습니다. 경영학이건 재료공학이건 간에 기초적인 소양과 전문적 배경지식을 습득해 가는 과정이 중요합니다. 기업의 세계화를 위해서 영어를 정복하는 일, 세계 문화와 세계사를 공부해서 그 나라의 특성을 살피는 일, 인간에 대한 이해를 위해서 다양한 인문학 책을 섭렵하는 일, 세계적 기업을 운영하기 위해서 세계 경제의 흐름을 파악 하는 일, 우리나라 경제현상을 분석하고 앞으로의 전망과 대책을 생각하는 일, 실질적인 기업 경영을 위해 경영 이론에 대한 공부를 하는 일 등 다양한 노력들이 세부 실천 사항에 포함되어야 합니다.

둘째, 중기 목표입니다. 중기 목표는 진로와 연관된 대학 진학에 초점을 맞추면 될 것입니다. 자신이 가고 싶은 대학 또는 갈 만한 대학을 선정해서 꾸준히 그 대학에 대한 정보를 파악하는 것이 중요합니다. 각 대학에 대한 정보는 각 대학의 '입학처' 사이트를 활용하면 충분합니다. 또한 목표한 대학과 전공을 위해서 어떤 일을 준비해야 하는지 꾸준히 탐색해야 합니다. 내신 등급은 몇 등급을 요구하는지, 그 대학의 입학사정관제의 특징은 무엇인지, 대학별 고사는 어떻게 준비해야 하는지, 수능 최저 기준은 몇 등급인지 등등 꼭 알아야 할 정보들을 미리 파악해야 합니다. 대학 입시 요강도 해마다 조금씩 변하고, 자기가 전공하려는 과목도 해가 다르게 변합니다. 이런 흐름을 파악하고 준비하는 자세가 필요합니다.

예를 들어 전기전자 공학부에 가고 싶다면 교과서 이외에 더 확장된 이론이나 새로운 학문적 경향을 여러 경로를 통해 습득해야 합니다. 실제로 2012년 서울대 공학부 지역 균형 면접시험에서 원자력에 대한 기본 원리와 안정성에 대한 설명을 요구한 문제가 나왔습니다. 일본에서 발생한 쓰나미의 영향으로 터진 '후쿠시마 원전의 방사능 유출'은 작년 국제사회에 큰 파장을 가져왔습니다. 중국이나 여러 선진국에서 진행되던 원자력 이용에 대한 반대 여론이 고개를 들었고 우리나라 역시 건설된 지 오래된 고리 원자력 발전의 중단 요구가 시민 단체를 중심으로 거세지고 있는 실정입니다.

이상에서 볼 수 있듯이 과학이나 공학의 이론들도 현재 세계가 직면하고 있는 심각한 문제들에서 자유로울 수 없습니다. 시시때때로 일어나는 시사 문제에 대한 정확한 이해와 더불어 전공 기초 지식을 쌓는 것도 중기 목표에서 중요한 실천 사항입니다.

중장기 목표에서 가장 중요한 일 중의 하나가 독서를 통한 간접경험과 사회에 대한 관심과 이해를 넓히는 일입니다. 자신의 전공에 국한된 책 읽기보다는 인문, 사회, 과학, 예술, 철학 등 다양한 분야의 책을 골고루 읽기를 권합니다. 성장기의 학생에게는 다양한 영양분이 필요하듯이 인성과 지성을 함께 겸비할 수 있는 책읽기가 좋습니다.

특히 서울대 구술 면접에서 독서 활동에 대한 질문은 그 학생의 깊이를 알 수 있는 척도입니다. 설령 서류전형에서 C나 D등급(실제로 서류전형에서 A를 받은 친구는 질문 내용이 쉽습니다)으로 분류되었다 하더라도 구술면접을 통해 자기 약점을 극복하고 오히려 자기 자신을 강하게 드러낼 수 있는 기회로 삼아야 합니다. 실제로 학생에 대한 서류 평가가 모호할 때 한 면접관은 생활기록부나 자기소개서에 있는 책 이외에 '자네가 서울대 학생으로서 자존감을 드러낼 수 있는 책을 읽은 것은 없는가?'를 물으며 책 표지에 대한 상세한 설명까지 곁들여서 대답하라는 질문도 있었습니다.

또한 신문이나 여러 매체를 통해 시시각각 지구촌에서 일어나는 문제들에 대해 그 진행 과정을 파악하고 적어도 자신의 의견 정도는 기록해 보는 습관이 중요합니다. 사회에 대한 이해는 전공을 불문하고 필수입니다. 왜냐하면 우리가 하는 모든 공부의 궁극적 목표는 바로 사회 구성원으로서 어떤 방식으로든지 사회에 공헌하기 위한 것이기 때문입니다.

셋째, 단기 목표입니다. 단기 목표는 고등학교 과정에서 매 학년별로, 매 학기별로, 매 분기별로, 매 시험별로, 매 방학 기간별로 구체적인 계획서를 작성하여 전략적으로 공부하는 방법입니다. 특별한 노하우가 없더라도 자기 스스로 소박하게 작성해도 좋습니다.

단 실천 여부를 꼭 체크하여 자신의 학습 진도와 학습 능력에 맞는 실천 가능한 방법들을 찾아가야 합니다. 너무 무리한 계획보다는 작은 것부터 챙겨야 된다는 뜻입니다. 예를 들어 이번 중간고사까지 언어, 수리, 외국어는 어떤 참고서를 몇 쪽부터 몇 쪽까지 세 번 푼다든지 하는 작은 계획들로부터 시작하면 좋겠습니다. 특히 각 방학 기간 계획은 이전 학기에 배웠던 내용을 복습하는 시간으로 활용하는 것이 효과적입니다.

공부도 전략입니다. 전략적 사고는 목표 설정과 세부 계획에서 나온다는 것을 말하고 싶습니다. 또한 목표가 생기면 의욕이 따라옵니다. 공부에 대한 흥미를 잃은 친구가 있다면 오늘 당장 계획부터 세우십시오. 시작이 절반이라는 말, 딱 맞습니다. 책상머리에 자신이 세운 계획서를 붙여 놓고 공부해 보십시오. 공부 자세부터 달라질 것입니다.

▶ 2. 집중력을 길러라

첫째, 정리 정돈은 집중력을 갖추기 위한 기본 습관입니다. 미국에는 언어나 수학 학원은 없어도 자기 서랍이나 책상을 정리하는 방법을 가르치는 학원은 있다고 합니다. 바로 자신의 주변 정리가 집중력과 효율성을 발휘하기 위한 바탕이 된다는 것입니다.

둘째, 집중력도 노력에 의해서 키울 수 있습니다. 제가 아들에게 제안한 집중 방법은 수업 시간에 지켜야 할 수칙에 잘 드러납니다. 수업 시간에는 어떠한 경우라도 손을 쉬게 해서는 안 됩니다. 선생님 강의 중에 중요한 핵심어에는 박스 표시를 합니다. 중요한 핵심 문장에는 항상 밑줄을 긋습니다.

또한 모르는 어휘가 나오면 동그라미 표시를 하고 이후에 꼭 그 의미를 파악해서 메모를 합니다. 의문 사항이나 더 보충설명이 필요한 부분은 따로 메모해 두었다가 선생님께 질문하거나 스스로 찾아서 메모합니다. 별거 아닌 것 같아도 참 하기 힘든 작업입니다.

특히 메모하는 습관은 사회생활에서도 중요합니다. 자기가 속한 조직에서 회의를 할 때나 강의를 들을 때, 또 갑자기 번뜩이는 아이디어가 떠오를 때도 그 순간을 놓치지 말고 메모를 하십시오. 메모는 성공으로 가는 지름길입니다.

셋째, 말을 많이 하는 것보다는 남의 말을 경청하는 태도를 견지하는 것입니다. 말하기는 쉽습니다. 자신이 생각하는 바를 풀어 놓으면 되니까요. 반대로 남의 말을 듣고 있으려면 몸에서 쥐가 납니다. 듣기가 훨씬 어렵다는 증거입니다. 그러나 꾹 참고 경청하십시오. 한발 더 나아가서 말하는 사람의 생각을 따라가십시오. 논리적 흐름을 쫓아가다 보면 자신의 생각과 맞는 부분도 있을 것이고 자신의 생각과 반대되는 의견도 있을 것입니다. 어떤 경우는 말하는 사람이 논리적 오류를 범하는 경우도 있습니다. 이런 모든 것을 생각하면서 듣다 보면 자신도 모르게 집중력이 발휘될 것입니다.

▶ 3. 반복학습을 하고 오답은 수시로 체크하라

먼저, 8번 반복학습법에 대해 설명하겠습니다. 독일의 심리학자 헤르만 에빙하우스의 망각률과 반복학습의 관계에 대한 연구에 따르면 인간의 뇌는 시차를 두고 8번 반복했을 때 가장 효과적으로 기억한다고 합니다.

어떤 정보가 우리의 뇌로 들어오면 먼저 보조기억 장치인 '해마'에 저장이 된다고 합니다. 그런데 똑같은 정보가 반복적으로 자극이 되면 우리의 뇌는 그 정보가 중요하다는 것을 인지하고 하드 디스크인 '대뇌 피질'로 옮겨져 보관한다고 합니다. 그러면 평생 동안 지워지지 않는 기억으로 남게 되는 것이라고 합니다. 예를 들어 우리가 자신의 출신 대학교 교가는 생각도 나지 않지만 어렸을 적에 수없이 반복한 초등학교 교가는 죽을 때까지 기억합니다. 참 신기한 일입니다.

그렇다면 8번 반복하는 것이 가능한 일일까요? 시간이 너무 걸리는 건 아닐까요? 걱정하지 마십시오. 첫 번째 정보를 볼 때와 마지막 여덟 번째 정보를 볼 때는 그 속도가 엄청나게 다릅니다. 예를 들어 첫 번째 역사책을 볼 때는 10시간이 걸렸다면 마지막 여덟 번째는 1시간도 채 걸리지 않을 겁니다.

그러면 반복의 시차가 기억에 도움이 된다는 사례를 말해 보겠습니다. 어떤 학생들은 시험 기간이 되면 한 과목 한 과목 차례대로 시험 범위를 마스터했다고 자랑을 합니다. 그런데 시험을 보면 그 결과가 좋지 않습니다. 한 과목 한 과목 정보를 입력할 때마다 한 과목 한 과목씩 공부했던 내용이 사라졌기 때문입니다. 그러나 잊기 위해서 기억한다는 편안한 마음으로 여러 번 반복해서 가볍게 읽어 보십시오. 자신도 모르는 사이에 중요한 정보들이 머릿속에 남아 있게 되는 놀라운 경험을 하게 될 것입니다. 잊는다는 것은 신이 인간에게 준 선물입니다.

그렇다면 올바른 암기법은 무엇일까요? 그 해답은 망각입니다. 시차를 둔다는 말은 망각의 시간을 준다는 뜻입니다. 한 번에 다 외우려고 대들지 말고 잊기 위해 공부한다는 가벼운 마음으로 여러 번 반복하는 것이 효과적인 암기법입니다. 평소에나 시험 기간 중에나 매일 적당한 분량을 정해서 여러 과목을 돌려가며 공부하는 것이 효과적입니다. 또한 학교에서 쉬는 시간, 자투리 시간을 활용하여 그날 배운 것을 가볍게 다시 보는 것도 좋은 방법입니다.

다음으로, 오답 체크에 관한 것입니다. 실제로 학원에서 아이들에게 며칠간의 시차를 두고 똑같은 언어영역 문제를 풀라고 하면 틀렸던 문제는 틀림없이 틀리고 심지어 맞췄던 문제도 틀리는 경우가 허다합니다. 아이들이 아무리 책상 앞에 앉아서 열심히 공부를 해도 성적이 오르지 않는 이유가 바로 여기에 있습니다. 반복학습에 대한 요령을 몰랐기 때문입니다.

인간의 기억은 망각을 통해 형성된다는 역설적 메커니즘을 이해한다면 공부에 큰 도움이 될 것입니다. 따라서 여러 권의 참고서나 문제집을 섭렵하기보다는 한 권의 책을 정했으면 그 책을 반복적으로 학습하기를 권합니다. 사실 여러 권의 책을 보더라도 실상은 그 문제가 그 문제입니다. 책 사느라고 돈 들고 공부해서 남는 것 없고, 이러한 비효율적인 공부를 그만하고 오답 체크를 통해 한 권의 책을 끈질기게 물고 늘어져 보기를 권합니다.

오답 체크도 기술이 있습니다. 전혀 모르겠던 문제는 체크 세 개, 중간 난이도는 두 개, 조금 어려웠던 문제는 체크 하나로 표시해서 체크 표시가 많을수록 더 많이 풀어보는 등, 자기만의 독창적인 방법을 개발해서 공부한다면 자신도 모르는 사이에 성적이 향상될 것입니다.

▶ 4. 불필요한 요소는 과감하게 버려라

학생들을 유혹하는 것, 세 가지를 언급하겠습니다.

첫째, 이성에 대한 관심입니다. 사춘기가 되면 아리따운 이성에 관심을 갖는 것은 지극히 건강한 모습입니다. 다만 이성에 대한 지나친 관심이 공부보다는 외모에 신경을 쓰게 하여 마음을 잡지 못하게 합니다. 이런 학생들은 책상 앞에 앉아 있어도 책은 안보고 서랍 속에 고이 간직해둔 거울만 쳐다보는 거울 공주님, 거울 왕자님이 되는 되지요. 또한 이성과의 감정 대립으로 갈등마저 겪게 된다면 정신적으로 큰 충격에 빠지게 됩니다. 여러분은 아직 감정을 통제할 수 있을 정도의 내공이 없습니다. 그래서 고민 속에 방황하게 되고 그것이 길어지면 자연히 학습에 대한 의욕도 떨어지게 됩니다. 이 문제는 부모님이나 선생님이 관여할 수 있는 영역이 아닙니다. 학생 스스로 감정의 절제를 통해서 극복해야 합니다.

둘째, 스마트폰의 유혹입니다. 스마트폰은 분명 편리한 문명의 이기입니다. 그런데 학생에게는 '악마의 유혹'입니다. 저는 이 현상을 '스마트폰 광기', '스마트폰 망국'이라고 감히 규정합니다. 제가 그렇게 꽉 막힌 사람은 아닌데 이상하게 스마트 폰만 보면 가슴이 답답해지는 알러지 반응이 일어납니다. 길을 가는 학생을 한번 보십시오. 대부분의 학생들이 스마트폰으로 문자를 하든지 게임을 하고 있습니다.

이 문제는 부모들이 제어해야 합니다. 불필요함의 이유에 대해 자녀와 충분히 대화하고 가급적이면 없애십시오. 얼마 전 페이스북의 창업자가 했던 말이 떠오르네요. 하루에 한 시간은 모든 기계에서 떨어져 혼자만의 생각에 잠기는 시간을 가지라는 당부였습니다. 여담인데요,

아들은 대학에 입학해서야 스마트폰을 갖겠다고 했습니다. 대학생이 된 지금도 핸드폰 사용이 서투른지, 문자를 해도 답이 없고 전화를 걸어도 받지 않는 경우가 허다합니다.

셋째, 컴퓨터와 텔레비전에 대한 유혹입니다. 특히 컴퓨터 게임은 학습에 부작용을 초래합니다. 어떤 학생은 공부를 열심히 하고 머리 식힌다고 게임을 합니다. 이제껏 공부하다가 잠시 게임을 할 때면 꼭 엄마한테 들킨다고 불평을 하면서도 말입니다. 이것은 좋지 않은 방법입니다. 머리를 식힐 때는 머리와 관계없는 신체 기관을 사용하여 운동을 하는 것이 스트레스 해소의 핵심입니다. 이 문제 역시 학생 스스로 결심해야 합니다. 나의 미래를 위해 위의 세 가지를 과감히 버리는 결단을 하십시오. 지금의 삶의 모습이 바뀌면 여러분 앞에 펼쳐질 미래의 모습도 달라지겠지요?

▶ 5. 수업 시간에 이렇게 해보자

이대로 따라하면 절대로 졸리지가 않아요!
^ 핵심어에 박스 치기
^ 핵심 문장에 밑줄 긋기
^ 모르는 어휘에 동그라미치고 사전에서 확인하기
^ 선생님이 강조하거나, 의문이 나거나, 자기 생각과 다른 곳에 메모하기

고등학교 입학

드디어 전

생

이닷.

2. 고등학교 입학! 드디어 전쟁이다

아들은 고등학교 입학에 대비하여 중학교 3학년 겨울방학부터 부족했던 영어와 수학공부에 집중했습니다. 영어는 평소 친분이 있었던 선생님에게 전적으로 맡겼습니다. 이 지역에서는 탁월한 실력과 생기발랄, 조금은 시크함으로 아이들을 휘어잡는 유능한 분입니다. 선생님에게 고1 때까지 성문기초와 성문기본을 교재로 문법을 배우고 독해의 기술을 익혔습니다. 중요한 어휘와 듣기도 제대로 습득하고 훈련했지요. 아들과 같이 공부했던 친구들도 연세대, 성균관대에 모두 합격했습니다. 좋은 선생님을 만났다는 것도 아이들에게는 큰 축복이었습니다.

수학은 중학교 졸업과 동시에 수1, 수2까지 선행학습을 마친, 친구들보다 진도가 많이 뒤떨어져서 고민이 많았습니다. 고등학교에 가서 학교 진도에 맞춰 공부한다는 원칙을 세워 놓았지만 그렇게 되면 다른 과목 공부하기도 버거운데 공부양이 너무 많아서 수업을 따라가기가 어렵겠다는 판단을 했습니다. 그래서 수학전문 학원에 등록을 하여 3개월 정도 선행학습을 했습니다. 고등학교 2학년 때까지 수학 학원을 다니면서 부족했던 부분을 많이 보충하였고, 고등학교에 진학해서 별 어려움 없이 학습 진도를 따라가게 되었습니다.

개인적인 생각으로는, 중3 겨울방학 기간이 아이들의 인생에서 가장 중요한 시기라는 생각을 합니다. 구체적인 학습 계획을 세워서 중학 과정을 마무리하고 고등 기초과정을 선행하면서, 앞으로 자신이 해야 할 공부에 대한 감을 잡는 것이 중요합니다. 이 시간을 허비한다면 인생에서 가장 후회스런 시기로 기억될 것입니다.

▶ 1. 특목고에 갈까? 일반고에 갈까?

아들은 학교 선택에 있어서는 큰 고민을 하지 않았습니다. 청주지역에서 실력 있는 아이들이 선호하는 일반고에 진학하기로 일찌감치 결정하고 있었기 때문입니다. 특목고의 경우, 과학고나 외고가 주류를 이룰 텐데요, 아이의 특성상 외국어 능력이 탁월하다거나 과학적 호기심이 그리 많지도 않았기 때문에 우수한 아이들과 스트레스 받으며 경쟁하는 것이 오히려 아이의 학습의욕에 도움이 되지 않겠다고 생각했습니다.

특히 대학 입학사정관제가 확대되면서 교과 영역과 비교과 영역에서 학교수업과 교내활동을 성실하고 주도적으로 수행한 학생들에게 기회의 폭이 넓어지는 추세라서 추세라고 생각해서 일반고로 진학하는 것이 유리하다고 판단했습니다. 물론 2014학년도부터 절대평가제가 시행된다면 기존의 특목고 아이들이 유리한 면이 있겠지요. 지금까지는 내신등급 때문에 일반고 학생들에게 열세에 있어서 서울대에 가기가 힘들었는데 앞으로는 많은 합격생이 나올 것 같습니다.

하지만 서울대의 '교육이념'과 '인재상'을 고려할 때 일반고 학생들이 크게 불리할 것이 없다고 생각합니다. 서울대는 우리 사회의 교육 환경을 혁신하는 영역에서 선도적인 입장에 있는 학교입니다. 개인의 이익보다는 공익을 더 많이 생각하고, 현재의 능력보다는 미래의 잠재력을 더 중요시하는 학교입니다. 서울대학교 사이트의 총장님 인사말에서도 볼 수 있어요. 서울대는 사회적 약자 계층의 학생들이 교육의 기회 균등이라는 우리 사회의 보편적 가치에서 소외되지 않도록 애쓰는 좋은 학교입니다.

실제적으로 서울대가 수시 비율을 80% 이상으로 높여서 '입학사정관제'를 확대하는 이유도 일률적인 기준으로 우수한 특정 학교나 특정 지역 출신의 학생을 뽑겠다는 뜻이 아니라, 서울대를 지원하는 학생들이 자기가 처한 환경에서 어떻게 어려움을 극복하고 스스로 공부하려는 의지를 보여 주었는가를 평가하겠다는 것으로 생각됩니다. 지역 균형 비율을 높인다든지 특기자 전형을 일반전형으로 바꾼 것이라든지, 수능 최저 기준이 타 학교에 비해서 2등급 2개 이상으로 그다지 높지 않은 이유도 '건학 이념'에 충실하고자하는 서울대의 의지라고 생각합니다.

▶ 2. 일반고 진학의 장단점을 파악하라

1) 일반고 진학의 장점에 대해서 설명해 보겠습니다.

첫째, 일반고 아이들은 평범하고 순수한 동네 친구들이라는 점입니다. 인간은 관계 속에서 사회성을 배우고 성장합니다. 그 속에서 조화와 협력의 미덕을 배웁니다. 어릴 때부터 같이 소꿉놀이하고 축구하던 친구들과 같이 공부할 수 있다는 것은 참으로 행복한 일입니다. 물론 대학이라는 목표로 서로 선의의 경쟁은 불가피하지만 과도한 경우는 찾아 볼 수가 없습니다. 친한 친구가 공부를 잘하면 칭찬해주고, 공부하기에 힘들어 하는 친구가 있으면 위로도 해줍니다. 서로 부족한 학습에 대해 도와주기도 하고요, 같이 밤을 새면서 인생과 꿈에 대해서도 이야기하기도 합니다. 참 아름답지 않습니까?

둘째, 학업 스트레스가 비교적 적다는 것입니다. 중학교 때 성적이 상위권에 들었고, 앞으로 고등학교에 가서도 열심히 하겠다는 학습의지가 확고한 학생이라면, 고등학교에 가서도 꾸준히 우수한 성적을 유지할 수가 있습니다. 다들 평범한 학생들이 모여 있기 때문에 상위권을 유지하기가 상대적으로 쉽다는 말입니다.

셋째, 학교생활에서 자신이 하고 싶은 활동들을 학교에 건의해서 주도적으로 '비교과 활동'을 디자인할 수 있다는 점입니다. 예를 들면, 학교 신문이 발행되지 않는 학교에서 학교신문 발간을 위한 편집부를 만들어 열심히 활동하는 학생을 주변에서 본 적이 있습니다. 이런 적극적인 모습이 바로 자기 주도적 활동의 좋은 모델입니다.

넷째, 집에서 학교를 다니기 때문에 정서적으로 안정감이 있습니다. 학업이나 교우관계 등에서 어려움이나 갈등이 있으면, 친구나 가족들과 언제라도 상의할 수 있습니다. 엄마가 해주는 밥을 먹고 공부할 수 있다는 것이 얼마나 큰 행복입니까?

2) 일반고의 단점에 대해서 말해 보겠습니다.

첫째, 학업 수준의 하향평준화 경향으로 우수한 학생들에게는 비효율적인 공간이라는 점입니다. 학생의 수준에 맞는 수월성 교육이 어렵기 때문에 어찌 보면 효율적 인재 양성이라는 국가적 교육목표에는 부합하지 않는 교육체계입니다. 실제로 학교 선생님의 수업 내용이 자신의 수준에 맞지 않아 고민하는 친구도 있고요, 수업 시간에 다른 책을 펴 놓고 공부하는 친구들도 있습니다.

둘째, 방만하고 시끄러운 수업 분위기입니다. 특목고 학생들은 나름대로 학습 목표도 있고 의욕도 넘치고 해서 적극적인 수업 참여가 큰 장점입니다. 하지만 일반고의 경우 대포자(대학 포기자), 수포자(수학 포기자)

등 적지 않은 학생들이 학업에 흥미를 느끼지 못하고 수업 중에 잡담을 하거나 졸거나 대놓고 자는 학생들이 있습니다. 야간자율학습 시간에도 마찬가지입니다. 물론 과목별로 부분적으로 수준별 수업은 하고 있지만, 이런 상황을 슬기롭게 극복해야만 일반고에서 성공할 수 있습니다.

셋째, 학교에서 수시를 대비한 진학 상담 프로그램이 부족하다는 것입니다. 수시로 대학에 가려면 알아서 하라는 식으로 오직 수능에 올인합니다. 대학마다 다른 입시요강을 진학 담당 선생님마저 파악하지 못하는 형편이니 오죽하겠습니까?

이 대목에서 열정적인 엄마의 역할이 기대됩니다. 실제로 아들을 서울대 보내기 위해서 엄마가 몇 달 동안을 컴퓨터를 붙잡고 밤을 새웠습니다. 컴퓨터 잉크도 3번 정도를 갈았고요, 좋다는 입시 전문 사이트에 가입해서 퇴근 후에는 모니터 앞에서 살다시피 했습니다. 엄마가 흘린 땀으로 서울대를 간 것이 아닌가 할 정도로 무섭게 입시 정보 파악을 했습니다.

실제로 2012학년도 일반고에서 서울대 합격자를 많이 배출한 경기여고나 대구 대륜고의 경우, 한 선생님들이 한 대학씩 입시 상담을 전담하는 방식으로 입학 지도를 해서 성공했습니다. 이러한 선생님의 노력이 있지 않고서는 좋은 대학 보내기가 힘들어진 것입니다. 그런데 대부분의 일반고 학교가 적극적으로 나서서 학생별로 일일이 진로 상담을 해주지 못하는 실정입니다.

여담입니다만 사립고 선생님들은 그래도 학생들의 진학에 대해 애정과 의지가 조금은 있어서 자기 학교에 맞는 입시 프로그램을 개발하고 실천하는 학교가 더러 있지만 공립고 선생님들은 글쎄요, 다 그렇지는 않겠지만 열정이 조금 떨어지는 것은 사실인 것 같습니다. 결론적으로 특목고와 일반고는 일장일단이 있습니다. 아이의 성향을 파악해서 더 유리한 쪽으로 결정하는 것이 핵심이라고 생각합니다.

참고로 아이를 좋은 대학에 보내려면 '삼박자 쿵짝'이 맞아야 된다고 합니다. 아빠의 무관심, 엄마의 정보력, 학생의 실력이라고 하는데요, 제 생각에는 하나가 틀렸습니다. 아버지의 무관심이 아니라 끊임없는 '격려와 관심'입니다. 그런데 조심하실 것은 아빠의 잔소리는 치명적인 독이 된다는 것입니다. 아빠들! 아이들의 뒤에서 든든히 지켜만 봐주세요. 그러다가 아이가 정말 힘들어 할 때 나서서 따뜻하게 대화해 주세요. 그것만으로도 아이들은 큰 힘을 얻습니다. 엄마의 잔소리는 웬만하면 아이들이 수긍합니다. 그렇다고 해서 엄마들 너무 아이를 들볶지 마십시오. 항상 도를 닦는 심정으로 아이를 대해 보십시오. 아이가 부처님이나 예수님으로 보일 때 진정한 부모가 된다고 합니다.

▣ 3. 문과를 갈까? 이과를 갈까? 적성을 살펴라

일반적으로 문과 이과의 선택은 학생의 적성과 학업 성향, 그리고 장래 목표를 고려해서 선택해야 합니다. 그런데 이게 쉬운 일은 아니지요?

흔히들 문과 남학생이 대학에 가기가 가장 힘들고, 그 다음이 문과 여학생, 그 다음이 이과 남학생이고요, 이과 여학생이 대학 가기가 가장 쉽다고들 합니다. 일면 타당한 말입니다. 최상위 남자 이과생들은 의대, 카이스트, 포항 공대 등으로 많이 진학하기 때문에 상대적으로 상위에 대학 진학하기가 상대적으로 쉽습니다.

또한 이과 여학생의 경우에도 여자대학들이 많아서 입학정원이 충분하기 때문에 대학 진학이 쉬울 겁니다. 그렇지만 이 같은 생각은 학생의 장래를 고려한 선택이 아니라, 그저 대학이나 가고 보자는 소극적인 생각이기 때문에 바람직하지 않습니다.

요즘은 학문 간의 '융합'이나 '통섭'이 중요하게 부각되어서 소설을 쓰는 과학자, 인문학 강의를 하는 의사, 철학을 하는 디자이너, 종교학을 공부하는 엔지니어 등 각 학문 간의 관련성이 긴밀해져서 문과 이과로 나누어서 교육을 하는 커리큘럼이 과연 이 시대에 실효성이 있을까 하는 의문이 들기도 합니다. 사실 고등교육에서 문과와 이과로 나누는 교육제도를 실시하는 나라는 거의 없다고 합니다.

실제로 애플의 스티브 잡스는 그의 아이디어는 인문학에 뿌리를 둔 것이라고 강조하면서, IT 엔지니어들에게 필요한 덕목으로 인문학적 소양을 강조하였습니다. 그 자신도 '프레젠테이션의 황제'라고 할 만큼 달변가로도 유명했습니다.

중요한 것은 학생들에게 사회 진출에 대한 많은 정보를 접할 수 있는 기회를 주어야 한다는 것입니다. 아빠의 회사 이야기, 엄마가 모임에서 들은 이야기, 또는 진학 전문가의 책, 학교 진로 선생님과의 상담 등을 통해서 우리 사회에는 새롭고 다양한 삶의 양식이 있다는 것을 일찍부터 아이에게 가르쳐 주세요.

1) 현실적인 문과 이과의 선택

문과와 이과의 선택을 할 때 가장 먼저 떠오르는 것이 '수학을 잘하는가, 못하는가'일 것입니다. 우리 아이는 수학에 관심도 없고 성적도 좋지 않고 해서 문과를 선택한다는 것입니다. 이것은 좀 위험한 생각 같습니다. 언어도 그렇지만 수학도 기초학문입니다. 수학적 사고는 단지 문제풀이가 아니라 일상에서 벌어지는 복잡한 사회 문제들을 합리적으로 풀어내는 기본적인 틀을 제공합니다. 따라서 수학을 성향으로 이해하지 말고 필수적으로 습득해야 할 능력으로 보아야 합니다.

그러면 성격적 특성에 따라 문과 이과 선택을 하려면 무엇을 기준으로 해야 할까요? 위에서 언급하였듯이 사회에 대한 관심과 과학적 원리에 대한 관심으로 구별하는 것이 좋을 듯합니다. 쉽게 말해서 사회탐구 과목에 지적 호기심이 있으면 문과, 과학탐구에 관심이 있으면 이과, 이렇게 선택하는 것이 합리적이지 않을까 싶습니다.

가끔 적성에 맞지 않아 학과 공부를 포기하거나 다른 과로 전과를 생각하는 학생들을 보게 됩니다. 어떤 사람들은 '적성이 어디 있어? 대학만 가면 다 해!'라고 가볍게 생각할지도 모르겠지만 아이들의 후회 없는 선택을 위해서는 현재 학생이 관심을 가지고 있는 분야에 대해서 충분히 대화하고 자신의 적성과 성향, 미래의 꿈을 고려하여 결정해야겠지요.

아들은 고등학교 때부터 공직 진출, 경제학자, 최고 경영자 뭐 이런 것들을 장래 희망이라고 생활기록부에 썼습니다. 큰 의미를 가지고 쓴 것은 아니지만 자신의 선택이 문과에 있다는 의지를 보여 준 것이기 때문에 문과 이과 선택에서 별 어려움은 없었습니다. 다만 문과로 가면 밥 먹고 살기가 힘들다는 주변의 말은 많이 들었습니다. 이과 가면 하다못해 기술이라도 배워서 밥은 굶지 않는다고 조언하는 친구도 있었습니다. 하지만 삶의 과정이 단순히 먹고 사는 문제로 치부된다면 그것만큼 무의미하고 불행한 삶이 어디 있겠습니까?

아이들의 잠재력과 가능성은 무한합니다. 중요한 것은 문과 이과의 선택은 정말 자신이 하고 싶은 일은 찾는 것에서 시작해야 합니다. 또한 조그만 일이라도 이웃과 사회에 도움이 되는 일을 지향하는 선택이 훌륭하다고 생각합니다. 진정한 진로 교육은 아이가 무엇이 돼야겠다는 것을 심어주는 것이 아니라 어떻게 살아야하겠다는 마음가짐을 갖게 도와주는 것이라고 생각합니다.

▶ 4. 수시로 갈까? 정시로 갈까? 이제, 수시는 필수다

수시와 정시의 선택은 이제 무의미해졌습니다. 2013학년도 대입수시 선발 비중이 64.4%로, 총 모집 인원 377,958명 중에 243,223명을 수시로 뽑는 상황에서 수시는 선택이 아니라 필수가 된 것입니다. 올해부터 바뀐 수시 요강을 살펴보면 먼저 수시 지원 횟수가 6회로 제한되었습니다. 같은 대학의 다른 전형에 지원해도 횟수에 포함된다는 사실을 유의하십시오. 단 학교에 따라 트랙 전형이 있을 경우는 한 번의 횟수로 인정합니다. 따라서 수시의 선택은 자기가 가고 싶은 목표 대학과 전공, 갈 만한 대학과 전공으로 구분하여 신중히 선택해야 합니다.

수시 1, 2차를 실시하는 대학은 1차에서는 학교생활 기록부, 성적, 면접 등으로 선발하고 2차에서는 대학별 고사(논술)를 실시합니다. 논술에 강점이 있거나 꾸준히 준비해 온 학생은 수시 2차 전형을 목표로 하는 것이 좋겠습니다.

수시 최초 합격생을 정시 지원에 금지시켰던 것과 달리 올해부터는 추가 합격생도 정시 지원이 제한된다는 점도 유념하셔야 합니다. 이에 따라 정시에서 지원율과 합격점이 크게 상향될 것이라고 예측됩니다.

수시의 비중이 높아지면서 입학사정관 전형의 확대가 예상됩니다. 입학사정관 전형은 내신과 비교과 활동, 자기소개서와 생활기록부 등 다양한 요소가 반영되기 때문에 단순히 수능 시험에만 매달리는 학습 방법으로는 답이 없습니다. 평소 고등학교 생활에서도 각 과목별로 가중치를 두어 고르게 공부해야 합니다. 특히 다양한 경험과 교과 외적인 지식을 습득하려는 노력이 병행되어야 합니다. 따라서 수시를 미리 포기하고 정시만 준비하는 방법은 위험한 일입니다.

그래도 중요한 것은 수능 점수입니다. 거의 대부분의 인기 대학, 인기 학과는 수능 최저점을 상당히 높게 요구합니다. 주변에서도 수시에서 서류전형과 면접시험은 합격하였지만, 수능 최저점을 맞추지 못해 불합격한 사례를 흔하게 볼 수 있습니다. 또한 여러 대학이 수시 일반 전형에서 수능 점수가 높은 학생을 우선 선발하는 제도를 채택하고 있기 때문에 수능 점수가 높은 학생이 합격할 확률이 대단히 높다는 사실을 항상 염두에 두어야 합니다.

생활 기록부는

거짓말을 하지 않는다.

3. 생활기록부는 거짓말을 하지 않는다

학교생활 기록부는 대입수시의 서류 전형에서 자기소개서와 함께 중요한 평가 자료의 하나입니다. 각 학년, 학기마다 선생님과 긴밀히 상담하여 자신의 가치를 잘 드러내도록 성의 있게 작성해야 합니다. 나중에 누락되는 사항에 대해서는 수정이 어렵기 때문에 학교생활 중에서 특기할 만한 사항들을 평소에 잘 메모해 두었다가 작성 시기에 꼼꼼히 기록해야 합니다. 또한 나중에 면접 평가에서 세심하게 체크하는 경우가 있기 때문에 학생 스스로가 그 내용에 대해서 숙지하고 있어야 합니다.

이 장에서는 일반적인 생활기록부 작성 요령과, 면접에 대비해서 어떻게 준비해야 하는지, 사례를 통해서 설명하겠습니다.

▶ 1. 영역별 독서 활동 기록 예시 및 해설

1) 인문 관련

> **해설**
>
> 인문학적 소양은 모든 학문을 위한 기초가 됩니다. 개인적으로는 정체성, 가치관을 확립하는 중요한 영역입니다. 또한 인문학 독서활동을 통해서 사회에 봉사하고 공헌하는 삶의 태도를 배울 수 있습니다. 특히 인문사회계열에 지원 할 학생들은 이 분야에서 좀 더 심도 있는 책읽기가 필요합니다.

① 윌리엄 골딩의 『파리대왕』(민음사)을 읽고 인간의 악한 본성에 대한 고민을 하며 작가가 살았던 당시 배경인 2차 세계대전 후의 피폐

한 사회 모습을 이해하고 독서 토론 활동을 했습니다.

② 조지 오웰의 『동물농장』(민음사)을 읽고 이상을 실현한 후 지도자가 타락하는 모습을 보고, 전제정치의 위험성을 인식하며 일반적 조직 에서도 이와 같은 모습이 나타날 가능성이 있다고 생각하였습니다. 등장인물과 당시 풍자 대상을 연결하는 활동을 했습니다.

③ 조세희의 『난장이가 쏘아올린 작은 공』(가람기획)을 읽고 70년대 산 업화 과정에서 생겨난 부조리와 철거민들의 애환을 알고 현재에 도 발생하고 있는 우리 사회의 빈부 격차 문제와 사회적 약자의 소외 문제에 대해 심각하게 인식했습니다.

④ 유시주의 『거꾸로 읽는 그리스 로마 신화』(푸른나무)를 읽고 그리스 로마 신화의 신들의 모습을 통해 인간의 모습을 발견하고 그 숨은 뜻을 이해했습니다.

2) 사회 관련

해설

> 사회과학 계열의 진학에 관심이 있는 학생은 고전 텍스트를 중심으로 인간 과 사회의 기본적인 문제들을 살펴보고, 시사적인 문제에 대한 배경지식을 넓히는 독서도 병행해야 합니다. 사회 분야 중에서도 경제나 경영학에 관심 이 많다면, 그 분야와 관련된 서적을 즐겨 읽고 독서 토론을 하거나 독후감 을 쓰는 등 풍부한 독서 활동을 드러내는 것도 좋습니다. 자신의 진로에 관 련된 독서활동을 통해서 넓고 깊은 배경지식을 쌓았다는 모습을 보여주는 것입니다.

① 헬레나 노르베리 호지의 『오래된 미래 - 라다크로부터 배우다』(중

앙books)를 읽고 평화로운 삶을 영위하던 공동체에 서구 문명이 유입되는 것이 큰 불행이 될 수 있다는 작가의 생각에 깊이 공감하고, 참된 의미의 진보와 미래의 올바른 발전 방향에 대해 독서 토론을 하고 독후감을 썼습니다.

② 더글러스 러미스의 『경제성장이 안 되면 우리는 풍요롭지 못할 것인가』(녹색평론사)를 읽고 경제성장의 악영향을 인식하면서도 그것을 필수적인 것으로 생각하는 모순된 사고방식을 바꾸어야한다는 주장을 이해하고 독서 토론을 했습니다.

③ 볼프강 쉬벨 부쉬의 『철도여행의 역사』(궁리)를 읽고 철도의 발달이 속도로 인해 시간과 공간을 해체함으로써 자연과 자신의 삶을 단절시키는 과정을 이해하게 되었습니다.

④ 조동성의 『나를 넘어 세계를 경영하라』(21세기 북스)를 읽고 성공한 CEO들에게 특별한 비결보다는 열정, 도덕성, 인간관계의 진실성 등의 기본적인 덕목이 있었음을 깨닫고 자신감을 얻었습니다.

⑤ 짐 코리건의 『스티브 잡스 이야기』(명진출판사)를 읽고 수많은 도전을 거듭했던 스티브 잡스의 인생에 감명 받음. 또한 도전에 따른 실패를 일에 대한 사랑과 긍정적인 마인드로 극복하는 그의 태도를 본받으려 노력하였습니다.

⑥ 우석훈의 『촌놈들의 제국주의』(개마고원)를 읽고 FTA, 이라크 파병, 햇볕정책 등의 이면적 의미를 파악함으로써 사회 경제 현상의 이면의 중요성을 인식하고, 한중일 관계에 대해 깊은 관심을 갖게 되었습니다.

3) 과학 관련

과학 분야는 인문계 학생들의 관심 분야는 아니지만, 교과의 통합적 이해와 다양한 분야의 기초 지식을 습득한다는 점에서 중요한 독서영역입니다. 특히 자연계열 학생들은 자신이 관심을 갖고 있는 과학적 탐구 분야의 새로운 이론에 관한 책이나 학술지를 읽는 것도 좋습니다. 뿐만 아니라 교과에서 배웠던 물리나 화학, 생물 등의 분야에서 기본 개념이나 심화 내용을 다루는 책들도 병행해서 읽는다면 더욱 좋겠습니다.

① 에모토 마사루의 『물은 답을 알고 있다』(더난출판사)를 읽고 물을 포함한 자연에 대한 경외심을 갖게 되고, 물이 인간의 의식에 깊은 연관이 있다는 작가의 주장에 감동을 받고 정신적으로 건강한 삶의 중요성을 재인식하였습니다.

② 제이 베레슨의 『역사를 바꾼 17가지 화학 이야기』(사이언스 북스)를 읽고 역사의 흐름을 바꾼 화학적 사실을 발견하고 인문계 학생에게도 기본적인 소양으로 과학적 상식이 중요함을 알고, 과학 분야에 더욱 관심을 갖게 되는 계기가 되었습니다.

③ 리처드 파인만의 『파인만씨 농담도 잘하시네』(사이언스 북스)를 읽고 천재 물리학자 파인만의 과학에 대한 열정과 인간미를 느끼고 과학 독후감을 썼습니다.

4) 예체능 관련

예술이나 스포츠는 삶의 활력을 주는 영역입니다. 예술과 체육에 대한 기본적 이해를 통해서 삶의 질을 높일 수 있다는 점에서 중요한 독서 영역입니다.

① 평소 축구하는 것을 좋아하기 때문에 박지성의 『더 큰 나를 위해 나를 버리다』(중앙북스)를 읽고 성공한 축구선수 박지성의 축구와 인생에 대한 철학을 배웠습니다.
② 오주석의 『한국의 미 특강』(솔)을 읽고 우리의 옛 미술을 이해하는 시각을 기르고, 우리 문화를 알아가는 것의 즐거움을 느꼈습니다.

▶ 2. 교과학습 발달상황, 세부능력 및 특기사항 예시 및 해설

(1) **국어생활** : 한글 맞춤법과 어휘 어법을 잘 이해하고 평소에도 바른 말을 사용하여 생활하는 모범적인 학생입니다.

(2) **미분적분과 통계기본** : 도표와 그래프에 대한 분석과 이해가 빠르며 과목 내용을 사회에서 응용하는 방법에 대한 호기심을 가지고 공부하는 자세가 돋보입니다.

(3) **영어**2 : 기본 어휘에 대한 습득이 잘 되어 있고 문법에 대한 기초도 탄탄하며 영문 독해력도 우수합니다.

(4) **독서** : 평소 책 읽기에 흥미를 가지고 독서 활동을 하고 있음. 특히, 사회현상을 이해하려는 노력의 일환으로 경제와 관련된 책들에 관심을 갖고 있음. 백범기념사업회가 주관하는 독후감상문 대회에서 장려상을 수상했습니다.

(5) **작문** : 글쓰기 능력이 점차 향상되고 있음. 어휘 사용이 풍부하고 문장력도 우수함. 문단 구성에서 논리성과 통일성을 잘 이해하여 활용하고 있습니다.

(6) **도덕 윤리와 사상** : 사상사에 대한 관심이 있음. 특히, 벤담, 밀의 공리주의, 베버의 프로테스탄티즘과 기독교 윤리, 아담 스미스의 자본주의 탄생의 이론적 배경에 관심을 보이고 적극적으로 수업에 임합니다.

(7) **한국근현대사** : 한국사에 대한 관심을 갖고 스스로 공부하여 한국사 1급 자격을 획득함. 군사독재와 경제성장의 상관관계에 관심을 보이고 효율성과 민주화에 대한 딜레마에 의문을 가지고 질문합니다.

(8) **사회문화** : 사회 현상을 이해하기 위해서 시사 이슈 해설을 스크랩하고, 신문사설을 정기적으로 구독하였습니다.

(9) **수학1** : 수학 심화 과정의 이수를 통해 심화, 응용문제를 해결하는 능력을 키웠습니다.

(10) **정치** : 시사 스크랩을 활용하여 사회문제에 대한 이해를 넓히고, '유패드' 동아리 활동을 통해서 정치 외교 현안에 대한 관심을 키

왔습니다. 특히 북한이 선지원 후 핵 포기의 논리로 한국을 배제한 미국과의 일대일 대화를 고집한다는 점과 이에 대해 이명박 정부는 '그랜드 바겐'이라는 방식으로 모든 남북문제를 한 번에 해결하려는 의지를 가지고 있다는 것을 알게 되었습니다.

> **해설**
>
> 각 과목에 있어서 학생의 수업에 임하는 태도를 구체적으로 서술하고, 수업 중에 했던 질문이나 답변의 경험을 기술하여 학생의 특성을 부각시켰습니다. 또한 학습의 결과로 얻은 성과와 교과목에 연계한 동아리 활동의 내용을 언급하였습니다.

▶ 3. 행동 특성 및 종합의견 예시 및 해설

수업에 집중하는 능력이 탁월한 학생입니다. 수업 시간에 보면 항상 교사와 눈을 마주치고 경청하며 교과서에 꼼꼼히 메모하면서 공부하는 학생입니다. 학생 상담을 통해 시험 기간에 2시간만 자면서 공부했다는 사실을 알게 되었는데 의지력과 열정이 대단하다는 생각을 했습니다.

반에서는 조용하고 차분한 성격으로 급우들과 잘 어울리며 기숙사에서는 축구를 통하여 학업 스트레스를 해소하고 친구들과 화합하는 모습을 볼 수 있었습니다. 성실한 자세로 공부한 결과 한두 과목에 편중되지 않고 과목 전반에 걸쳐 우수한 성적을 유지하였다는 점에서도 모범적인 학생입니다. 대학에 진학하여서도 이런 자세를 유지하여 공부에 전념할 것이라고 생각되며 장차 우리 사회의 동량으로 성장할 것이라고 확신합니다.

① 학업 성적을 향상시키기 위한 노력과 수업 시간에 성실하게 임하는 모습을 보여주었습니다. 또한 아들의 성격에 대해 장단점을 드러내고 장점은 칭찬하고, 단점은 극복 사례를 들어 서술했습니다.

② 학교생활의 기본은 사회성의 습득입니다. 원만한 교우관계를 형성하기 위한 노력과, 친구들과 협력하는 모습을 드러냈습니다.

▶ 4. 특별활동 상황 예시 및 해설

1) 1학년

① 학급 내 바른생활부 활동을 통해 자발적으로 교실 환경 정리를 하고, 계단 물청소와 떨어진 휴지 줍기를 실천하였습니다.

② 수리탐구1반 활동을 통해서 수리 심화 문제를 풀고, 친구들의 질문에 성실하게 답변해 준 경험이 있습니다.

③ 신입생 홍보 활동의 일환으로 모교(중학교)를 방문하여 후배들과 대화의 시간을 가졌습니다. 공부 방법과 고등학교 진로에 관련해서 후배들이 궁금해 하는 사항들에 성실히 답변해 주었습니다. 이 활동을 통해 피상담자의 처지를 이해하려는 자세의 소중함을 느꼈고, 상담의 기술과 요령을 조금이나마 터득할 수 있었습니다.

2) 2학년

① 폭력 자살 예방 캠페인에 참여하여 학교 폭력의 심각성을 깨닫고 학교 내에서 많은 친구들과 교류하는 계기가 되었습니다.
② 부친에게 간 이식을 한 선배를 돕기 위한 모금 활동에 적극적으로 참여하였습니다. 조금이라도 더 도움을 주기 위해 어머니와 상의하여 학부모회에서도 모금할 수 있도록 건의하였습니다.
③ 꽃동네 '행복의 집' 봉사 활동에 꾸준히 참여하여 사회적 약자를 배려하는 공동체 의식을 함양하였습니다.

3) 3학년

유패드(전국 정치외교 연합)의 일원으로 신입생 선발 면접관으로 활동하였습니다. 이 활동을 통해 사회를 바라보는 안목을 넓히고 선후배 사이의 끈끈한 정을 느끼는 계기가 되었습니다.

> **해설**
> ① 진정한 리더십은 앞에 나서서 끌어가는 것이 아니라, 뒤에서 조용히 솔선수범하는 자세가 중요하다는 점을 강조했습니다.
> ② 봉사활동의 영역에서 지속적으로 '행복의 집' 할아버지 할머니들과 관계를 맺고 활동한 점을 드러냈습니다.

▶ 5. 창의적 재량활동 상황 예시 및 해설

1) 주제 탐구 활동
영어 사설을 정기적으로 구독하고 독해하는 활동을 했습니다.

2) 자기주도 학습

- 학교에서 제공한 '스터디 플래너'를 활용하여 학습 계획 세우고 실천 여부를 스스로 점검하면서 학습했습니다.
- 매주 신문 사설 중에서 보수와 진보의 논점을 확인하였습니다. 또한 인터넷 신문들의 사이트를 활용하여 시사 이슈 스크랩을 꾸준히 했습니다.
- 이 같은 활동의 성과로 한국경제신문이 주최하는 생글생글 논술대회에 꾸준히 참가하여 3번의 입상을 하였습니다.
- 지적 호기심을 가지고 충북 무역협회가 주관하는 논술 공모에 스스로 응모하여 '충북 중소기업의 해외 진출전략'에 대한 논술로 장려상을 수상했습니다.

☑ 스터디 플래너 예시

'2011년' 학습 목표

목표 : 서울대 사회과학대학 경제학과

전략 : 전 과목 내신 공부에 철저 대비, 수능 올백 작전

(3)월 학습 목표

언어	기본 개념 정리, 기출문제 4회, EBS 수능특강 풀이
수리	기본 개념 정리, 기출문제 4회, EBS 수능특강 풀이
영어	기본 개념 정리, 기출문제 4회, EBS 수능특강 풀이
탐구	기본 개념 정리, 기출문제 4회, EBS 수능특강 풀이
비교과	논술반 및 독서 토론 지속적으로 활동

(3)월 일정표

일	월	화	수	목	금	토
		1	2	3 입학	4	5
6	7	8	9	10	11	12
13	14	15	16	17	18	19
20	21	22	23	24시험	25	26
27	28	29	30	31		

이 달의 수행평가 (3월)

과목	마감일	수행평가 내용	준비 사항
언어	2012.3.26.	작문 쓰기	구상 중

자투리 시간 활용 계획 (쉬는 시간 활용)

쉬는 시간 영어 단어 10개 외우기

주간 계획표 (3)월 (3)주

	14 월	15 화	16수	17 목	18 금	19토	20 일(보충)
6	언어	수학	영어	수학	영어	수학	영어, 수학
7							
8							
9							
10							
11							
12							
4							
학습시간	3H	5H	3H	5H	3H	5H	6H

자기주도 학습은 각 대학에서 기본적 소양으로 중요시 하는 요소입니다. 특히 무역논술을 스스로 준비했다는 점에서 입학사정관에게 좋은 인상을 심어주었습니다.

▶ 6. 면접에 대비한 생활기록부 분석 및 답변 준비

면접에 대비하여 자신의 생활기록부를 점검하고 구체적이지 못한 부분은 자세한 배경 설명을 통해 보충해야 합니다. 여러 가지 질문 사항에 대비해서 자체적으로 질문서를 만들어 숙지하는 것도 좋은 방법입니다.

1) 진로 지도

질문 부모님이 공무원을 원하시는 이유는?
답변 좋은 의미에서 사회에 영향력 있는 인물이 되기를 희망하기 때문입니다. 우리 사회에서 다 같이 잘 먹고 잘 사는 문제를 정책적으로 해결하기를 바랍니다.

2) 본인의 진로 계획

^ 1학년 : 공무원이라고 썼습니다. 진로 탐색 단계라서 부모님의 조언에 따라 결정했습니다.

^ 2학년 : 행정고시(재경직), CEO로 결정했습니다. 시사 문제에 대한 관심이 경제 문제에 대한 관심으로 발전되었고 경제학을 공부하여 우리 사회의 문제들을 실질적으로 해결할 수 있는 방안을 찾고 싶었습니다.

^ 3학년 : 경제학자가 꿈이라고 했습니다. 구체적인 직업보다는 먼저 공부의 방향이 중요하다는 생각을 했습니다. 경제 문제가 우리의 일상생활에서 가장 바탕이 된다고 생각되었고, 풀어야 할 과제가 산적해 있는 학문이라고 생각되어 학문적 호기심을 갖게 되었습니다.

해설

① 자신의 의지가 반영되지 않은 진로는 입학사정관이 보기에 주체적인 모습이 아니기 때문에 부정적으로 보일 수 있습니다.

② 행정고시 패스나 재정부 관료, CEO 등의 직업은 구체적이기는 하지만 가치관이 담기지 않아서 좋은 인상을 주기가 어렵습니다. 삶의 지향을 담은 보편적인 꿈도 의미가 있습니다.

③ 경제학자가 되어 바람직한 공동체 건설에 일조하겠다고 밝힌 점은 좋습니다. 또한 사회문제에 지속적인 관심을 갖고 그 해결 방안을 모색하고 싶다는 점과, 경제문제에 대한 탐구 의지를 드러낸 점도 훌륭합니다.

3) 교과학습 발달 상황 예시 및 답변

(1) **국어** : 의사 표현이 대단히 신중하며 문제에 대해 핵심을 찌르는 의견을 곧잘 제시합니다. 화술이 뛰어나 다른 사람을 자신의 의도대로 이끌어 오는 능력이 탁월합니다.

질문 화술이 뛰어나다고 기술되어 있는데 그런가?

답변 문제의 핵심을 파악하는 능력은 있습니다. 하지만 그것을 설득력 있게 표현하는 능력은 아직도 많이 부족해서 더 많은 노력과 계발이 필요하다고 생각합니다.

(2) **도덕** : 동양 사상에 근거하여 현대사회가 직면하고 있는 환경문제 극복의 방안을 폭넓은 독서 경험을 바탕으로 풍부한 사례를 들어 조리 있고 설득력 있게 발표하였습니다.

질문 동양 사상에 근거해서 환경문제를 극복하는 방안을 발표했다는데 그 내용은 무엇인가?

답변 역사적으로 동양인의 사고와 서양인의 사고에는 다른 점이 있습니다. 서양은 근대 합리주의 정신을 바탕으로 눈부신 자연과학의 발전을 이룩했고 그 결과 산업 혁명에 성공하여 자본주의 체제를 완성시켰습니다. 반면에 동양은 유교와 도교, 불교의 중심 문제가 인간성의 완성이라는 정신적인 수양을 강조함으로써 서양보다는 상대적으로 서양보다 과학 기술에 집착하지 않는 정신적 성숙함이 돋보인다고 생각합니다. 결국 두 번의 세계대전과 경제 대공황을 통해 도구적 이성의 실패를 뼈저리게 겪은 서양은 동양의 사상에 관심을 갖게 되었습니다. 특히 현대 사회의 인간에 의한 자연 환경의 파괴를 치유할 수 있는 대안으로 동양의 정신이 재평가되었다고 생각합니다. 구체적으로 살펴보면, 유교의 대동정신에서 가족, 이웃, 공동체의 가치를 발견할 수 있으며 노장사상을 통해서 인간의 인위적 개발이 자연을 보존하는 것보다 못하다는 무위자연의 진리를 깨닫게 해 주었습니다. 또한 불교에서 강조하는 자비정신은 현대 사회의 소외를 극복하는 대안으로 중요하다고 생각합니다. 따라서 물질만능주의, 경제적 풍요로움만을 가치 있는 것으로 여기는 현대 사회에서 동양의 사상은 환경문제를 치유할 수 있는 사상적 대안으로 그 가치가 중요하다고 생각합니다.

(3) **종교** : 남을 배려하는 언행을 보여 주었고, 종교와 인생에 대한 다각적인 생각을 많이 하고 있습니다.

질문 남을 배려하는 언행을 했다는데 종교와 인생에 대한 생각은?

답변 평소 친구들에게 상처를 주는 말보다는 격려와 위로의 말을 하려고 노력합니다. 할아버지께서 목회를 하셨기 때문에 어려서부터 기독교에 대한 이해는 어느 정도 갖고 있습니다. 사랑의 실천이라는 명제는 의무론적 명령이라고 생각합니다.

(4) **문학** : 독해력과 글에 대한 이해력 및 분석력이 뛰어나고, 편식 없는 독서를 통해 풍부한 배경지식을 갖추었습니다. 또한 지적 호기심이 강해 의미 있는 발문을 함으로써 학급 전체 수업에 활력소가 되어 왔습니다.

질문 지적 호기심을 가지고 의미 있는 발문을 했다던데 그 내용은?

답변 최인훈의 소설 『광장』을 배우며 주인공 이명준이 남한과 북한 모두를 포기한 이유에 대해 깊이 생각해 보고, 우리 사회가 밀실이 아니라 열린 의사소통의 공간인 광장이 되어야 한다고 생각했습니다. 특히 지상 천국이라고 여겼던 사회주의가 공산당 일당 독재로 숨이 막히는 닫힌 사회라는 것과 자본주의 사회 역시 퇴폐와 향락, 돈으로 물들어 버린 이기적 사회라는 생각을

하게 되면서 이명준은 중립국으로 가는 배에서 자살을 선택합
니다.

(5) **윤리와 사상** : 롤스의 정의 수업과정에서 '무지의 베일', '원초적
입장'이라는 용어 등이 나왔을 때 그것에 대하여 알기 쉽게 발표
해 급우들에게 박수갈채를 받기도 했습니다.

질문 롤스의 정의론에서 '원초적 입장'과 '무지의 베일'을 발표했다
는데 그 내용은?

답변 무지의 베일은 특정한 정책안의 선택을 둘러싸고 관련 이해당사
자들이 어떠한 대안이 자신에게 유리한지를 모르는 상황을 말합
니다. 롤스는 그의 저서 '정의론'에서 이러한 무지의 베일이 가
정된 원초 상태 하에서 합의되는 일련의 법칙이 정의의 원칙이
되어야 한다고 주장합니다. 롤스는 원초적 입장안의 집단은 오
직 시민들이 근본적인 사회적 선으로서 요구하는 공유물에 관
심을 가지게 된다는 점을 자세히 설명합니다. 또한 원초적 입장
안의 대표자들은 그들의 원칙으로서 최소의 노력으로 최대의 효
과를 얻는 원칙을 채택할 것이라는 점을 논증하고 있습니다.

(6) **한국 근현대사** : 군사독재와 경제성장의 상관관계에 관심을 보이
며 효율성과 민주화에 대한 딜레마에 의문을 가지고 질문을 하는
등 역사에 대한 호기심이 많습니다.

질문 군사독재와 경제의 상관관계에 대해 언급하였는데 그 내용은?

답변 군사독재의 효율성이 형평성보다 우선시되었던 경제성장 시기로
정치적으로는 반 민주화의 길을 걷지만 경제 개발 5개년 계획이

라는 계획 경제를 통해 국가가 산업 발전의 주체가 되고, 대기업 중심의 산업구조를 유지하고, 해외 무역을 강화하는 '수출 드라이브' 정책으로 '한강의 기적'을 이루었다고 평가할 수 있습니다. 물론 이러한 정부 주도의 산업 발전은 노동조합의 탄압과 비민주적 악법, 북한과의 적대적 모순의 공존(반대파를 빨갱이로 몰아 숙청하는 방식)으로 정치 민주화에 역행하는 결과를 낳았고, 우리의 정치가 후진성을 벗어나지 못하는 단초를 제공하였다고 평가할 수 있습니다. 또한 정경 유착이라는 부정부패의 사회 풍조를 고착화시켰다는 점도 역사적 비판을 받아야 한다고 생각합니다.

해설

각 과목별로 특기 사항에 대해서 답변을 미리 준비하였습니다.
생활 기록부 상에서 교과 내용에 대한 개념 설명이 필요한 부분에 대해 답변을 준비하였습니다.

☑ 기타 사항

질문 반장이나 임원 경력이 없는데 그 이유는?
답변 반장은 학급에서 구성원들의 의견을 수렴하고 학급 내에서 사소한 부분까지 잘 챙겨야 하는데 저는 기숙사에서 생활하기 때문에 친구들과 의사소통이 원활할 것 같지 않아서 스스로 입후보하지 않았습니다.

비고과활동!
수시합격의

4. 비교과 활동! 수시 합격의 열쇠

대입 수시에서 입학사정관 전형의 확대로 비교과 영역의 중요성이 점차 증가하고 있습니다. 이에 따라 수험생들은 학교생활에 충실히 임하면서 서류 전형과 면접 고사에 철저하게 대비해야 하는 부담이 가중되었습니다. 그러나 너무 염려하지 마십시오. 여러분에게 특별한 활동과 경험을 원하는 것이 아니라 학교생활의 범위 안에서 주어진 여건을 잘 활용하여 주도적으로 자신만의 세계를 개척해 가는 모습만 보여 주어도 충분합니다.

이 장에서는 비교과 영역 중에서 중요한 독서 활동, 봉사 활동, 동아리 활동을 중심으로 각 영역의 일반적인 방법과 서울대 사회과학대학을 목표로 했던 아들의 활동 내용의 구체적 사례를 제시하여 여러분의 이해를 돕겠습니다.

▶ 1. 독서활동의 방법 및 사례, 꿈을 위해 골고루 읽어라

1) 독서 방법

① 다양한 책을 폭넓게 읽으십시오. 전인적인 인격의 완성을 위해서는 인문, 사회, 과학, 예술, 문화, 역사 등 여러 방면의 책 읽기가 필수적입니다. 한 가지 영역에 집중해서 읽는 것도 물론 중요하지만 넓게 읽어서 사회를 바라보는 안목을 키우고, 가치관을 확립해 가는 책 읽기가 선행되어야 합니다.

② 자신의 꿈과 진로에 관련된 책은 깊이 있게 읽으십시오. 다양한 책 읽기를 통해 인생의 목표가 정해졌다면 자신이 선택한 전공 분야

에 대한 깊이 있는 이해가 필요합니다. 특히 '고전 텍스트'들은 인생과 사회에 대한 근본적 성찰을 주제로 하게 때문에 시대와 공간을 초월하여 깊은 의미와 교훈을 줍니다. 이러한 책들을 몇 권 선정하여 정독하는 것도 큰 의미가 있습니다.

③ 책을 읽은 후에는 꼭 기록으로 남기십시오. 독서 감상문 포트폴리오 형태도 좋고 친구들과 독서 토론을 했던 기록장 형식도 좋습니다. 책을 읽은 후에 느낀 자신만의 생각을 잘 정리하여 보관하여 때대로 다시 음미한다면 자신의 정신적 성숙에 큰 도움이 됩니다.

2) 독서 포트폴리오 사례 예시

(1) 인문 영역

[당신들의 천국 / 이청준 / 문학과 지성사]

책 제목에서부터 인상적이었습니다. 왜 '우리들의 천국'이 아니라 '당신들의 천국'일까? 소록도(나환자촌)를 배경으로 일제강점기부터 해방 이후까지 몇 명의 원장이 거쳐 가면서 섬을 낙원으로 바꾸는 사업을 시도했지만 시간이 흐르면서 정작 처음의 순수성은 사라지고 원생과 원장은 군림과 복종이라는 왜곡된 권력관계를 맺게 됩니다. 결국 원생들이 느끼는 원장에 대한 배신감은 저항을 낳고 끝내 원장들을 내치게 됩니다. 이 책을 통해서 우리가 진정 '우리들의 천국'을 만들려면 지도자의 의지나 계획이 아이라 구성원 모두의 자유의지와 서로에 대한 사랑을 바탕으로 한 자발적인 힘이 필요하다는 알게 되었습니다.

우리 모두는 인생의 마라톤에 참여한 선수들입니다. 동시에 그 선수들에게 박수를 보내는 관중이기도 합니다. 우리 사회는 경쟁을 부추기고 승리자가 모든 것을 갖는 이상한 구조로 빠르게 변해가고 있습니다. 일등에게 보내는 갈채도 의미가 있겠지만 꼴찌에게도 뜨거운 응원과 충분한 보상을 하는 사회를 원합니다. 꼴찌를 하기 위한 노력과 과정도 존중되어야 하기 때문입니다. 우리는 너무 바쁘게 살아 왔습니다. 이제는 뒤를 돌아보고 뒤처진 동료들을 낙오 없이 결승선에 도달할 수 있도록 돕고 배려하는 그런 아름다운 공동체로 가꾸어야 할 때라고 생각하게 되었습니다.

(2) 사회 영역

[유시민의 경제학 카페 / 유시민 / 돌베개]

가난한 사람이나 부자나 먹고 사는 문제가 절실한 경제구조에 살면서 과연 경제학적 사고방식이란 무엇일까 하는 의문을 가지던 차에 시사평론가로 잘 알려진 저자의 책을 접하게 되었습니다. 카페에 앉아서 한가하게 세상 돌아가는 이야기를 하는 정도로 쉽게 생각했는데 첫 장을 여는 순간 저의 호기심을 자극하였습니다. '경제학이 사람을 행복하게 할 수 있을까?' 평소 경제학에 관심이 많았던 까닭에 매우 흥미로운 주제였습니다. 합리적으로 생각하면 경제가 사람을 행복하게 만들 수는 없겠지요. 하지만 공공의 이익을 토대로 한 합리적 판단과 선택은 충분히 세상을 행복하게 만들 수 있다는 생각을 하였습니다. 또한 사회 보험과 국가의 위험관리, 조세정의, 자유무역과 환율 등 신문에 자주 등장하는 문제들에 대한 이해를 통해 현실을 보는 안목을 넓힐 수 있었습니다.

300년 경제사 속에서 살아 숨 쉬고 있는 위대한 경제학자를 만난다는 생각에 설레는 마음으로 책을 펼쳤습니다. 경제학의 아버지 아담 스미스부터 공산주의를 대안으로 생각했던 마르크스, 세계 대공황을 극복하게 했던 케인즈, 사회주의를 경고하고 다시 자유시장의 중요성을 역설한 하이에크, 현대 경영 기법을 학문적으로 정리한 피터 드러커, 민영화와 규제완화 그리고 사회복지 분야의 예산축소로 대표되는 신자유주의의 신봉자 밀턴 프리드먼, 빈곤과 기아와 불평등에 대한 연구로 후생경제학 이론을 세운 아마르티아 센 등 실로 많은 경제학자의 일생과 이론의 내용을 어렴풋하게나마 볼 수 있었습니다. 인간 사회는 유토피아를 지향하지만 그것을 이 땅에서 이루는 것은 교회에 가서 기도시간에나 들을 수 있는 우리들의 꿈일 것입니다. 하지만 많은 경제학자들이 자신이 처한 경제 상황을 극복하는 대안을 마련하여 자본주의 사회를 점진적으로 발전시켜온 과정을 엿볼 수 있었습니다.

[세상을 구한 경제학자들 / 피터 다우어티 / 예지]

경제학 산책을 읽으면서 내용이 포괄적이고 경제학자의 사회활동에 초점이 맞춰져 있다는 생각을 하게 되었고 좀 더 구체적인 이론의 내용을 알고 싶어서 읽게 되었습니다. 제대로 이해하기는 힘이 들었지만 새롭게 알게 된 내용들도 있어서 유익했습니다. 아담 스미스가 국부론을 쓰면서 경제학이 학문으로 자리 잡았다고 생각했었지 도덕, 신뢰, 협조, 자애와 같은 '사회적 자본'의 중요성을 언급한 그의 이론은 알지 못했습니다. 그의 저서 『도덕 감정론』에는 '전력을 다하여 동료 시민사회 전체의 복지 개선을 바라지 않는 사람은 결코 선량한 시민이 아니다'라는 구절이 있습니다. 저는 경제학의 아버지 아담 스미스가 경제학의 근원을 '물질 속에서의 인간다운 삶'이라고 정의했다는 점에 새삼 놀라움을 느꼈습니다. 그가 말한 사회적 자본이란 개인 간의 네트워크를 기반으로 하는 시민 상호간의 규범이며 이것을 바탕으로 개인의 이기심을 부추기고 정부가 적절한 규칙을 정한다면 공공복지를 감소시키지 않고도 번영을 누릴 수 있다는 그의 생각에서 물질보다 더 소중한 '자본주의 정신'을 엿볼 수 있었습니다.

[나쁜 사마리아 사람들 / 장하준 2007년 / 부키]

이 책은 세계화를 통한 개방만을 강조하는 신자유주의를 반박하는 내용입니다. 그런데 얼마 전 국방부에서 장병들이 읽어서는 안 될 불온서적으로 금서 조치를 취했다는 기사를 읽고 깜짝 놀랐습니다. 표현의 자유가 생명만큼이나 중요한 민주 사회에서 다양한 학문적 표현마저 탄압의 대상이 되었다는 생각에 우리 사회의 정치적, 사상적 편견에 대해 심각하게 고민하게 되었던 책입니다.

물론 이 책에서는 경제성장을 위한 독재의 불가피성이나 대기업 중심의 발전론을 언급하면서 '낙수효과'를 인정합니다. 또한 싱가포르 항공과 포스코(포항제철) 같은 공기업의 민영화 성공 사례를 들어 신자유주의의 순기능을 언급하기도 합니다. 또한 한국의 경제성장은 자유주의가 아니라 정부 주도의 경제개발 5개년을 통한 계획경제 덕분이라는 주장도 담고 있습니다. 결국 이 책은 반자본주의, 친사회주의가 아닌 자본주의 경제학 내의 신자유주의를 비판한다는 취지가 내용의 핵심이라고 생각합니다.

이런 입장에서 신자유주의를 비판해 보면 첫째, 신자유주의는 상대국을 압박해서 선진국이 이득을 보는 구조입니다. 둘째, 선진국은 자국의 산업 보호를 위해 자국의 산업에 보조금을 주면서도 상대국에 대해서는 일방적인 개방을 압박한다는 점에서, 선진국 중심의 이중적 잣대를 보여 줍니다. 셋째, 관세철폐와 공기업의 민영화, FTA의 체결과 저작권법 등에서 볼 수 있듯이 신자유주의는 선진국의 이익만을 위한 허울

속의 실체라는 점입니다. 넷째, 신자우주의 경제 정책은 미국 발 세계경제 침체로 재평가가 요구됩니다. 다섯째, 경쟁을 통한 최적화라는 이념이 과도한 경쟁사회를 부추기는 부작용을 낳고 있습니다.

[렉서스와 올리브나무 / 토마스 프리드먼 / 1999년 창해]

세계화와 정보화는 시대적 조류입니다. 렉서스는 기술의 발전으로 요약되는 세계화의 상징이며 올리브나무는 정체성, 종교, 사회규범, 문화를 뜻하는 정신적 요소의 총체를 말합니다.

이 책에서 인상 깊었던 있었던 개념은 '전자 소떼'를 설명하는 부분이었습니다. 전 세계를 대상으로 하는 투자자들이 시장개방과 투명성을 요구하여 세계화를 가속시키고 있다는 것입니다. 이 같은 사실은 세계화가 전 세계 여러 나라 자국의 이익을 위해서 진행되는 메커니즘이 아니라 일부 자본이 넘쳐나서 돈 굴릴 방법이 없는 선진국의 투기 세력들이 자신들의 이익을 극대화하기 위한 논리로 변질되었음을 입증하는 사례라고 생각되었습니다.

[88만원 세대 / 우석훈, 박권일 / 2007년 레디앙]

이 책은 우리나라의 세대 간 불균형 문제의 심각성을 말해 주고 있습니다. 앞으로 우리사회의 20대 중 95%가 비정규직 노동자가 될 것으로 예측하여 비정규직 평균임금인 119만 원에 20대 급여의 평균비율 74%를 곱한 값으로 제목을 정했는데 참 신선했습니다.

386세대는 경제성장 기득권을 가지고 민주화를 이룬 세대라고 말합니다. 반면에 88세대는 경쟁만이 미덕인 세대를 살아왔고 승자 독식 게임에 물든 기성세대의 덫에 걸린 세대로 그려지고 있습니다. 결국 신자유주의 경제체제의 암울한 표상이 청년 실업을 증가시킴으로써 청년들의 경제적 의욕과 꿈을 상실시켰다는 문제점을 지적하고 있습니다.

이 문제의 해결을 위해 필자는 청년 스스로 결집해야 한다는 점을 강조하고 있습니다. 스스로 자기 목소리를 내고, 자기 보호의 바리케이드를 쳐서 자신들의 문제에 적극적 참여해야 한다는 것입니다.

이 같은 문제 해결의 구체적 사례로 반값 등록금 투쟁을 생각해 보았습니다. 이 문제는 교육 현장에서 학생이라는 신분의 한계로 정치적 요구가 조직적으로 이루어지지 않았습니다. 그러나 학생 스스로 시민 단체와 연대하여 정치적 운동 역량을 강화함으로써 청년들이 주체적으로 자신의 미래를 개척해야 하는 것입니다.

이 책의 중요한 부분은 청년들의 자기반성을 지적하는 부분입니다. 첫째, 청년들은 자신의 상황에 안주하려는 자세에서 벗어나야 합니다. 둘째, 오로지 자신만의 관심과 이기적 욕심에서 벗어나야 합니다. 정치적으로 무관심한 청년 세대는 직접적인 자신의 일이 아니면 무관심합니다. 이러한 태도는 지금 발생하고 있는 청년 모두의 문제 해결을 더욱 어렵게 만드는 요인인 것입니다. 셋째, 우리 사회의 고학력 인플레이션과 관련하여 청년 세대의 자발적 실업은 의욕의 상실보다도 더 큰 문제입니다. 청년 스스로 자신의 문제를 해결하려는 의지가 무엇보다도 중요합니다. 넷째, 청년들의 자기 성찰을 통해서 자신의 특기를 계발하려는 모습이 있어야 합니다.

[촌놈들의 제국주의 / 우석훈 / 2008년 개마고원]

이 책은 한국 경제 대안 시리즈 중 3번째로 발간된 책입니다. 이 책에서 필자는 아시아의 평화 인프라 구축이 시급함을 역설하고 있습니다.

그 배경으로 지금 중국은 새로운 제국으로 거듭나서 세계의 패권(헤게모니)을 노리고 있다는 점을 지적합니다. 또한 일본은 평화헌법을 폐지하여 핵무장의 명분을 확보하려고 하며, 자위대의 해외파병을 통해 군사적 영향력을 키우려고 하고 있습니다. 더욱 심각한 것은 주변국들과 영토분쟁을 불사하더라도 자국의 이익을 극대화하려는 움직임을 더욱 가속시키고 있다는 점입니다.

우리나라의 경우에도 국익을 위한다는 이라크 파병, 경제영토 확장을 한다는 FTA, 북한과의 경협으로 북한 노동력을 이용해 내부 식민지화하려는 햇볕정책 등 생존의 돌파구를 제국주의적 요소에서 찾으려 하는 것을 우려하고 있습니다. 필자는 이러한 아시아 국가들의 민족 패권주의가 결국 '촌놈들의 제국주의'라고 표현하고 있는 것입니다.

이러한 문제를 해결하여 아시아의 평화를 구축할 대안으로 필자는 다음의 제안들을 합니다. 첫째, 아시아 연대를 강화하는 것입니다. '아시아 펠로우십'이라는 모토로 각국은 평화를 위한 대화와 노력을 기울여야 합니다. 아시아 각국이 경제 교류 외의 사회 문화 교류 활성화하여 열린 의식으로 거듭나야 한다는 점입니다. 둘째, 각 나라의 개별성과 정체성을 존중하는 네트워크 구축하는 일이 시급하다고 지적하고 있습니다.

이 책에서 인상적인 부분은 '8자형 경제구조'를 설명하는 대목입니다. 8자형 경제구조는 중남미 국가의 중산층 몰락 모델을 나타내는 그림입니다. 이 그림은 한 나라 안에서 두 나라로 단절된 것 같은 구조를 나타내는 것입니다.

교육, 주거, 노동, 시장에서 상위 계층과 하의 계층만 남아서 결국 경찰국가로 변모해 가는 모습을 보여줍니다. 한 국가의 경찰은 상위층의 이익을 대변하는 조직으로 변질되고, 이런 과정에서 대다수의 국민들은 정부를 불신하고 정부의 정책에 반감을 가질 수밖에 없다는 점을 신랄하게 비판하고 있습니다.

현재 우리나라도 중산층의 몰락과 양극화의 문제가 점점 심각해지고 있습니다. 이런 문제가 시급히 해결되지 않으면 한 나라 안의 두 나라로 국론이 분열되어 심각한 사회문제를 야기할 것입니다. 남미 국가의 모델을 타산지석으로 삼아 늦기 전에 보편적 복지를 지향하는 복지 정책을 신중히 검토해야 할 것입니다.

▶ 2. 봉사활동의 방법 및 사례, 스스로 깨달은 의미가 중요하다

1) 활동 방법

봉사 활동은 봉사와 희생정신을 바탕으로 일생을 두고 꾸준히 해야 할 자발적 활동입니다. 또한 삶에 대한 가치관과 지향점을 보여주는 숭고한 지표입니다. 따라서 타인에 대한 관심을 일회적인 방법으로만 했다면 그 의미가 축소될 수밖에 없습니다. 지속적인 관심과 계획으로 주변의 아픈 곳을 돌아보는 구체적 방안들을 찾아야 합니다.

그렇다고 해서 봉사 활동이 거창한 것은 아닙니다. 눈을 돌려보면 우리 주변에는 도움의 손길이 필요한 친구, 이웃들이 많습니다. 봉사의 대상을 먼 곳에서 찾지 말고 가까운 곳에 눈을 돌려 보십시오. 봉사할 곳을 한 군데 정해서 지속적으로 활동하십시오. 동사무소 사회 복지과를 통해서 지역 아동 센터를 소개받아 보십시오. 또는 학교 내에서 가정형편이 좋지 않아서 공부하는 데 어려움을 겪고 있는 친구를 도와 줄 방안을 생각해 보십시오. 참으로 많은 방법들이 떠오를 것입니다.

봉사 활동 자체도 충분히 의미가 있지만 그 속에서 발견하는 삶의 진정성도 중요합니다. 봉사 활동에서만 그치는 것이 아니라 이 활동을 통해서 나의 생활이 어떤 식으로 변하게 되었는지, 어떤 삶의 자세를 갖게 되었는지 이런 부분에 대해 깊이 생각하고 그 의미를 기록으로 남겨서 틈틈이 되새기십시오.

2) 활동 사례

재단법인 예수의 꽃동네 유지 재단 행복의 집에서 2년 동안 지속적으로 노인 수발 봉사를 하였습니다. 봉사 목욕 봉사, 산책 봉사, 말벗 봉사, 주변 환경 정리 등 다양한 방식으로 봉사 활동을 하였습니다.

교내에서 아버지에게 간 이식을 해준 선배를 도와주기 위한 모금 활동에 적극적으로 동참하여 아이디어를 제시하였습니다. 학교 어머니회에 가입하고 있었던 어머니와 대화하여 어머니회에서도 모금 활동을 하도록 제안하여 학생과 부모가 같이 동참하는 계기를 마련하였습니다.

이 활동의 의미를 자신의 진로와 연결하여 확장하였습니다. 대안 경제의 목표가 사회 공동체의 연대를 통한 상생 발전입니다. 따라서 사회적 약자에 대한 관심이 무엇보다 중요한 기본적 자질인 것입니다. 우리 사회에는 아직 보살핌을 받아야 할 이웃들이 많다는 의식에서 출발하여 학문을 연구해야 합니다. 더욱이 앞으로 고령 사회에 대비하여 노인들의 복지 정책을 수립하고 싶다는 소망을 이루기 위해서도 노인에 대한 이해가 선행되어야 합니다. 봉사 활동은 단순히 활동에서 그치는 것이 아니라 삶의 의미를 깨닫게 해주고 앞으로 삶의 방향을 결정하는데 큰 영향을 준다는 점에서 그 의미가 중요합니다.

3) 해설

① 봉사활동의 의미를 자신의 진로와 연결하여 확장했습니다. 대안 경제의 목표는 사회 공동체의 연대를 통한 상생 발전입니다. 따라서 사회적 약자에 대한 관심이 무엇보다 중요한 기본적 자질이라는 점에서도 그 의미가 큽니다.

② 학문의 탐구는 우리 사회에는 아직 보살핌을 받아야 할 이웃들이 많다는 의식에서 출발해야 합니다. 더욱이 앞으로 '초고령 사회'에 대비하여 노인들의 복지 정책을 수립하고 싶다는 꿈을 이루기 위해서도 노인에 대한 이해가 선행되어야 한다는 점에서도 그 의미가 큽니다.

③ 봉사 활동은 단순히 활동에서 그치는 것이 아니라, 앞으로 자신의 삶의 자세와 방향을 결정하는데 큰 영향을 준다는 점에서 그 의미를 강조했습니다.

▶ 3. 동아리 활동의 방법 및 사례, 적극적으로 리드하라

1) 활동 방법

교내 동아리에 가입하여 적극적으로 활동해야 합니다. 먼저 자신의 진로에 도움이 되는 동아리를 찾아봅니다. 주로 논술, 시사토론, 편집, 운동, 과학, 음악, 춤, 연극 등 다양한 동아리 중에서 자신의 적성과 취미에 맞는 동아리를 선택하여 주도적으로 활동합니다.

혹시 자신의 원하는 분야의 동아리가 없을 경우 마음을 같이 하는 친구들을 모아서 자신의 동아리를 새로 만들어도 좋습니다.

활동 중에는 지도 선생님과 상의하여 연간 동아리 활동 계획을 작성하고 다양한 프로그램을 개발하여 실행해야 합니다.

앞에서도 강조했지만 무리한 계획을 세우지 말고 실천 가능한 작은 것들로부터 시작하십시오. 선생님이 제시해 주는 주제에만 따라가지 말고 자신이 지적 호기심을 가지고 있는 문제들을 과제로 제안하여 해결해 가는 과정에서 탐구의 즐거움을 만끽하십시오.

활동 후에는 동아리 활동 보고서를 작성하여 기록으로 남겨야 합니다. 행사의 구체적 취지와 내용, 행사준비 과정, 자신의 참여 정도, 친구들의 참여도, 결과 등을 작성하여 수시 서류 전형에서 증빙서류로 제출합니다.

교외 동아리 활동도 마찬가지입니다. 자신의 적성, 진로, 특기 등과 관련된 연합 동아리 활동도 좋습니다. 전국, 지역 단위의 동아리 활동은 폭넓은 인간관계를 맺을 수 있는 기회가 되며, 자신의 경험을 확장시키는 좋은 기회가 됩니다. 요즘은 인터넷 카페를 통한 전국 동아리들이 많이 개설되어 있습니다. 학기 초에 인터넷을 검색하여 친구들과 함께 원하는 동아리에 가입하여 학교 내에 지역 단위의 하부 조직을 만드는 방식으로 활동하여도 좋습니다.

2) 활동 사례

(1) 교내 동아리 활동 : 논술반

^ 구성 : 기숙사 문과반
^ 중심 내용 : 주제별, 대학별 논술 연습 및 독서 토론
^ 활동 성과 : 한국 경제 신문 '생글생글 논술 경시 대회' 3회 입상

(2) 교외 동아리 활동 : 전국 정치외교 연합(YUPAD)

^ 활동 내용 : 시사 토론과 스크랩 활동을 중점으로 운영합니다.
^ 활동 방법 : 토론 및 토의

자유로운 분위기 속에서 자유 주장, 자유 변론을 통하여 진행주제
에 벗어난 주장을 하거나, 활동에 참여를 하지 않는 자에게는 경고
가 주어지며, 3회 이상의 경고를 받을 시에는 이에 임원의 회의를
통해 제재를 가합니다.

^ 활동 계획

금년 학교 내에서 정식 동아리 전환으로 인해 변화가 있었지만, 교내
에서 활발한 활동을 하며 동아리 활동을 지속적으로 할 것입니다.

(3) 독서 및 시사 토론/토의 보고서 예시

^ 날짜 : 0000. 0. 0.

^ 토론 작성자 : 000

^ 토의 참가자 : 00고등학교. 00명

^ 토의 주제 : 4년 중임제

^ 토의 내용 : 최근 뜨거운 논쟁거리인 '4년 중임제'에 대하여 토론을
하기로 하였으나 토론보다는 토의를 하는 것이 더 좋겠다는 부원들
의 의견에 따라 토의를 하기로 결정했습니다. 이번에는 '4년 중임
제'의 장점과 단점에 대해서 의견을 나누어 보았습니다.

^ 토의에 앞선 4년 중임제에 대한 기본적 자료

우리나라는 기본적으로 중임제를 선택했었지만 독재로 인한 정치
적 폐해를 겪은 이후 전두환 시절 단임제로 헌법을 개정 지금에 까
지 이르게 되었지만 최근 다시 거론되고 있는 대통령 임기제로서
현직 대통령이 다음 임기를 연이어서 하는 방안과 더불어 차기를
건너뛰고 차기에 출마해서 당선될 경우에도 대통령직을 수행할 수
있는 제도입니다.

^ 장점

우선 5년이라는 시간은 한 나라의 정책이 시행되고 피드백을 겪는 기간에 비해 너무나도 짧은 시간입니다. 5년의 기간 동안 정책이 위의 과정을 다 수행하지 못하고 정권이 바뀌어 백지화가 된다면 국력 낭비, 예산 낭비 등 국가적 관점에서 막대한 손실이 생깁니다. 하지만 4년 중임제가 시행된다면 지금보다는 더욱 장기적인 안목으로 정책을 결정함으로써 그러한 낭비를 줄일 수 있습니다. 또한 말기 정책 수립과 정치 Lame Duck(미국 남북전쟁 때부터 사용된 말로서, 재선에 실패한 현직 대통령이 남은 임기 동안 마치 뒤뚱거리며 걷는 오리처럼 정책 집행에 일관성이 없다는 데서 생겨난 말) 현상을 방지할 수 있습니다.

그리고 대통령의 4년 임기 후 중임제를 통해 대통령의 정책을 국민이 평가 할 수 있는 기간이 생깁니다. 이로써 정책의 실패와 성공이 단순히 실패와 성공으로 끝나는 것이 아니라 국민에게 평가를 받은 후 정치발전의 시발점으로 삼을 수 있고 언제나 실패한 정권, 국민과의 소통이 단절된 정권에서 벗어날 수 있는 기회로 삼을 수 있는 것입니다.

^ 단점

우리나라는 전두환 시절 독재정치를 막기 위해 5년 단임제를 채택하였습니다. 하지만 이 시점에서 다시 4년 중임제로 전환한다면 그것은 30년 전의 독재정치로 돌아갈 수 있습니다. 또한 4년 중임제가 시행되어 대통령이 8년 동안 재임하게 된다면 정치순환이 느려지게 되어 특정 당이 비정상적으로 거대화될 수 있습니다. 그리고 만약 대통령이 중임에 실패하게 된다면, 국가의 장기정책은 실현되기 어려워질 것입니다.

^ 결론

현재 4년 중임제의 단점으로서 거론되고 있는 독재정치는 우리 국민의 정치의식 수준이 낮을 때의 상황으로 가정한 것입니다. 물론 급격한 민주화로 인해 다른 선진국보다는 정치의식 수준이 낮은 것은 사실이지만 30년 전의 폐단을 되풀이할 만큼 우리 국민들의 정치의식이 낮다고 할 수 없습니다. 또한 4년 중임제는 미국, 러시아 등 83개국이 이미 채택하여 실시하고 있는 정책이며, 우리나라 역시 그 시대적 흐름에 발맞추어 나가야 할 것입니다.

3) 해설

① 비교과 영역 중에서 자기주도적 학습을 드러내는 중요한 활동입니다. 적극적 자발적인 모습을 보여주세요.

② 지적 호기심을 보여주는 계기로 삼으세요. 교과 외에 자신이 관심 있는 분야를 스스로 찾아서 한 활동이기 때문에 그 의미가 큽니다.

③ 단순히 참여만 하지 말고 자신이 제안한 사업이나 프로그램이 실행되어 성과를 낸 경험을 증빙서류와 함께 제시한다면 더욱 좋겠습니다.

스자가 껐서

는 얼굴이다.

약간의 화장발은 애교다.

5. 자기소개서는 얼굴이다! 약간의 화장발은 애교다

이 장에서는 아들의 자기소개서 준비 과정에서 겪었던 점들을 바탕으로, 자기소개서 쓰는 방법과 아들의 서울대 자기소개서를 예시하여 수험생 여러분이 궁금해 하는 부분에 대해 설명하겠습니다.

아들은 3학년 1학기 기말고사를 마치고 자기소개서를 준비하기 시작했습니다. 고등학교 3년 동안의 학교생활을 돌아보면서 많은 경험들을 떠올려 마인드맵으로 노트에 정리를 했습니다. 그런 다음, 정리한 에피소드를 검토해서 자기소개서의 질문에 적합한 내용들을 심도 있게 분석하고, 몇 가지 카테고리로 나누어서 초고를 만들기 시작했습니다. 아들은 잘했던 일, 아쉬웠던 일, 반성해야 할 일 등을 생각해내면서 자신을 돌아볼 수 있는 좋은 기회도 가졌습니다.

조금 아쉬운 것은 자기소개서를 작성하다 보니 수능 시험 대비에 소홀해졌다는 것입니다. 고3 수험생 여러분은 3학년 올라가기 전, 겨울방학 때 이러한 작업을 일차적으로 정리했으면 좋겠습니다.

▶ 1. 자기소개서를 쓰기 전에 해야 할 일

(1) 평소에 비망록을 기록하는 습관을 길러야 합니다.

비망록은 자신의 일상생활이나 사회현상에 관심을 갖고 특별한 사건들에 대한 원인과 문제점, 전개 과정, 그 속에서 느낀 점 등을 기록하는 것입니다. 일기는 매일 쓰는 것이 좋겠지만 비망록은 말 그대로 '잊지 않을 사건'을 기록해 놓는 개인적 기록입니다.

이런 활동을 통해서 자신의 의미 있는 경험을 체화시키고, 나아가 사회 문제에 대한 지속적인 문제의식을 견지함으로써 미래사회의 리더로서 갖추어야할 자질을 스스로 계발해 나가야 합니다.

(2) 학기가 끝날 때마다 생활기록부에 대한 면밀한 검토를 해야 합니다.

대부분의 학교가 학기가 끝날 때마다 생활기록부를 작성합니다. 생활기록부의 작성은 요식적인 행위가 아니라 진정으로 자신을 드러내는 의미 있는 과정입니다. 자신의 한 학기 생활을 신중하게 돌아보면서 선생님과 긴밀하게 상의하여 구체적으로 작성해야 합니다.

특히 독서 활동은 중요합니다. 이것은 학교 교과 과목을 떠나서 자기 스스로 관심을 갖는 분야에 대한 간접 지식을 쌓는 과정이기 때문에 대부분의 대학에서 '지적 호기심'과 '자기주도 학습'을 체크하는 시금석으로 활용되기 때문입니다.

책의 선택은 제한이 없습니다. 다만 자신의 꿈과 관련된 독서는 물론이고 인문학적 소양을 풍부하게 쌓을 수 있는 다양한 분야의 책을 자신의 목소리로 잘 정리해 두어야 합니다. 특히 서울대의 경우 지원한 학생이라면 읽어야 할 수준의 고전 텍스트를 따로 질문하는 경우가 있습니다. 또한 생활기록부에 기록되지 않은 다른 책에 대해서도 질문하는 경우도 있습니다. 정리하면 폭넓고 깊이 있는 독서가 필요합니다.

(3) 평소 학교생활을 적극적으로 해야 합니다.

대부분의 대학들은 남의 뒤에서 따라만 가는 소극적 학생을 원하지 않습니다. 주도적으로 자신의 주장을 피력하고 매사에 솔선수범하는 인재를 찾고 있습니다. 교실 바닥이 더러워서 위생에 좋지 않을 때 누가 시키지도 않았지만 혼자서라도 걸레를 들고 청소하는 학생을 칭찬합니다.

왜냐하면 그런 모습이 진정한 리더의 자격이기 때문이지요. 반장이라고 해서 프리미엄은 없습니다. 어떻게 교실을 이끌어 갔느냐는 구체적 경험들이 중요합니다.

특히 중요한 부분은 비교과 영역에서 자발적이고 적극적인 활동입니다. 자신이 관심 있는 동아리를 주도적으로 만드는 일, 기존의 동아리 활동에서 많은 아이디어를 가지고 프로그램을 개발하는 일 등은 참 매력적인 일입니다. 봉사 활동 역시 '시간 짜 맞추기 식'이 아니라 꾸준히 지속적으로 누군가를 도와 온 경험이 중요합니다. 일회적인 봉사가 아니라 그 활동을 통해서 이웃을 포근히 감쌀 줄 아는 마음이 우러날 수 있도록 진정성을 담아야 합니다.

▶ 2. 자기소개서를 쓸 때 지켜야 할 기본 원칙

(1) 진솔해야 합니다.

많은 학생들이 자신의 학교생활을 돌아보면서 기억할 만한 에피소드를 찾지 못해서 고민하는 것을 봅니다. 그냥 시간 가는 대로 학과 공부만 집중했고, 시험 대비에만 골몰했기 때문에 자신의 삶에 의미 있는 경험을 만들지 못했기 때문입니다.

그런 이유로 자기소개서를 쓸 때에 소설 쓰듯이 허구적인 이야기로 대충 꾸며내는 경우가 있습니다. 이런 일은 인생을 망치는 일입니다. 양심을 파는 행동이기 때문에 아무리 우수한 학생이더라도 용서될 수 없습니다. 각 대학별로 수십 명의 입학사정관들이 교차 검토를 하고 표절 시스템을 작동시켜 면밀히 분석합니다. 그런 과정을 통해서 거짓은 꼭 걸러지기 때문에 절대 없는 상황을 만들어 내서 기술하는 일은 없어야 합니다.

너무 사소한 일이라 내세우기 부끄러운 경험이라 할지라도 그것을 통해 배우거나 느낀 점은 매우 클 수가 있습니다. 그런 경험을 발굴해서 진술하고 감동적인 스토리를 만들어 보세요.

(2) 구체적이어야 합니다.

여러분이 국어시간에 소설을 배울 때 '간접제시'라는 방식을 배웠지요. '저는 착한 학생입니다' 라는 서술은 의미가 없습니다. 예를 들어 성적으로 고민하는 친구에게 따뜻한 위로를 해주며 힘내라고 돈가스를 사주었다든지, 등굣길에 힘들어 하는 장애우의 가방을 들어 주었다든지 하는 구체적인 행위를 보여줘야 합니다. 남들이 착하다고 여길 만한 증거를 사례를 통해서 제시하는 것입니다. 구체적 경험을 통한 소박한 깨달음을 기술한다면 학생의 소양과 꿈이 모두 드러나는 한 편의 에피소드가 되겠지요.

(3) 감동적이어야 합니다.

입학사정관들도 일반 사람과 똑같습니다. 학생들의 아름다운 행동, 훌륭한 모습을 보면 감동합니다. 그래서 꼭 뽑아야 할 학생으로 체크를 하게 됩니다. 여러분이 자기소개서를 쓸 때에는 문학적 감수성을 십분 살려서 표현하는 것이 좋습니다.

같은 이야기라도 딱딱하게 나열하듯 기술하기보다는 여러분이 언어영역에서 갈고 닦았던 여러 가지 수사 표현을 직접 사용하면서 서사구조를 만들어 가십시오. 단, 지나친 수식어로 과장되게 표현하는 것은 진실성이 없어 보이니까 주의해야 합니다.

어느 선에서 적절한 표현을 해야 할지가 참 어렵지요. 많은 글을 써서

가족이나 친구들, 선생님에게 발표하면서 조언을 구하는 것도 좋은 방법입니다. 그러한 평가를 바탕으로 여러 번의 시행착오를 거치면서 하나의 작품이 완성되는 것입니다.

입학 사정관들이 가장 흥미를 갖는 지원자는 '자기만의 스토리'를 제시하는 학생입니다. 재미있는 얘기하나 할까요. 2002년도 하버드 대학 입학사정관들은 꽤나 놀랐답니다. 한국에서 지원한 거의 대부분의 학생들이 한국의 '월드컵 4강 신화'를 예를 들며 한민족의 우수성을 자랑했다는 것입니다. 입학 사정관들은 '그래 그것이 너하고 무슨 관계인데?' 라며 참 의아해 했다는 후문입니다. 자기만의 이야기가 아니었기 때문이지요. '자기만의 이야기', 다시 한 번 강조합니다.

(4) 논리적 일관성이 있어야 합니다.

자기소개서의 첫 질문이자 가장 중요한 질문은 학생들의 전공 선택과 관련해서 지원 동기와 학업 계획, 앞으로 사회에 진출해서 어떠한 가치관을 가지고 실질적인 학문 탐구를 하겠느냐는 것입니다.

자신의 꿈을 미리 정하고 학과 공부와 비교과 활동을 꾸준히 해왔던 학생이라면 별 어려움 없이 일관성 있는 답변을 준비할 수 있겠지만 자꾸만 변하는 장래 희망으로 갈피를 잡지 못하는 학생은 좀 난감한 문제일 것입니다. 일관성 있게 준비하지 못한 것에 대한 두려움도 있겠지요.

하지만 크게 걱정하지는 마십시오. 여러분은 하루하루 다르게 성장하는 새싹입니다. 어제의 꿈이 오늘엔 다른 꿈으로 충분히 변할 수 있는 과도기에 있기 때문입니다. 중요한 것은 자신의 꿈이 바뀌는 과정에서 그 '전환적 사고 과정'을 잘 설명해낼 수 있다면 오히려 훌륭한 자기소개서가 됩니다.

단 그렇게 변한 시점에서부터 어떠한 새로운 노력을 기울였는가는 여러분이 증명해야 할 과제입니다. 꿈만 바뀌고 새로운 노력을 한 흔적을 찾을 수 없다면 그것은 의미 없는 변덕에 지나지 않으니까요.

그러면 자기소개서에서 일관성은 어떤 방식으로 표현될까요? 사회과학부를 지원한다면 적어도 경제, 정치외교, 사회, 심리 등 우리 사회가 안고 있는 문제에 대해서 관심을 가진 학생이어야 합니다.

요즘은 학문 간의 '융합' '통섭'이 대세라고 합니다. 따라서 경제학을 전공한다 하더라도 여러 인접 학과에 대한 인문학적 소양이나, 수리과학적 연구 접근법 등을 활용하고 응용할 수 있는 능력이 필요합니다. 서울대가 모집 단위를 광역으로 하는 것도 이러한 능력을 배양하기 위한 수단일 것입니다.

먼저 논리적 일관성을 위해서는 사회를 보는 안목을 기르기 위한 폭넓은 독서 활동이 제시되어야 합니다. 경제 현상이나 기본적인 경제 이론에 대한 이해를 돕는 책들을 선별하여 꾸준히 읽어 왔다는 사실을 생활기록부에 꼭 기록하십시오.

다음으로 사회 현상과 그 문제점을 생각하기 위한 기초 작업으로, 사회문제에 대한 분야별 '시사 스크랩' 정도는 정리되어 있으면 좋겠지요? 사회에 대한 관심도 없던 학생이 뜬금없이 사회과학을 공부하고 싶다고 한다면, 아무래도 일관성이 보이질 않겠지요. 특히 경제나 정치 등과 같은 과목이 자신의 학교 교과 과정에 없는 경우라면, 혼자서라도 계획을 잡아서 공부해야 합니다. 그러한 주도적 노력을 많이 칭찬해 주니까요.

생활기록부에 자신의 꿈을 일관성 있게 기록할 때는 경제학을 전공해서 CEO가 되고 싶다든지 행정고시에 합격해서 경제 관료가 되고 싶다는 구체적 직업을 밝히는 것도 좋겠지만, 사회적 문제 상황에 대한 자신의 평가와 그 문제를 어떠한 방식으로 풀고 싶다는 가치관이 담긴 목표의식이 더 중요합니다. 왜냐하면 대학에서 바라는 학문 탐구의 목적은 개인적 꿈의 실현이 사회적 이익에 부합하도록 하여, 보다 바람직한 사회를 건설하는 데에 있기 때문입니다.

또한 비교과 활동에서도 일관성을 유지하기 위해서는 '정치 토론 동아리'나 '시사 탐구 동아리' 등 사회현상을 이해하고 자신의 생각을 활발하게 나누는 활동이 필요합니다. 교내나 교외에서 하는 각종 '논술 대회'나 '토론 대회'에 참가하여 상은 받지 못하더라도 자발적으로 참여하여 무언가를 얻었다면 그것만으로도 좋은 평가를 받을 수 있습니다.

봉사 활동은 따뜻한 인간애를 몸소 체험하여 사회적 약자들을 이해한다는 면에서 학창 시절 가장 값진 경험입니다. 뜨거운 심장과 날카로운 이성을 겸비한 지성인이 되기 위한 기본적 노력이 여기서 평가되는 것입니다. 이상과 같은 활동들을 통해서 꾸준히 사회에 대한 이해와 관심을 갖는 작업을 일관성 있게 준비한다면 큰 어려움 없이 자신을 피력할 수 있습니다.

(5) 자기소개서에 드러난 모든 기록은 증빙서류를 첨부해야 합니다.

생활기록부에 드러난 활동 이외에 자기소개서에 기재된 모든 활동에 대해서는 그 핵심적인 자료를 잘 선별하여 제출해야 합니다. 예전에는 사과 박스 몇 개의 분량을 제출했다는 전설도 있지만 요즘은 중요한 활동을 중심으로 그 증거가 될 만큼의 분량을 적절히 제출하면 됩니다.

혹시 대학에서 증빙 서류가 불충분하다는 판단으로 더 검증할 필요가 있을 때에는 출신학교에 문의하거나 찾아가서 확인하기도 합니다. 따라서 거짓으로 증거를 조작하는 일은 하지 말아야 합니다.

(6) 스펙은 화려하지 않아도 소박한 꿈을 엿볼 수 있다면 충분합니다.

아들은 텝스 성적이 671점이었습니다. 맨날 내신공부에 수능 대비만

했으니 3학년 때 한 번 친 텝스 성적이 좋을 리가 없었습니다. 정량적인 점수로는 감히 증빙서류로 제출할 수도 없는 초라한 성적이었지요. 또한 반장이나 학교 간부 타이틀을 가진 적도 없습니다. 다만 학교 내에서 '논술반 활동'과 '전국 정치연합(유패드)' 활동을 통해서 자신의 역량을 키워나갔던 것이 좋은 모습으로 보였나 봅니다. 그리고 백범 김구 독서 감상문대회에 참가하여 장려상을 수상했는데 그동안의 독서 활동을 점검했다는 점에서 의미 있는 성과였습니다.

고등학교 1학년 때 교내 게시판을 통해서 '충청북도 중소기업의 해외 진출 전략'이라는 주제로 충청북도 무역협회에서 주관하는 논술대회에 참가했는데 그것이 결정적이었던 것 같습니다.

이것은 두 가지 측면에서 의미가 있는 활동이라고 생각합니다. 첫째 충청북도 중소기업이라는 향토애를 바탕으로 지적 호기심을 가지고 지역의 중소기업이 당면한 문제를 해결해 보고자 했다는 것입니다. 둘째, 준비 과정에서 마케팅이니 마케팅 믹스니 하는 경영학의 기본 개념들을 스스로 찾아서 공부했다는 점입니다. 대학이 원하는 자기주도적 학습의 중요성에 부합하는 활동이었기 때문에 입학사정관들에게 좋은 인상을 준 것이라고 생각합니다.

정리해서 말하면 '스펙은 스펙일 뿐'이라는 것입니다. 입학사정관들은 돈을 들인 스펙보다는 학생의 소박한 꿈이 드러나는 진정한 스펙을 칭찬합니다.

▶ 3. 자기소개서 예시 및 분석

아들의 서울대학교 사회과학대학 자기 소개서를 예시하고 그 분석을 통해서 자기소개서를 작성하는 방법을 설명하겠습니다.

1) 지원 동기와 진로 계획을 중심으로 서울대학교가 지원자를 선발해야 하는 이유에 대하여 기술하여 주십시오.(1,000자)

저는 '대안 경제학' 분야를 체계적으로 연구하여 우리 사회를 아름다운 경제 공동체로 만들어 보고 싶어서 사회과학부에 지원하게 되었습니다.

요즘 신문이나 뉴스에서는 온통 세계경제의 위기라는 보도뿐입니다. 국내적으로는 심각한 물가 상승과 환율 불안, 위험수위에 있는 가계부채 등 서민들을 위협하는 많은 문제들이 상존해 있고 대외적으로도 미국 금융위기로부터 촉발된 유럽의 재정 위기와 선진국과 개도국 간의 양극화의 심화 등과 같은 자본주의의 위험을 알리는 징후들이 지구촌 곳곳에서 고개를 들고 있습니다. 평소 경제현상에 관심을 가지고 있던 저는 이러한 문제들에 대한 정확한 원인을 분석하고 그 해결 방안을 모색하고 싶다는 강한 충동을 느끼게 되었습니다.

특히 친구들과 독서 토론을 하는 과정에서 『오래된 미래』라는 책을 읽고 '대안 경제'라는 개념을 알게 되면서부터 자본주의의 원동력이라고 배워왔던 이기심과 경쟁, 자유로운 경제활동의 결과가 지금의 문제들을 야기했다는 생각을 하게 되었습니다. 라다크 사회가 문명의 혜택으로 풍요로움은 얻었지만 존중과 신뢰라는 전통을 잃고 인간관계가 해체되어 가는 과정이 지금 우리들의 모습과 같다고 생각했습니다.

또한 자본주의의 낡은 이념들을 이제는 진정한 경제 공동체의 회복을 위한 공생과 협력이라는 덕목들로 대체해야만 한다고 생각하게 되었습니다. 이런 이유로, 저는 '지속 가능한 발전'과 '삶의 질의 향상'이라는 우리 시대의 목표를 구현하기 위한 구체적 실천방안을 연구하는 일에 힘을 쏟고 싶습니다.

먼저 경제학부에서 개설하고 있는 정치경제학 입문 강좌를 통해 주류 경제학의 문제점을 이해하고 대안 경제 연구의 방향을 찾아볼 것입니다. 그리고 경제 사상사를 선택하여 자본주의 사상의 성립배경을 정확히 이해하고 역사적 관점에서 조망하여 대안경제의 가능성을 찾아보고 싶습니다.

장기적인 계획으로 경제정책을 수립하고 집행하는 행정 관료가 되어 제가 배운 이론들을 사회에 접목시키는 일을 하고 싶습니다. 최상의 연구 환경에서 훌륭하신 선생님의 가르침을 받을 수 있는 귀교에 입학하여 자랑스러운 서울대 인으로 성장하고 싶습니다.

분석

① '대안 경제'를 공부하기 위해 지원했다고 두괄식으로 명료하게 시작했습니다.

② 시사문제와 관련된 배경지식을 바탕으로 국내적, 국제적 경제 상황의 심각성을 기술하고 공적 규제의 필요성에 대해서 언급했습니다.

③ 독서 활동을 통해 얻은 간접 경험을 바탕으로 현실의 문제를 해결하기 위한 바람직한 가치관을 제시하고 인간미 넘치는 사회 건설이 필요하다고 기술했습니다.

④ 향후 학업 계획은 서울대 사이트를 활용해서 공부하고 싶은 분야를 파악하고 관심 있는 과목 중심으로 기술했습니다.

⑤ 진로 계획과 관련하여 구체적 직업보다는 인생을 통해 해결하고 싶은 사회문제에 대해 언급했습니다.

⑥ 이 밖에 지원 동기에서 자신이 겪는 구체적 사례에서 느낀 점을 바탕으로 쓴 예도 있습니다.

　　고등학교 1학년 어느 무덥던 여름날의 일이었습니다. 주말에 기숙사에서 나와 집으로 가던 중에 혼자 서 있기도 힘들어 보이시는 할머니께서 폐지와 빈병, 고철로 가득 찬 낡은 리어카를 힘들게 끌고 가시는 모습을 보게 되었습니다. 차도로 다니시면 위험하다는 생각이 들어서 리어카를 인도로 올려드렸는데 리어카에 실린 짐이 할머니의 삶의 무게만큼이나 무겁다는 느낌을 받았습니다.

　　저는 집에 와서 골몰히 생각에 잠겼습니다. 할머니는 자식이 없나? 나라에서 기초 생계비는 안 주나? 별의 별 생각을 다하다가 인터넷을 검색 했습니다. 할머니가 리어카를 끌 수밖에 없는 이유를 알고 싶었습니다. '복지제도 사각지대'라고 검색하여 찾던 중에 부양 의무자가 있으면 기초생활 수급자의 자격을 얻지 못한다는 것을 새롭게 알게 되었습니다.

　　그날 이후 보다 구체적으로 사회문제를 알아보기 위해 '신문사설'과 '생글생글'(한국경제신문 부록)을 정기 구독하게 되었고 '이슈투데이'라는 사이트를 찾아내어 우리 사회의 저명한 선생님들이 쓴 시사 칼럼을 스크랩하면서 사회과학에 대한 관심을 키워 나가게 되었습니다. 이런 따뜻한 관심을 마음에 품고, 사회문제를 보다 과학적이고 체계적으로 공부하여 경제 전문가로 성장하고 싶습니다.

2) 고등학교 재학 중에 지적 호기심을 가지고 학업 능력을 향상시키기 위해 노력한 내용을 기술하여 주십시오.(1,000자)

　　1학년 말에 학교 게시판에 붙은 '충청북도 중소기업의 해외시장 진출 전략'에 대한 무역논술 대회 안내문을 보고 응모해 보고 싶다는 생각을 가졌습니다. 마침 그때 기숙사 내의 논술반 반장으로 활동하면서 사회문제에 관심을 갖기 시작한 터라 저에게는 매우 흥미로운 주제였고 내 고장 충북의 산업에 대해서도 알게 되는 기회가 될 것이라는 생각으로 조사를 시작했습니다.

먼저 경영학에 나오는 낯선 용어들을 기초적으로 알아보기 위해 인터넷을 검색하여 마케팅의 개념과 전략에 대해서 조사부터 시작했습니다. 마케팅 믹스(4P), STP 등 생소한 개념을 이해하고 나서 충북 경제지도와 도청 사이트를 검색하여 산업관련 정보들을 수집하였습니다.

주어진 과제에 대해서 그것을 해결해가는 과정을 직접 체험하면서 제가 앞으로 대학에 진학해서 전공하고 싶은 분야를 연구할 때에도 이런 주도적인 학습 활동을 통해서 한다면 정말로 공부를 즐기면서 할 수 있겠다는 생각이 들어서 자신감도 얻을 수 있었습니다.

이러한 탐구활동을 바탕으로 '충주호'를 기반으로 단양의 석회동굴과 제천의 음악 영화제, 충주의 세계조정대회를 하나의 관광벨트로 묶어 '물 축제'를 공동으로 개최하여 시너지 효과를 높이는 방안 등을 제안하여 대회에서 입상하였습니다.

그 후 사회에 대한 관심을 구체화시키기 위해서 그동안 피상적으로 모으기만 했던 시사 이슈들을 경제 관련, 복지 관련, 시사 칼럼을 중심으로 세분화하여 살펴보게 되었고 사회를 보는 안목을 넓히고 배경지식을 쌓을 수 있었습니다.

또한 자율학습 시간에 교과목을 공부하기 전에 먼저 시사 이슈와 사설을 읽으면서 하루의 공부를 시작하면서부터 언어지문을 요약하는 능력과 분석하는 능력을 기를 수 있었고 논술 동아리 활동과 연계하여 글쓰기를 함으로써 표현력도 향상되는 효과를 얻을 수 있었습니다.

지적 호기심은 작은 관심에서 시작된다는 생각을 합니다. 지역사회에 대한 관심을 우리 사회 전체, 나아가 세계에 대한 관심으로 확장시켜서 주도적으로 연구하는 자세를 꾸준히 건지하겠습니다.

> **분석**
> ① 자발적으로 공모에 응하게 된 계기를 기술하여 지적 호기심을 가졌던 경험으로 활용하였습니다.
> ② 생소한 경영학 개념과 용어들에 대한 학습을 통해서 자기 주도적 학습의 능력을 피력하고 학문하는 기쁨에 대해서 솔직하게 기술하였습니다.
> ③ 지적 호기심을 지역사회와 공동체의 문제로 확장하여 지식인의 재능은 사회적으로 환원되어야 한다는 것을 강조하였습니다.
> ④ 충북 중소기업의 세계 진출이라는 현안에 대한 해결책은 미흡하지만 이러한 활동을 통해 얻게 된 배움의 자세를 높이 평가해 주신 것 같습니다.

3) 학·내외 활동 중 가장 의미 있다고 생각하는 활동을 3개 이내로 기술하여 주십시오.

(1) 유패드(전국 정치외교 연합 동아리) 활동

같은 학년의 학사 친구들과 학교에 처음 만든 동아리라서 많은 애착을 가지고 활동을 했습니다. 고등학교 1학년 가을부터 2학년 때까지 격주로 모여서 간도 문제, 아프간 파병문제, 4년 중임제, 친일 인명사전 등 당시의 사회적 이슈에 대해 토론을 했습니다.

1학년 때는 학교에 등록되지 않은 비공식 동아리였는데, 오히려 이 시기에 자유로운 분위기 속에서 자유주장, 자유변론을 하며 많은 것을 얻었습니다. 토론이 진행되는 동안 저의 주장을 설득하려고 흥분하기도 하고 의견의 충돌을 빚기도 하면서 의사소통의 방법을 하나 둘 알아갔습니다. 또한 토론을 하며 느껴지는 긴장감과 한 주제에 대해 더 깊게 파고들게 만드는 토론의 묘미는 활동에 더욱 전념하게 만들었습니다.

동아리 활동은 밖에서도 이어졌습니다. 외교관님의 강연에 참석하여 애국심, 인류애를 바탕으로 일하는 공직자의 모습을 직접 보고 듣는 활동을 하며 미래의 제 모습을 그려볼 수 있었습니다.

또한 전국 각지의 동아리 친구들이 참여하는 대토론회에 참여해 교내 토론 경험을 살려 팀 내 의견을 조율하며 협동심을 발휘했던 순간은 잊히지 않습니다. 그곳에서 정치 외교 분야를 깊게 파고들어 지식이 풍부하고, 토론도 잘 이끌어 가는 친구들을 보며 많은 것을 느꼈습니다. 자신이 좋아하는 분야를 발견하고, 경험을 쌓아가는 그들과 함께한 경험은 고등학교 시절 가장 가슴 뛰는 일이었습니다.

분석

① 정치 외교 연합이라는 동아리의 특성을 사회과학을 공부하고 싶다는 꿈과 연결하였습니다.

② 정치 외교 연합 활동을 통해 배운 점, 느낀 점을 기술하였습니다. 토론의 중요성과 토론을 통한 의식의 성장을 기술하였습니다.

---

(2) 봉사 활동

고등학교 입학 전 한 달 동안 학사 적응 기간 동안 꽃동네에 다녀온 경험이 있었는데, 마침 우리 지역 인근에도 경제적으로 힘든 가족들을 위해 설립된 '행복의 집'이라는 꽃동네 재단 시설이 있다는 것을 알게 되어서 봉사 활동을 다니게 되었습니다.

그곳에 계신 분들은 대부분이 가족들과 함께 생활하지 못하고 시설에서 지내시는 분들이었습니다. 대부분이 다른 사람의 도움이 없이는 몸을 움직일 수 없는 분들이라서 가고 싶은 곳을 여쭈어 산책을 도와드리는 활동을 했습니다. 산책을 하면서 많은 대화를 나누게 되었는데 가족 이야기를 해주시는 분, 자신이 키운 농작물에 대해 이야기 해주시는 분, 실로 말동무가 그리운 분들이라는 것을 느꼈습니다. 실내에서는 말도 잘 안 하시고 잘 웃지도 않으시던 분들이 밖에 나와서 해맑게 웃으시고 말씀도 잘 하시는 것을 보면서 큰 보람을 느꼈습니다.

이곳에서 했던 활동을 통해서 공부나 책을 읽는 것으로는 절대 얻을 수 없는 아름다운 배움을 얻었고, 그 전에는 잘 몰랐던 봉사 활동의 기쁨이 무엇인지 느낄 수 있었습니다. 그 후부터 주기적으로 시설을 방문하여 그분들의 삶을 이해하려는 노력을 하였습니다. 이 활동을 통해서 인간관계와 사랑의 소중함을 배웠고, 이를 제가 전공하고 싶은 대안 경제를 연구하는 마음가짐으로 간직하고 싶습니다.

분석

① 지속적인 봉사 활동을 언급하였습니다.

② 진정한 봉사를 느끼게 한 할아버지, 할머니들과의 에피소드를 소개하고 타인의 삶에 대한 관심과 이해를 강조하였습니다.

---

(3) 논술반 활동

1학년 때 기숙사 수업 중에 논술 과정이 개설되어 즐거운 마음으로 수강 신청을 했습니다. 학교 국어 선생님이 공부 방향을 잡아주시고 첨삭을 도와주셨지만 수업 활동은 저희가 주도적으로 하는 논술 프로그램이었습니다. 평소에도 사회현상을 분석하고 대안을 찾아보는 일에 관심이 있었기 때문에 언외수 공부보다 훨씬 흥미롭게 공부할 수 있었습니다. 또한 능동적인 참여를 할 수 있다는 점에서 살아있는 공부를 하는 것 같아 논술 수업이 항상 기다려졌습니다.

1학년 때는 논술반 반장이 되어 선생님과 반원 간의 의사소통을 도왔고 논술 문제를 프린트하고 첨삭지를 걷고 나눠주는 등 수업에 필요한 자질구레한 일들까지 챙기게 되었습니다. 그리고 2학년 때는 선생님의 사정으로 논술반이 해체 위기를 맞았으나 친구들과 협의하여 독서 토론으로 수업 방향을 전환하자고 제안하여 논술반을 유지하게 되었습니다.

독서 토론 과정에서 사회자가 되어 토론을 진행할 때는 토론에 빠져들어 사회자로서 중립적 자세를 유지하지 못할 때도 있었고 매끄럽지 못한 진행으로 애를 먹을 때도 있었지만 토론 시간은 항상 재미있었습니다.

이러한 활동을 통해서 글쓰기에 대한 거부감을 극복할 수 있었고 자신의 생각을 논리적으로 표현하는 방법을 배울 수 있었습니다. 무엇보다도 친구들과 서로에 대한 이해의 폭을 넓히게 되었다는 점에서 소중한 기억으로 남을 활동이었습니다.

분석

① 논술반 활동을 통해서 논리적 글쓰기와 사회문제에 대한 관심을 기술했습니다.

② 논술반의 해체 위기에서 독서 활동으로 전환한 의기 대응 능력과 논술반 반장으로서 사소한 일들을 챙겼던 이야기를 기술함으로써 소박하게나마 리더의 자질에 대해 언급했습니다.

③ 토론을 통한 의식의 성장을 기술하였습니다.

④ 친구들과 대화를 통해 진정한 우정을 쌓을 수 있다는 것을 보여 주었습니다.

소극적인 성격 탓에 인간관계를 시작하는 데 어려운 점이 많았습니다. 기숙사에서 공동체 생활을 하기 위해서는 친구들과 스스럼없이 지내는 것이 중요하다고 생각했기 때문에 모든 친구들과 원만하게 지내기 위해서 노력했습니다. 하지만 그런 둥글둥글한 태도만으로는 친구를 깊이 있게 사귀기 힘들었고, 친구들과의 관계가 형식적인 것 같아 은근히 고민이 되었습니다.

그러던 중 같은 중학교에서 올라온 친구의 권유로 기숙사 운동시간에 축구를 시작했습니다. 어렸을 때부터 꾸준히 축구를 해온 터라 친구들로부터 관심을 받게 되었고 축구에 대한 자신감이 대인관계에서의 자신감으로 발전해 갔습니다.

또한 평소 차가운 성격으로 친구에게 무던히 다가가기 어려웠던 제가 축구라는 육체적 활동에 빠져서 모든 것을 잊고 신나게 축구를 하는 모습을 본 친구들과 선생님들은 저를 뜨거운 사람으로, 다가가기 쉬운 사람으로 대해주셨습니다. 학급에서도 기숙사 학생은 공부만 하는 친구라는 오해를 받기 쉬운데 저는 축구를 통해 학급친구들과 공감대를 확대하고 위화감을 없애기 위해 노력했습니다.

이렇듯 축구는 저의 자신감을 키워주고 다른 사람들이 저를 보는 시각을 변화시킴으로써 고등학교 시절 인간관계를 풍부하게 해주어서 성공적인 기숙사 생활과 공부를 하는 데에 있어서 든든한 지원군이었습니다.

또한 개인적 성향이 강한 저는 축구를 하며 팀플레이의 의미를 깨닫게 되었습니다. 3년간 수비수로 뛰면서 처음에는 전 지역을 수비하기 위해 열심히 뛰었습니다. 하지만 제가 아무리 열심히 뛴다고 해도 상대 공격수들의 패스가 절묘하면 도저히 당해낼 수 없다는 것을 깨달았습니다. 그래서 친구를 믿고 맡기기 위해 노력하면서 팀플레이란 서로 간의 신뢰를 바탕으로 시작된다는 작은 진리를 깨달았습니다.

4) 특별한 성장과정이나 가정환경(생활여건 등) (1,000자)

자신의 장단점 및 특성, 고등학교 시절 겪었던 어려움과 그것을 극복하기 위한 노력 중 선택하십시오.

저의 삶에서 소중한 기억으로 간직하고 싶은 것은 세 가지가 있습니다.

먼저 할머니의 기도입니다. 목회를 하시던 할아버지가 일찍 돌아가시고 유치원을 경영하셨던 할머니는 요즘도 저를 위해서 새벽마다 기도를 하십니다. 한 달에 한번 기숙사에서 나와 할머니께 문안 인사를 가면 할머니는 짧은 편지를 저에게 주십니다. 믿음을 가지고 꿋꿋하게 살아가라는 당부의 말씀을 저는 항상 잊지 않고 있습니다.

둘째는 어머니의 수고입니다. (중략) 어머님은 저를 뒷바라지하기 위해서 궂은일도 마다하지 않으시고 열심히 생활하십니다. 어머니의 노력과 수고에 비하면 제가 하고 있는 공부가 오히려 편하다는 생각을 할 때가 있습니다. 고생하시는 어머니의 모습을 떠올리면서 제가 하는 공부가 어머니의 수고보다 힘들 수는 없다는 생각으로 스스로를 다잡으면서 학업에 열중했습니다.

마지막으로 아버지의 따뜻한 조언입니다. 아버지와는 평소에도 인생이나 진로에 대해서도 많은 대화를 나누고 축구나 농구도 같이 하는 친구 같은 사이입니다. 경제학을 전공하겠다는 저에게 아버지는 경제란 '경세제민'이라고 설명해 주셨습니다. '세상을 경영하고 백성을 구제'

하는 일이라는 것입니다. 제가 경제학을 공부하는 것은 사리사욕을 위해서가 아니라 세상을 위해서 큰 뜻을 품고 큰일을 해야 한다는 아버지의 말씀을 항상 간직하고 있습니다.

저는 참 행복한 사람입니다. 제가 가지고 있는 재능을 어려운 이웃과 나누는 삶을 살고 싶습니다. 제가 느끼는 이 작은 행복을 소중히 간직하여 이웃에게 행복을 주는 사람으로 성장하고 싶습니다.

분석

① 가족과 관련된 일화를 세 부분으로 나누어 각각의 느낌을 진솔하게 기술하였습니다.

② 풍요롭지 못한 환경이었지만 열심히 살아가는 부모의 모습을 닮고 싶다는 내용으로 감동을 주었습니다.

③ 화목한 성장 환경에 대해 감사하고 자신의 행복을 이웃과 함께하고 싶다는 가치관을 드러내어 기술했습니다.

---

5) 읽었던 책 중에서 자신에게 가장 큰 영향을 준 책을 순서대로 3권 이내로 기술하여 주십시오. 선정 이유는 단순한 요약이나 감상보다는 읽게 된 계기 책에 대한 긍정적 부정적 평가, 이 책이 자신에게 준 영향을 중심으로 기술하세요.

도서명 / 저자(역자) 출판사 / 선정 이유(500자)

(1) 경제성장이 안 되면 우리는 풍요롭지 못할 것인가?

[더글러스 러미스 / 김종철, 이반 옮김 / 녹색평론사]

대안 경제에 관심을 갖고 어떤 책을 읽을까 고민하다가 논술 선생님의 권유로 읽게 되었습니다. 경제성장만이 살 길이라는 무한경쟁 시대에, 모든 국가들이 '성장의 파이'키우기에 혈안이 되어 있는 상황에서 이 책은 저에게 신선한 시각을 보여 주었습니다. 특히, 우리가 오해하고 있는 현실주의와 이상주의의 역설은 제가 알고 있었던 고정관념을 깨뜨려 주었었고 우리의 생존을 위해 경제성장의 방식을 바꾸자는 이상주의자들의 목소리가 생생히 들리는 듯 했습니다.

저자는 지금과 같은 방식의 경제성장은 빙산을 보고도 멈추지 않는 '타이타닉'호와 같다고 합니다. 따라서 풍요로움의 정의를 경제적 차원에서의 발전이 아니라 '대항발전'의 개념에서 찾아야 한다고 역설하고 있습니다.

이 책은 현대 자본주의의 문제점을 밝히고 그 대안으로 모든 자원과 재화를 줄여 나가는 것을 시작으로 행복, 문화, 즐거움과 같은 눈에 보이지 않는 가치들을 제시했다는 점에서 앞으로 제가 공부하고 싶은 대안경제와 관련이 있기 때문에 흥미롭게 읽었습니다.

분석

① 자신이 전공하고 싶은 대안 경제에 동기 부여를 해 준 책으로 의미가 있다고 기술했습니다.

② 책의 내용 중에서 풍요로움의 의미를 물질이 아니라 행복이나 문화 속에서 찾아야 한다는 대항발전의 의미를 강조하여 눈에 보이지 않는 정신적인 풍요로움의 중요성에 대해 기술했습니다.

(2) 백범일지

[김구 / 도진순 / 돌베개]

백범 독후감 대회를 준비하면서 책을 더욱 꼼꼼히 읽게 되었고 백범의 사상을 재정립하는 계기가 되었습니다. 먼저, 백범이라는 말의 의미가 신선했습니다. 백정과 범인, 김구 선생이 추구하는 모든 가치가 이 말에 함축되어 있다는 생각을 했습니다. 자기 자신도 특별한 사람이 아니며 자신의 삶도 이러한 평범한 백성을 위해서 헌신해야 한다는 생각이 녹아 있는 것 같아 가슴이 뭉클했습니다.

다음으로 백범의 리더십에 대해 생각하게 되었습니다. 강자에게는 한없이 엄정하고 약자에게는 자비로울 정도로 배려하는 모습을 통해 진정한 리더로서의 자질을 볼 수 있었습니다. 특히, 지금같이 부정부패가 만연한 우리 사회에서 리더의 도덕성이 중요한 덕목이라는 것과 그것은 불의와 타협하지 않는 강직함에서 나온다는 것도 깨닫게 되었습니다. 많은 친일 지식인들에서 볼 수 있듯이 역사 속에서 지식인은 비겁할 때가 많은데 나라가 어려울수록 지식인의 역할이 엄중하다는 것을 느끼게 되었습니다.

분석

① 특권의식을 누리는 현재의 지배 권력에게 김구의 평범함이야말로 비범함이라는 역설을 설명했습니다.

② 진정한 리더는 사회적 약자를 돌보는 사람이라는 평가를 언급하였습니다.

③ 강직함은 때로는 딱딱하여 사회를 경직시키지만 지금 우리에게 필요한 것은 유연성이 아니라 고지식한 고집이라는 것을 지식인의 덕목으로 기술하였습니다.

④ 우리나라의 역사적 인물을 멘토로 하여 배울 점을 서술하였습니다.

아들! 서울대 가다

(3) 신도 버린 사람들

[나렌드라 자다브 / 강수정 옮김 / 김영사]

이 책은 저희 할머니가 선물해 준 소중한 책입니다. 같이 숨 쉬는 것조차 거부당하는 인도의 불가촉 천민으로 태어나서 국제무대에서 탁월한 경제, 금융 전문가로 성공한 자다브의 자전적 이야기입니다.

신분제도라는 것은 봉건적 질서체제 아래서만 가능한 구시대의 산물이라고 알고 있었는데 이 책에서 보면 간디라는 위대한 인물도 신분의 벽을 뛰어 넘지 못한 불공정한 인물이라는 점에 새삼 놀라기도 하였습니다.

신분제도가 없어진 지 오래지만 우리 사회에 부와 권력이 자식들에게 대물림되면서 암묵적인 신분 질서가 상존하고 있음을 생각할 때 이 책이 주는 메시지는 강렬하였습니다.

진정한 공동체를 위해서는 공정한 사회제도가 마련되고 누구도 예외 없이 적용되어야 한다고 생각합니다. 또한 가난하다는 이유로 소외시키거나 무시하는 사회에는 미래가 없습니다. 자다브의 인간 승리도 본받을 만하지만 그 배후에 깔려있는 우리 사회의 불공정함에 귀 기울이고 그것을 바로잡는 일에 작은 힘이라도 보태야겠다는 결심을 하였습니다.

분석

① 인문학적 소양으로 갖추어야 할 사회적 불평등에 대해 언급하였습니다.

② 사회적 양극화와 중산층의 붕괴라는 우리 사회의 모습에서 아직도 부와 권력이 은연중 세습되고 그것으로 인해 사회적 불평등이 고착화 되어 가는 현실을 비판하였습니다.

③ 진정한 공동체는 사회적 약자를 위해야 한다는 신조를 강조하였습니다.

▣ 4. 자기소개서 예상 질문 및 답변 예시

1) 1번 문항 관련 : 지원동기와 진로 계획

(1) 서울대 사회과학부를 지원하게 된 동기는 무엇입니까?

대안 경제를 연구하여 공생과 협력을 바탕으로 '지속 가능한 사회'를 만들어 보고 싶습니다. 『오래된 미래』라는 책을 읽으면서 존중과 신뢰라는 전통적 가치의 소중함을 깨닫게 되면서 대안 경제에 관심을 갖게 되었습니다.

국내적으로는 물가상승, 가계대출, 전세대란, 양극화 등의 문제를, 국외적으로는 금융위기, 유럽의 재정위기, 환율전쟁, 국제적 부의 편중, 세계경제 침체 등 시장경제의 문제점이 점차 심화되는 상황에서 이러한 문제들의 원인을 체계적으로 밝히고 해결방안을 모색하기 위해 지원하게 되었습니다.

(2) 학부를 졸업한 후 진로 계획에 대해 말해보세요.

단기 목표로는 먼저 기초과목으로 정치경제학(주류경제)의 이해를 바탕으로 자본주의 경제 체제의 장단점을 파악하고, 경제사를 공부하여 시장경제 체제를 역사적으로 이해하고 위기 해결 과정을 살펴보고 싶습니다.

장기 목표로는 고령화 사회에 대비하는 일자리 모델을 연구하고 저소득층을 위한 생산적 일자리 창출을 목표로 하는 사회적 기업에 대한 연구에 열정을 쏟고 싶습니다.

(3) 대안 경제학이란 무엇이며 우리사회에 구체적으로 어떻게 적용될 수 있는지 설명해 보세요.

대안 경제는 '위코노미'를 모토로 공동체의 연대를 통한 사회발전을 모색하는 사회운동과 경제 운동을 총칭하는 말입니다. 자본주의의 문제점을 보완하고, 그것을 극복하기 위한 제3의 길(기든스)을 모색합니다.

통상적인 경제활동이 인간의 욕구만족 시스템, 이윤추구 중심, 경쟁과 개별화된 생존투쟁이라면 대안 경제는 자유로운 상부상조, 연대의식, 의미 있는 생산 중심, 협동을 기반으로 민주적 통제를 지향하는, 신자유주의의 이념에 반(反)하는 것으로 자본주의를 보완하고 극복하는 것을 목표로 합니다.

70~80년대 유럽에서 흥했던 신사회운동의 폭넓은 흐름과 관련하여, 여러 사회운동의 주요 주제들이 경제의 영역으로 전이되어 추구되는 가치입니다. 이를테면, 양성평등을 추구하는 사회운동 흐름의 연장에서 '여성기업' 운동이 하나의 대안경제로 태어났습니다. 또한 사회적으로 소외된 계층의 경제적 안정을 강화를 추구하는 사회운동은 사회적 기업으로, 국제연대를 추구하는 세력은 '공정무역'으로 대안경제의 영역에 자리 잡았습니다.

현실에 적용할 수 있는 사례로는 첫째, 공공성의 강화를 통하여 공교육, 공공주택, 공적 의료, 사회보험 등 각 복지 분야에서 사회적 책임을 강조하는 제도를 마련하는 일입니다. 예를 들어 돈 걱정 없이 교육받고 돈 걱정 없이 서민들이 안정된 주거 생활을 영위하도록 공공 임대주택을 늘리는 일입니다.

둘째, 소득분배의 재정립하는 일입니다. 학력이나 성별 직업별 고용격차와 임금격차의 해소를 통해 가정 경제의 안정화를 도모하는 일입니다. 또한 '마이크로 크레딧'(햇살론, 미소론 등)을 활성화하여 서민 금융을 지원하는 제도를 활성화해야 합니다.

셋째, 국토의 균형발전입니다. 도시와 농촌의 동반성장을 위한 제도를 만들고, 생활 협동조합의 활성화, 도농 직거래 장터의 확대 등을 통하여 농촌의 소득을 제고하는 일입니다. 농촌경제의 활성화는 '신자원민족주의'에 대비하는 국가적 과제이기도 합니다.

넷째, 대기업과 중소기업의 상생발전을 위해 초과이익 공유제와 같은 제도를 실시하는 일입니다.

다섯째, 기업의 사회적 책임을 강조하는 것입니다. '사회적 기업'의 확대를 통해서 일자리 창출하고 저소득층과 노인, 재소자 등 사회적 약자를 위한 생산적 일자리를 마련하는 일입니다. 또한 사회적 기업들의 수익을 사회적 목적을 위해 재투자하여 사회적 기업을 점차 확대해야 합니다.

여섯째 국제 거래 관계에서 '공정무역'을 통해 국제적 연대를 실현하고, '착한 소비', '윤리적 소비'를 확대하기 위하여 '라벨링 표시제'나 '공익 마케팅'을 강화하는 일입니다. 아직도 후진국에서는 '아동노동'의 착취를 통한 다국적 기업의 이익창출이 만연하고 있습니다. 공정부역을 국제적 연대로 바로 잡을 수 있습니다. 일곱째, 북한에 대한 경제적 지원을 위해 남북협력기금을 적극 활용하고 통일에 대비한 '통일세'를 적극적으로 검토하는 일도 큰 틀에서 대안경제가 풀어야할 숙제라고 생각합니다.

여덟째, '사회적 부'의 개념을 정립하는 일입니다. 투기와 부정부패의 추방과 부의 편중을 막기 위한 제도의 마련은 국민 의식의 건전성에 달려있습니다. 국민들의 합의를 통하여 사회적 안전망을 구축하는 것이 국민들의 건강한 삶, 여유 있는 삶의 선결 과제라고 생각합니다.

(4) 자본주의란 무엇인지 설명하고 현대 자본주의의 문제점에 대해서 말해 보세요.

자본주의는 개인들의 이기심과 경쟁. 사적 소유, 경제활동의 자유로운 보장을 통해 시장경제 체제를 근간으로 경제 발전을 추구하는 제도입니다. 현대자본주의는 경제적 자유의 남용으로 인한 시장경제 체제의 위기를 맞아, 적절한 '공적 규제'의 필요성이 필요한 상황입니다.

자본주의의 문제점은 첫째, 지나친 경쟁으로 인한 과잉생산, 과잉소비, 독과점 등의 문제가 있습니다. 둘째, 과소비와 자원의 지나친 개발로 자원 고갈과 환경 파괴를 야기합니다. 셋째, 사적 소유의 편중으로 개인 간, 지역 간, 국가 간 양극화가 심화되어 사회 안전을 위협하고 있습니다. 넷째, 지나친 경쟁과 이기심, 물신사회 풍조가 공동체 의식의 위기를 초래하고 있습니다.

(5) 세계 경제의 위기 원인과 그 해결 방안을 설명해보세요.

신자유주의의 '시장 실패'로 공적 규제의 필요성이 대두되었습니다. '서브프라임 모기지론'사태로 시작된 미국의 금융위기는 세계 경제를 뒤흔들었습니다.

미국의 부동산 시장의 붕괴와 그에 따른 금융사의 도산, 제조업의 성장 둔화는 경제의 악순환으로 이어져 세계 경제가 침체 국면에 접어들었습니다. 특히 미국은 금융 산업의 비대화로 제조업이 약화되어 경제 '펀더멘탈'(기초)이 무너지고 있습니다. 또한 이러한 경제 문제를 '재정의 양적완화'로 해결하려고 의도적으로 달러의 통화량을 늘리고 있어 '출구 전략'이 실패할 경우 전 세계적 경제 위기가 예측됩니다. 또한 미국을 비롯한 선진국들의 천문학적 재정적자는 향후 세계경제 위기의 복병이 될 것입니다.

　다음으로 심각한 것이 유럽의 재정 위기입니다. 그리스, 스페인, 아이슬란드, 포르투갈, 이태리뿐만 아니라 동유럽까지 재정위기가 확산 중이며 이에 따른 프랑스, 독일의 재정 부담이 가중되어 유로 존 전체의 위기를 초래할 수 있습니다. '유로 존' 국가들은 각국의 경제 상황에 적합한 통화정책이나 환율정책이 막혀 있기 때문에 재정적자는 각 국가의 경제 회생을 막는 장애로 작용하고 있습니다. 특히 그리스의 디폴트(채무불이행) 선언이 현실화된다면 우리나라 경제도 외화의 급격한 유출로 환율시장이 어려움을 맞게 될 것이고, 대외 무역 의존도가 높은 산업구조의 특성상, 수출부진에 따른 경제상황의 악화가 우려되는 형편입니다.

(6) 한국 경제의 문제점은 무엇이고 그 해결 방안을 설명해보세요.

　한국 경제의 당면 문제는 첫째, 환율과 무역, 원자재의 수입과 에너지 등이 대외 의존도가 높은 산업 구조라는 것입니다. 이러한 외부 요인들은 우리나라의 경제 정책만으로는 극복하기에는 한계가 있는 불가피한 면이 있습니다.

　둘째, 서민경제의 불안입니다. 물가상승(5%)과 전세대란, 가계 대출(900조)의 급격한 증가와 연체율 상승, 양극화(엥겔지수)의 심화, 복지예산의 삭감(86조), 청년실업(고용 없는 성장으로 20대 고용률이 58%)의 증가, 비정규직(50%)의 노동 불안 등 많은 문제들이 상존해 있습니다.

　셋째, 이러한 불안 요소들은 사회적 불안 요인과 맞물려있습니다. 우리 사회의 급속한 고령화(2020년 65세 이상 인구가 전체 인구의 15%로 예상)와 저출산(0.96명)으로 경제 부양인구가 줄어들고 있는 상황이 개선되지 않으면 국민 경제에 큰 부담을 줄 수 있습니다.

　이러한 문제들의 해결을 위해서 첫째, 내수시장을 확대하는 것입니다.

복지 예산의 증액과 복지시설의 확대로 소비와 일자리를 늘림으로써 해결할 수 있습니다. 둘째, 부동산 정책의 안정화입니다. 소형 공공임대 주택의 확대와 저소득층을 위한 정부 주택지원을 확대하여 해결할 수 있습니다. 셋째, 새로운 일자리 창출입니다. 한미FTA를 기회로 활용하여 서비스업과 관련한 새로운 일자리를 창출합니다. 넷째, 고용 시장의 안정입니다, 비정규직의 정규직화를 시급히 추진하고 경력 위주의 사원 채용을 가급적 줄이고 신입 고용의 확대를 통해 청년 실업을 줄여가는 노력을 해야 합니다. 또한 고졸고용을 늘리고 임금 수준의 격차를 해소하여 경쟁으로만 치닫는 사회 풍토를 총체적으로 개선해야 합니다. 다섯째, '잡쉐어링', '임금 피크제' 등을 활용하여 고용에서의 안정과 평등을 실현하는 일입니다.

장기적으로 고령화 저출산 사회에 대한 대비하여 노인 일자리 발굴하고, 예산의 효율적 사용과 연금의 효율적 운용을 통하여 정부예산을 효율적으로 집행해야 합니다. 또한 여성 복지를 확대해야 합니다. 특히 '사회적 모성의식'의 확산을 통해 보편적 복지에 대한 국민적 공감대를 확보하는 일도 중요합니다.

(7) 『오래된 미래』라는 책의 내용과 대안경제의 연관성에 대해서 말해보세요.

먼저 책 제목의 의미를 말씀드리겠습니다. '오래된'이라는 말은 전통적 가치는 사랑, 이웃, 사회적 관계, 신뢰, 존중, 존경, 배려 등의 회복을 의미합니다. '미래'라는 말은 이러한 전통적 가치를 통해서 현재의 문제점을 극복하여 공생과 협력의 미래를 지향하는 것을 의미합니다. 이것은 대안경제가 추구하는 공동체의 연대, 상부상조, 협동, 환경을 고려한 지속 가능한 생산 등의 가치와 부합한다고 생각합니다.

(8) '정치 경제학'이 어떤 내용을 다루는 학문인지 말해보세요

경제이론은 정치적으로 정책화되어야 의미가 있다고 생각합니다. 실학의 중농개혁의 실패가 좋은 예입니다.

정치 경제학은 경제 현상이 정치현상이나 사회구조와 어떤 관련을 지니는지를 연구하는 학문입니다. 서울대에서 개설하고 있는 '정치 경제학 입문' 강좌는 주류경제학의 문제점을 부각시키면서 대안적인 경제학 체계가 무엇인가를 연구하는 것으로 알고 있습니다. 특히 현실의 경제문제에 대한 주류적인 시각과 대안적인 시각을 제시하면서 다양한 사고를 개발하는 데 도움을 주는 학문이라고 생각합니다.

주류경제학(신고전학파)은 영국을 중심으로 밀, 마샬, 피구 등이 주찰한 이론으로 희소자원을 가장 효율적으로 배분하는 시장경제를 연구하고, 전지전능한 신과 같은 존재의 「보이지 않는 손」이 시장을 완전하게 이끌어간다고 주장하고 있습니다.

현재 주류경제학(합리적 기대가설)은 인간은 합리적으로 행동하고, 개인적 이익추구를 최대화(이윤추구 극대화)하는 선택을 한다고 가정합니다. 노동운동을 보는 시각도 노동자의 탐욕이라고 설명합니다. 또한 임금수준도 생산의 기여 정도에 따라 분배하기 때문에 사회정의에 부합한다고 주장합니다. 자본주의의 위기를 진단하는 방식에 있어서는 고비용 저효율, 고임금, 정부의 경제 규제, 노동시장의 경직성, 복지비 증가 등을 원인으로 꼽습니다.

이러한 점들 대문에 이제까지 주류경제학은 기득권자를 옹호하는 이론으로 활용되었으며, 지식의 오만으로 가득한 계획 이론적 학문이라는 비판이 있습니다.

(9) 자본주의의 위기를 극복한 경제학자의 예를 들고 그 극복 방법에 대해 말해 보세요.

미국의 대공황으로 인한 세계 경제의 위기를 극복하는 이론을 제시한 미국의 경제학자 케인즈입니다. 케인즈의 이론에 따르면 국가가 유효수요를 창출하여 공황을 방지합니다. 또한 기간산업을 국유화하고 사회적 공공서비스 제공하는 경제 운용을 기본 정책으로 하여, 공공재의 확대를 위한 자금 확보를 위해 국채를 발행하고 세금을 증가하여 국가 재정을 늘리는 것입니다.

이러한 경제 운용을 통해 국가가 최소한의 복지를 제공하여 경제체제의 안정망을 구축하고 양질의 노동력을 확보하여 1970년대까지 최고의 호황을 유지하는 이론으로 자리 잡습니다.

그러나 몇 가지 문제점이 있습니다. 과중한 세금과 국채 발행으로 기업의 이윤이 하락하고 국가의 통화량이 증대되어 인플레이션이 가중된다는 점입니다. 게다가 1974년 오일쇼크와 함께 각 국가들이 '스테그플레이션' (경기침체에도 물가는 상승)에 직면하게 되고, 미국의 사회주의의 세계적 확산 방지를 위한 과도한 대외 원조와 베트남 전쟁으로 엄청난 국가 재정비용 지출을 유발하였습니다.

또한 서유럽과 일본의 경제 성장으로 세계 경제가 또 다시 과잉생산, 과잉공급의 문제에 직면하면서 달러(기축통화)의 위기를 맞게 됩니다. 이런 여파로 세계적으로 금 투기가 성행하고 정부의 개입을 근간으로 하는 '케인즈주의' (브레튼 우즈체제)는 더 이상 세계 경제회생에 돌파구를 제공하지 못하는 이론으로 폐기되고 신자유주의의 물결 앞에 힘없이 무릎을 꿇을 수밖에 없었습니다.

(10) 고령화 시대의 문제점을 지적하고 그 해결 방안을 말해보세요.

노인 인구의 급증(2026년 초고령화 사회로 진입 전체인구 중 65세 이상의 노인인구 20%)과 노동력 감소, 노인 빈곤율(45%)의 증가, 독거노인의 증가 등 노인 문제가 사회문제로 대두하였습니다.

핵가족화로 전통적 가족제도가 붕괴되어 노인 자살률이 증가하고 다수의 노인들이 절대빈곤층으로 전락하고 있는 현실입니다. 또한 노인성 질환의 증가와 복지 시설의 미비, 저소득자 중심의 복지운영으로 중산층 노인의 절대적 빈곤화가 우려되는 상화입니다. 따라서 이 문제를 해결하지 못한다면 장기적으로 노동력 감소로 인한 경기 악화로 국민 경제에 심각한 부담이 될 것입니다.

이러한 문제들을 해결하기 위해 노인요양시설을 확충하고, 노인수당 지급, 실버산업 육성, 노인 일자리 발굴, 노인복지 예상 증액, 노인 직업 훈련을 통한 재교육과 같은 구체적 정책 수립이 요구됩니다. 특히 공동체 의식교육을 강화하여 노인 문제를 개인적 차원이 아니라 사회적 책임으로 의식을 전환하는 사회적 합의가 필요입니다. 장기적으로는 저출산 방지 대책과 연계하여 경제활동 인구를 늘리는 정책적 지원이 있어야 합니다.

2) 2번 문항 관련 : 학업 능력을 위한 노력

(1) 평소 호기심이 있는 분야를 말해보고 그 분야를 알기 위해 해온 노력들을 말해 보세요.

사회문제 특히, 경제현상과 관련된 문제들입니다. 특히 자본주의의 위기극복을 위한 대안 경제에 관심이 있습니다.

충북 무역협회의 논술 공모전에 '충청북도 중소기업의 세계진출 전략'이라는 문제를 준비하면서 탐구의 기쁨을 직접 체험하였고 지적 호기심을 통한 주도적 학습이 학문 연구에 바탕이 된다는 생각을 갖게 되었습니다.

구체적 실천 방법으로 사회 이슈 스크랩을 지속적으로 정리하였습니다. 경제, 복지 문제, 시사 이슈를 중심으로 스크랩하였습니다. 또한 경제에 관한 배경 지식을 습득하기 위하여 경제 관련 서적을 읽었습니다. 미흡하지만 틈틈이 '경제성장이 안 되면 우리는 풍요롭지 못할 것인가', '경제학 산책', '경제학 카페' 등 경제 문제와 관련된 독서 활동을 하였습니다.

(2) 충청북도 중소기업의 문제점은 무엇이고 그 해결 방안을 설명해 보세요.

산업의 수도권 집중으로 지역 간 불균형이 심화되어 지역 간 소득 격차가 확대되고 있습니다. 지방은 산업 인프라의 미비로 경쟁력 있는 기업들을 유치하지 못하는 상황입니다. 이러한 문제는 장기적으로 지역 간의 소득 격차를 더욱 심화시켜 지방민들의 상대적 박탈감을 유발시킬 것입니다. 국토의 균형 발전이라는 큰 틀에서 해결하기 위해서 국민적 공감대를 넓혀 나가는 것도 시급한 과제입니다.

이러한 문제의 해결 방안으로 첫째, IT, BT 산업으로 산업구조를 고도화하는 것입니다. 둘째, 경쟁력 있는 중소기업들을 선별하여 충분한 세제 혜택을 줍니다. 셋째, 지자체 차원에서의 금융 협조를 원활하게 하여 기업의 자금 확보에 도움을 줍니다. 넷째, 환율 리스크가 발생하면 유동자금을 지방재정으로 지원하는 제도를 마련합니다. 다섯째, 기술 신용

기금을 확충하여 우수한 기술을 가진 기업들에게 신용 대출을 확대합니다. 여섯째, FTA와 연계하여 자동차 부품산업을 특화합니다. 일곱째, 중소기업들이 공동으로 해외 진출을 모색하여 비용을 절감하고, 중소기업 간의 정보 공유를 통해서 중복투자와 중복 경쟁을 방지합니다.

(3) 시사 문제에 대한 자료는 어떤 방식으로 수집하여 세분화했는지 설명해 주세요.

첫째, 학교 기숙사에서 한국경제 신문의 생글생글 부록지를 격주로 구독하였습니다. 또한 개인적으로 사설산책을 구독하여 신문의 주요 사설과 시사 이슈, 시사 쟁점을 파악하였습니다. 둘째, '이슈 투데이' 인터넷 사이트를 활용하여 각 매체의 시사 이슈 해설과 시사 칼럼, 시사 용어를 스크랩하였습니다. 셋째, 전국 정치외교 연합 동아리 '유패드' 활동을 통해서 시사 이슈를 선택하고 그에 대한 토론 활동을 하였습니다.

(4) 현재 사회 이슈 중에 가장 시급한 것은 무엇이라고 생각하나요. 그 이유를 설명해 보세요.

한미 FTA 체결과 여당의 일방적 비준으로 정치대립이 지속될 경우 FTA 준비와 생산적 논의가 지연될 수 있습니다. 소모적인 정쟁은 이제 그만하고 체결의 결과로 이익을 보게 될 공산품과 섬유, 자동차 등의 분야는 더욱 특화하여 활성화시키고 불이익을 보게 될 농업, 제약, 서비스업 등에 대한 지원 대책과 경쟁력 강화 대책을 마련할 때입니다.

3) 3번 문항 관련 : 학내외 활동의 의미

(1) 유패드 활동을 구체적으로 설명하고 이 활동을 통해서 얻은 것은 무엇인지 말해보세요.

첫째, 강연 듣기입니다. 유패드 전국 모임에 참여하여 김효은 외교관의 강연을 경청하고 공직의 중요성과 종직자의 자세에 대해 알게 되었습니다. 둘째, 토론하기입니다. 공직자의 올바른 자세, 친일인명사전 발간, 4년 중임제 등의 내용으로 토론 활동을 하였습니다.

이런 활동을 통하여 배경지식을 확장하고, 사회를 보는 안목을 기를 수 있었습니다. 또한 토론의 기술을 습득하고, 표현 능력의(글, 말) 향상을 꾀할 수 있었습니다.

(2) 논술반 활동을 구체적으로 설명하고 이 활동을 통해서 얻은 것은 무엇인지 말해보세요.

첫째, 논술 쓰기 연습입니다. 논제별로 제시문을 정해서 구상하여 개요를 짜고, 실전 쓰기 훈련을 지속적으로 하였습니다. 둘째, 퇴고를 마치고 친구들과 평가하여 다른 시각에서 문제에 접근하는 다양한 관점들에 대해 이해하였습니다. 셋째, 독서 토론입니다. 부원들 간에 협의하여 책을 선정해서 토론을 진행하고 읽은 책들을 포트폴리오에 정리하였습니다.

(3) 본인이 생각하는 진정한 봉사 활동의 의미는 무엇입니까?

진정한 봉사란 자신이 가지고 있는 재능, 재력, 기술 등을 이타적으로 활용하는 모든 활동이라고 생각합니다. 자신을 희생하는 차원이 아니라 공동체의 이익을 위해 일하는 것이지요. 결국 제가 소유하고 있는 재능, 재력 따위의 것들도 제가 사회 속에서 얻은 것이기 때문에 이웃을 위해 제가 가진 것을 환원하는 삶의 자세가 바람직하다고 생각합니다.

4) 4번 문항 관련 : 주제별

(1) 자신의 장단점을 말해보세요

장점은 첫째 한 가지 일에 집중하는 능력과 성실함입니다. 수업 시간에 집중하고, 과제에 대한 성실하게 수행했습니다. 또한 원칙을 고수하는 성격으로 강직하다는 장점이 있습니다. 기숙사 공동생활과 축구부 활동을 통해서 협력과 이해 몸에 익혔습니다.

단점은 꼼꼼한 성격으로 완벽을 추구하다 보니 인간미나 정이 없다는 말을 듣습니다. 이러한 점을 극복하기 위해 다양성을 인정하는 자세가 필요하다고 생각했습니다. 토론 활동에서 상대 의견에 대한 배려를 통해 훈련하였습니다. 또한 내향적 성격으로 말수가 적고 남 앞에 나서기를 꺼려하는 단점이 있습니다. 수업 시간에 의도적으로 질문을 많이 하여 자신감을 키웠습니다.

(2) 성장 과정 중에서 가장 기억에 남는 것은 무엇이며 그것이 자신의 삶에 미친 영향은 무엇입니까?

할머니의 기도와 어머니 수고 그리고 아버지 조언입니다. 특히 어머니의 수고에 항상 감사하는 마음으로 살아가고 있습니다. 어려움 속에서도 가정을 위해 헌신적으로 일하시는 모습 속에서 열심히 산다는 것의 의미를 직접 배웠습니다. 또한 역경을 만나도 극복할 수 있다는 힘과 용기를 얻게 되었습니다. 아버지와는 격의 없이 대화를 많이 합니다. 학업이나 진로에 대해서 사회의 문제점에 대해서 시간이 날 때마다 의견을 나눕니다. 이런 아버지의 조언들을 통해서 인생의 의미와 삶의 자세를 배웠습니다.

5) 5번 관련 : 선정도서

(1) 『경제성장이 안 되면 우리는 풍요롭지 못할 것인가』 책의 내용을 간략하게 설명하고 선정 이유를 말해보세요.

첫째, 이상주의와 현실주의의 역설에 대한 내용입니다. 현대 자본주의 사회를 '타이타닉호'에 비유하면서, 빙산을 향해 가고 있다는 것을 알면서도 진로를 바꾸지 않는 현실을 이상주의라고 비판하고 있는 대목이 인상적이었습니다. 둘째, 대항발전의 필요성에 대한 인식입니다. 진정한 풍요로움은 경제적 가치에서가 아니라 협력, 행복, 즐거움 등 눈에 보이지 않은 가치들 속에 있다는 의미를 발견하였습니다.

(2) 위 책의 내용과 대안 경제는 어떤 점에서 관련되어 있는지 설명해 보세요.

대항발전은 공동체의 연대, 상부상조, 상생을 통해 현대 자본주의의 문제점을 극복하려는 노력입니다.

(3)『백범일지』가 우리에게 주는 메시지는 무엇일까요?

첫째, 백범의 민족에 대한 사랑입니다. 진정한 세계평화 구축을 위해 문화의 힘을 강조한 점이 인상적이었습니다. 둘째, 백범이란 말의 의미에서 김구 선생의 민중을 위한 소박한 삶을 살겠다는 의지를 엿볼 수 있었습니다. 셋째, 가진 자에겐 엄정하고 없는 자에겐 자애로운 진정한 리더십의 전형을 볼 수 있었습니다.

(4)『백범일지』에서 나타난 김구 선생의 삶을 평가해보세요.

소박한 민족주의로 인해 다양하고 복잡한 현실의 문제(남북 분단)를 풀기에는 정치력이 미흡했다는 점이 아쉬웠습니다.

(5)『신도 버린 사람들』의 주인공은 어떤 인물이며 간디 선생의 이념과는 어떤 점에서 차이가 있나요?

자다브는 인도의 불가촉천민(달리트)으로 태어나 역경을 극복하고 인도 및 세계적으로 유명한 금융전문가가 되었습니다. 내용 중에서 아버지의 충고가 인상적이었습니다.

'네가 원하는 사람이 되라 단, 최고가 되거라'.

간디를 서술한 부분에서는 좀 의아했습니다. 위대한 인물로 알고 있던 간디가 카스트제도 안에서 달리트의 지위 향상을 주장하는 모습을 보고 신분 차별을 인정하는 모습에 실망스러웠습니다. 우리 사회가 진정한 공동체로 거듭나려면 눈에 보이지 않는 차별을 해소해야 한다는 사실을 알게 되었습니다.

▶ 5. 증빙 서류 예시 : 시사 이슈 자료 모음 목차

☑ 경제 관련

연번	일시	제목	발췌	내용 정리
1	2009. 1.	청년 실업과 일자리 나누기	미디어 오늘	잡쉐어링/공공부분 투자 - 내수확대
2	2009. 1.	4대강 사업 쟁점과 경인운하	단국대	녹색뉴딜/18조원의 기회비용 -고용유발 허수
3	2009. 3.	새로운 아시아 연대	이슈 앤 논술	글로벌 스탠더드/아시아 펠로우쉽 / 지역화
4	2009. 4.	우리 경제 어디로 흘러가나	매일경제	출자총액제한제 폐지/친재벌, 친자유주의 노선
5	2009. 6.	위기의 개성공단, 현황과 해법	매일경제	북한의 노동력/임금인상 요구/긴장완화
6	2009. 6.	5만 원권 유통과 경제생활	매일경제	인플레이션 우려/부정부패 확산 우려
7	2009. 7.	소비는 미덕인가 악덕인가	고양외고교사	호모컨수멘스/어풀루언트/저축의 역설
8	2009. 8.	인간자본이 경제를 지배한다	이슈 앤 논술	소비자 권력 증대/프로슈머/CTO 출현
9	2009. 9.	오바마, 미국 경제 살릴까?	이슈 투데이	부자증세/의료보장확대/기축통화 보유국
10	2009. 10.	G20정상회의의 의의와 전망	삼성경제연구소	금융감독규제 개선/유동성확대/투명성/책임감
11	2009. 11.	출구전략, 더블딥의 시작인가	이슈 투데이	한국재정적자 확대/수출 치명적/리세션
12	2010. 3.	미국과 중국의 환율전쟁	이슈 투데이	무역적자 확대/일자리 감소/평가절상 요구
13	2010. 5.	은행세 도입과 한국의 금융개혁	이슈 투데이	공적자금회수 목적/고위험투자 절제/한국역행
14	2010. 5.	타임오프와 노사정 갈등과 전망	노동연구원	노조 전임자 회사급여 금지/사용자 우위 전망
15	2010. 7.	오픈 프라이스 제도 확대시행	중앙일보	유통업체 가격 결정권/가격 인상 부작용
16	2010. 9.	대기업의 사회적 책임론, 반시장?	성공회대	성장우선 낙수효과/중소기업 상생 발전
17	2010. 9.	친서민 금융정책의 허와 실	중앙일보	미소금융/햇살론/포퓰리즘/양극화 해소, 통합
18	2010. 10.	희토류와 신자원민족주의	중앙일보	자원 카르텔/국가이익 우선/무역 수지 악화
19	2010. 10.	한, EU FTA 체결	서울파이낸스	포괄적 체결/경제단위의 통합/교역규모 증대
20	2010. 11.	G20과 환율전쟁	서울시립대	플라자 모임과 일본의 쇠락/금융안정 확보
21	2010. 12.	현대차 비정규직 노조파업 사태	이코노미스트	노노 갈등이 더 부채질/정규직의 결단 필요
22	2011. 1.	한미 FTA 재협상	경향신문	안보 위기로 탄력/자동차 양보 ,농산물 이득
23	2011. 1.	정부의 물가 대책 실효성	서울파이낸스	수출주도 성장과 저금리, 고환율이 상승 원인
24	2011. 3.	저축은행 부실, 구조개선 시급	성공회대	부동산 경기하락과 PF대출/규제완화가 폐해

V·자기소개서는 얼굴이다! 약간의 화장발은 애교다

25	2011. 4.	초과이익 공유제 논란	이코노미스트	색깔논쟁/사회주의적 발상/자유적 동반성장
26	2011. 5.	미국 신용등급 조정의 의미와 전망	이슈 투데이	S&P조정/재정적자정책 축소압력/약소국 타격
27	2011. 6.	복수노조 시행 논란	노동사회	과거 성장주도로 금지/기본권/교섭창구 단일
28	2011. 7.	가계부채 대책의 기대효과와 한계	이슈투데이	가처분 소득의 증대와 물가안정이 우선 요건
29	2011. 7.	휘발유 값 논란	아주대	유류세 인하를 정부가 결단/물가불안 해소

☑ 복지 관련

연번	일시	제목	발췌	내용 정리
1	2009. 10.	경제 성장이냐 분배냐	한겨레 신문	일자리, 내수, 경기활성/부의 재분배로 수요창출
2	2009. 10.	경제와 윤리-복지국가의 철학	행복한책가게	경제는 원래 윤리학의 일부/적극적 사회보장
3	2009. 11.	국민이 행복한 선진국 덴마크	중앙일보 선데이	덴마크 평범한 시민 프레데씨. 행복지수 97
4	2009. 11.	스웨덴 모델, 자본과 복지의 공존	김인춘	성장을 극대화하고 분배의 효율성을 높임
5	2010. 3.	새로운 빈곤	행복경제로 가는 길	빈곤을 보는 통념 =사회 /결함 있는 소비자
6	2010. 4.	성장이 있어야 분배도 있다	한국경제/생글샐글	경제성장-소득증가-생활수준 향상-도덕적 성숙
7	2010. 4.	성장은 빈곤을 줄인다	한국경제/생글샐글	성장을 통한 저소득층 지원 - 절대빈곤율 하락
8	2010. 7.	'노르딕 모델' -북유럽의 꿈	내일신문	개인의 자율 존중하나 관료적 개입이 강함
9	2010. 8.	공정한 소득 재분배-3가지 사상	한국경제/생글생글	공리주의/점진적 자유주의(롤스)/급진적(로버트)
10	2010. 12.	허울뿐인 사상최대 복지예산	참여연대	서민예산(기초생활급여 등) 삭감/양극화 심화
11	2011. 1.	공짜복지에 취한 비열한 기성세대	한국경제/생글생글	복지 포퓰리즘은 망국의 길/실패한 유럽 PIGS
12	2011. 1.	보편적 복지는 이상에 불과	한국경제/생글생글	선택적 복지는 낙인이 아니다/젊은 세대의 짐
13	2011. 2.	사회복지와 시장기능	서울대	시장의 원리는 포상과 징벌/공정성보완의 배려
14	2011. 2.	무상 복지 논쟁	서울대	쟁점 =파이 이론/ 재정문제/선별, 보편의 선택
15	2011. 2.	샌들의 '정의란 무엇인가' 반박	한국경제/생글생글	상인의 폭리/국가의 미덕 장려/금융위기 탐욕
16	2011. 2.	토끼와 거북이 경주와 복지	고려대	출발에서의 평등 보장(기회균등)/고부담, 고복지
17	2011. 2.	복지, 구체적 프로그램별로 논쟁	조선일보	효율성이 낮은 복지제도 - 과감한 개혁이 병행
18	2011. 2.	복지지출 확대 필요, 신중히	매일경제	부동산세. 소비세 강화 - 지출을 교육, 보건, 취업에
19	2011. 2.	사회복지와 시장의 기능	문화일보	땀 흘린 만큼 반드시 보상받는 정의사회
20	2011. 5.	복지국가 논쟁	프레시안	증세론의 한계와 조세재체론(토지보유세 증세)

| 21 | 2011. 7. | '新엥겔계수' 고려한 맞춤형복지 | 한국경제 | 어려운 가계에만 혜택이 집중되도록 해야 한다. |
| 22 | 2011. 8. | 위기는 부실한 복지에서 온다 | 한겨레 | 평상시에 재정을 건전하게 유지하는 것이 필수 |

☑ 시사 칼럼

연번	일시	제목	발췌	내용 정리
1	2009. 2.	미디어법 개정 -두 토끼잡기	한국경제	거대 신문과 대기업의 방송사 소유 확정
2	2009. 4.	4대강 살리기 본부장께 드리는 고언	경향신문	졸속, 밀실 추진/전문가 배제/수십조 원 낭비
3	2009. 6.	다시 돌아보는 노무현 모델	중앙일보	인권, 사회적 약자, 민주주의의 가치와 정신
4	2009. 7.	비정규직 내쫓는 사회적 합의	한국경제	총량불변의 법칙 = 해고와 고용의 반복
5	2009. 7.	쌍용차 파업, 그 의미와 해법	경향신문	중국 상하이 자동차의 '먹고 튀기' (론스타 류)
6	2009. 8.	신종플루, 공포증이 더 문제	한국경제	정부 당국의 위기 소통 능력이 미숙
7	2009. 9.	국내정치에 그랜드 바겐이 더 절실하다	내일신문	북핵문제+모든 대북관계 걸림돌을 동시에 해결
8	2009. 11.	세종께 세종시를 묻다	중앙일보	후대를 위한 창생민복임을 설득할 수 있어야 함
9	2010. 3.	스마트폰시대 함께 사는 지혜	매일경제	개방과 공유, 모바일 시대의 핵심가치를 구현
10	2010. 4.	독도의 실효 지배 강화하는 길	서울신문	울릉도에 대한 행·재정 특례를 강화
11	2010. 5.	경제학으로 푼 '천안함' 대응	한국경제	경제를 위해서라도 안보 위협에 단호히 대처
12	2010. 8.	체벌금지 이후를 고민하라	서울신문	학생 인권신장/초중등교육법에 포함시키는 방안
13	2010. 9.	中-日영토분쟁에 주목해야 하는 이유	동아일보	미,일의 중국 견제가 신냉전 형성/안보불확실성
14	2010. 9.	통일세를 생각한다	내일신문	경제적 측면 - 엄청난 비용 소요, 현실적 작업
15	2010. 11.	버려진 연평도	중앙일보	NLL의 전략적 요충지 연평도 / 확전 공포
16	2011. 1.	경제 전망치로 본 신묘년 경제 흐름	매경이코	적정기준금리는 3%대/고용안정대책이 최대과제
17	2011. 2.	구제역 매몰 오염 방지 위한 4대 제언	문화일보	유역단위로 환경적·지질학적 요인 고려한 대책
18	2011. 3.	'벼랑 끝 대학생' 등록금을 잡으려면	조선일보	대학구조조정과정 - 적정 대학에 경상비 지원
19	2011. 3.	쌍용차 노동자 사회적 타살 막으려면	경향신문	실업과 해고 노동자들에 대해 사회복지 늘려야
20	2011. 3.	'서바이벌 예능' 우울한 시대의 초상	경향신문	남을 누르고 살아남는 것이 절체절명의 과제
21	2011. 4.	서울학생인권조례를 위해	한겨레	'내 자식 이기주의' 를 벗어난 '세대간 연대'
22	2011. 4.	청년실업문제 핵심은 전문·사무직 쏠림	매경이코	청년 취약계층 일자리 알선, 청년 창업 활성화

Ⅴ·자기소개서는 얼굴이다! 약간의 화장발은 애교다

23	2011. 4.	패자부활전이 있는 사회 - 카이스트 자살	조선일보	가족과 사회의 기대 - 불효자, 낙오자, 자괴감,
24	2011. 4.	노동유연성? 역사의 퇴행!	한겨레	비정규직화, 정리해고와 같은 말/구시대로 퇴행
25	2011. 4.	미국의 新중상주의	동아일보	미국의 강화되는 통상정책/제조업육성, 수출확대
26	2011. 5.	비정규직, 공공기관이 더 문제	한국일보	공정사회는 말이 아니라 정부가 먼저 솔선수범
27	2011. 5.	금감원 바로세우기	문화일보	금융감독원이 감독권을 독점하고 있는 체제문제
28	2011. 5.	쇠퇴하는 자본주의	경향신문	아프리카, 중동의 신자유주의 선진 자본 반대
29	2011. 5.	의약품 판매, 소비자 편의 우선돼야	동아일보	공급자 이익을 보호에서 소비자 편익으로
30	2011. 5.	한국경제 앞에 놓인 3대 복병	문화일보	환율하락 경계/금리인상 자제/금융시장 안정화
31	2011. 6.	제일 나쁜 건 '먹튀' 외국자본	한국일보	사회 감시받는 국민기업 필요/관치 개혁
32	2011. 6.	늙어가는 대한민국 - 고령화	세계일보	노후준비와 출산율 회복을 위한 사회 환경 조성
33	2011. 6.	선진국일수록 농업 중시한다	문화일보	바이오경제 -국가가 과학적인 식량생산을 준비
34	2011. 7.	한국 적정인구는 5천 3백만 명 - 저출산	문화일보	출산율 제고, 고령자, 이민자, 여성인력 활용
35	2011. 7.	왜 공직사회는 백년하청인가 - 부정부패	중앙일보	보은인사/철저한 공인의식 필요
36	2011. 7.	노르웨이의 비극과 다문화정책	문화일보	이민법을 제정, 정책을 체계적으로 집행/이민청
37	2011. 8.	글로벌 경제위기 극복하려면	국민일보	팽창 재정정책 지양/효율적 외환관리

☑ 경제 진단과 전망

연번	일시	제목	발췌	내용 정리
1	2010. 9.	경기변동과 사회병리 현상	한겨레 기획	자살, 이혼의 증가/해결-일자리창출과 소득증가
2	2010. 10.	재정적자와 경제성장	한겨레 기획	노동 효율성 제고/사회 간접자본 투자확대
3	2010. 10.	전세불안과 주거정책	한겨레 기획	서민의 기본 생존권/안정적 주택금융 제공
4	2010. 10.	환율갈등과 G20의 역할	한겨레 기획	환율은 상대가격/글로벌 불균형/기축통화 재편
5	2010. 10.	미국, 중국 위안화 절상 요구	한겨레 기획	중국정부 해결=내수 확대/수출 타격 우려
6	2010. 12.	부자감세로 줄어든 국가재정	한겨레 기획	감세 철회로 가닥 잡힘/간접세로 국민에게 전가
7	2010. 12.	수출이 늘고 경기 좋다는데... 백수	한겨레 기획	수출증대가 고용확대로 이어지지 않음
8	2010. 12.	유럽 재정위기... 부부 양극화 원인	한겨레 기획	글로벌 금융위기/시스템 취약/유럽체제 위협
9	2011. 1.	중국 금리인상-한국과 다른 해법	한겨레 기획	물가불안 해소를 위함/지급준비율 인상

10	2011. 1.	미국 세계 경제 최대 복병	한겨레 기획	실업율 10%/재정적자를 통화증발로 메움
11	2011. 1.	현실과 동떨어진 물가지표	한겨레 기획	저소득층 생활이 상대적으로 어려워짐/유통혁신
12	2011. 2.	세계 경제 30년 '골디락스' 는 끝	한겨레 기획	신흥국의 자원소비 급증/선진국 인플레이션
13	2011. 2.	고유가... 경제 경보음 커진다	한겨레 기획	물가 안전 걸림돌/세계 경제둔화-수출 감소 우려
14	2011. 3.	세계경제 불균형 방치... 금융위기	한겨레 기획	미국은 소비를 줄이고 개도국은 소비를 늘려야
15	2011. 3.	일본 지진과 세계경제-공급사슬	한겨레 기획	나비효과로 세계경제 위협/세계화-신속한 전염
16	2011. 5.	부동산발 금융위기 현재진행형	한겨레 기획	단기차입으로 인한 유동성 위기/PF대출 부실
17	2011. 6.	변동 금리 위주 가계대출 구조	한겨레 기획	부의분배가 개인보다 기업에 집중/소득공제확대
18	2011. 6.	외환보유액 쌓는 것만 능사 아님.	한겨레 기획	달러화 가치하락 대비/외화 유동성 축소 부작용
19	2011. 7.	기술력 있는 중기-대기업 의존 악	한겨레 기획	신기술 개발의 중요성
20	2011. 7.	불안한 한국경제	한겨레 기획	과도한 재정적자와 무분별한 통화공급=물가급등

▶ 6. 추천서 작성법 사례 및 분석

☑ 작성 원칙

① 추천서는 학생을 가장 잘 파악하고 있는 선생님이 사실대로 양심
   껏 씁니다.
② 학생의 강점을 잘 드러내도록 씁니다.
③ 단점을 쓴다면 그 극복 의지나 극복 과정을 꼭 씁니다.
④ 열악한 가정환경이나 교육환경에서도 흔들림 없이 학업에 전념한
   모습은 입학사정관도 아름답게 생각합니다.
⑤ 강력한 추천 의지를 표명합니다.
⑥ 학교에 따라서 추천서에 장학금 신청을 기재하는 경우도 있으니
   유의하세요.

(1) 지원자의 학업 능력과 지원 모집단위에 대한 관심, 열정, 재능, 우수성 등에 대하여 기술하여 주십시오.

이 학생을 추천하게 됨을 기쁘게 생각합니다. 이 학생은 꾸준함을 잃지 않고 공부하면서 튼튼한 기초 지식을 쌓은 학생입니다. 지원자는 우리 학교 명장 인증제 중 '진리장'을 받을 정도로 학교생활에 충실하였습니다. 반에서는 내신의 왕으로 불릴 정도로 학업에 성실히 임하는 학생입니다. 학업에 부족한 부분은 자투리 시간을 활용해서라도 보충을 하는 학생입니다. 지원자는 수업 시간 이외에도 공부하다가 의문이 생기면 수학 교과 담임인 저를 찾아와 '정적분의 기본 원리'에 대해서 설명을 요구할 정도로 적극적인 탐구 자세를 견지했습니다.

지원자는 경제 문제에 지속적인 관심을 가지고 차근차근 준비해 온 학생입니다. 저희 학교에는 경제 과목이 개설되어 있지 않아서 걱정이 많았습니다. 또한 다른 과목에 비해 수학이 조금 약한 편이라 본인 스스로 더욱 노력하였습니다. 한번은 점심시간에 친구들과 정치에 대해서 열띤 토론을 하고 있는 지원자를 보았습니다. 평소에 조용하고 차분한 성격으로 알고 있었는데 그런 모습이 처음이라 신기하게 바라보았던 경험이 있습니다.

지원자는 독서 활동을 통해 다양한 사회 문제를 접했고 특히 충청북고 무역협회 주관의 논술대회에 자발적으로 참가하여 입상을 할 정도로 자기 주도적 학습태도를 갖춘 학생입니다.

(2) 학업 능력 이외에 개인적 특성(봉사성, 잠재력, 인생관, 리더십, 공동체 의식 등)을 중심으로 지원자를 이해하는 데 도움이 되는 내용이나 지원자를 추천하는 이유에 대해 기술하여 주십시오.

지원자는 예의가 바르고 겸허하여 자신을 내세우지 않는 성격의 소유자입니다. 또한 매사에 진지함과 성실함으로 승부를 거는 학생입니다.

지원자는 봉사 활동을 꾸준히 하여 어려운 이웃들에 대한 배려를 몸소 실천하였습니다. 지원자는 '교내 봉사상'을 두 번이나 받을 정도로 학급에서 궂은일에 스스로 지원하여 급우들에게 인정받는 봉사자입니다. 한 번은 학교 대표로 충청북도 교육감 표창(봉사 부분) 후보를 정하기 위해 선생님들이 회의를 하였는데 다수의 선생님이 지원자를 후보로 선정하는 모습을 보고 지원자가 신임이 두터운 학생이라는 것을 새삼 확인하였습니다. 또한 지원자는 2년 동안 예수회 꽃동네 유지재단 '행복의 집'에서 노인 및 장애인을 위한 봉사 활동을 지속적으로 하면서 내적으로 많은 깨달음을 얻은 학생입니다.

지원자는 우리 학교 기숙사 공동체에서 모범을 보이는 학생입니다. 3년간의 기숙사 생활에서 벌점 하나 없는 성실함으로 일관했습니다. 동기들 사이에서 '동업하고 싶은 친구'에 대한 설문조사를 한 적이 있었는데 지원자가 가장 많은 표를 얻을 만큼 친구들 사이에서도 신망이 두터운 학생입니다.

기숙사 내에서도 축구부 활동에 적극 참여하여 수비수로서 열심히 뛰는 모습을 여러 번 보았습니다. 평소에 조용한 성격의 지원자가 열정적으로 축구를 하는 모습을 보면서 흐뭇했습니다.

(3) 1-2번 항목 이외에 지원자의 평가에 고려할 만한 사항이 있는 경우(교육 환경) 기술하여 주십시오.

부모님과의 상담을 통해서 지원자의 가정이 경제적으로 넉넉하지는 않지만 자식을 위해 희망을 품고 열심히 사는 부모님이라는 생각을 했습니다. 이런 부모님의 모습을 보면서 자신의 의지를 다지는 모습을 볼 때 정서적으로 안정되고 정신적으로 성숙하다는 느낌을 받았습니다. 귀 대학에 합격하게 된다면 장학금을 신청하고자 합니다.

(4) 종합 의견

지원자는 학업 성적이 우수하고 품행이 단정하며, 성실하고 능동적인 학문적 태도와 남을 배려하고 봉사할 줄 아는 심성을 지닌 학생으로서, 미래 한국을 이끌어 갈 지도자적 품성과 소양을 지니고 있다고 판단하여 귀 대학에 적극 추천합니다.

분석

① 추천자가 지원 학생의 교내생활을 세심히 관찰하여 구체적인 사실을 기술하였습니다.

② 당위적인 말보다는 학교생활 속에서 지원자의 작은 경험들을 예로 들어 학생의 성품과 소양을 기술하였습니다.

③ 지원자의 학업에 관련된 성과를 제시하여 객관성을 확보하였습니다.

④ 지원자의 부모와 상담한 내용을 참고로 하여 지원자의 가정, 교육 환경에 대해서 언급하였습니다.

⑤ 학업에 대한 열정과 비교과 활동에 대한 자발적, 적극적 참여를 강조하였습니다.

⑥ 지원자의 교육 환경을 언급하고 장학금 신청에 대한 당부를 하였습니다.

을 매료시켜라!

6. 입학사정관을 매료시켜라

입학사정관 전형은 앞으로 대학입시의 대세가 될 것입니다. 2013학년도엔 전국 125개 대학이 4만6337명을 입학사정관 전형으로 선발할 예정입니다. 이는 지난해보다 7,406명 늘어난 수치로 수시 모집 인원의 19.1%에 해당합니다.

대학들은 각 대학이 제시하는 '인재상'에 부합되는 학생을 뽑을 것입니다. 따라서 입학사정관 전형으로 대학에 가려는 수험생은 수시로 자기가 가고자 하는 대학의 '입학처 사이트'를 방문하여 지망 대학의 건학 이념과 비전을 확인하여 철저히 준비해야 할 것입니다. 입학사정관 제도와 관련하여 많은 정보들이 있지만 가장 확실하고 신뢰성 있는 정보는 각 대학의 입학처에 상세하게 나와 있습니다.

입학사정관 제도를 잘 활용하기 위해서는 먼저 입학사정관 제도의 취지를 이해하고 각 대학의 특징과 학과별 세부 사항에 대한 정보를 파악해야 할 것입니다.

이 장에서는 서울대를 중심으로 각 대학이 원하는 '인재상'에 대해서 알아보고 입학사정관 제도를 잘 활용하는 방법에 대해서 설명하겠습니다.

▶ 1. 입학사정관제의 취지 및 전형 절차

1) 입학사정관제의 취지

입학사정관 전형은 고등학교 과정에서 학생이 수행한 교과 및 비교과 영역에서의 여러 성과들을 과정 중심으로 평가하고자 하는 취지의 전형입니다.

교과 영역의 평가는 학생의 학업 능력 즉, 대학 입학 후에 기대되는 수학 능력에 대한 평가이며, 비교과 영역의 평가는 학생들의 학업 외적인 능력과 가치관 등에 대한 평가입니다. 그리고 과정 중심 평가란 학생들이 행한 활동의 결과만을 평가 대상으로 삼는 것이 아니라 그 동기와 실행 과정에 대한 면밀한 검토를 통해 활동 과정 전반을 평가의 대상으로 삼겠다는 취지의 평가입니다. 물론 과정에 대한 성과가 좋다면 금상첨화겠지만 혹 활동의 결과가 정량적으로 드러나지 않더라도 과정의 노력을 잘 드러낸다면 좋은 평가를 받을 수 있습니다.

2) 입학사정관제의 전형 절차

첫째, 각 대학별로 지원 자격과 선발 기준, 선발 방법, 제출 서류에 대한 '사전 공지'를 합니다. 자신이 원하는 대학 입학처 사이트를 자주 방문하여 미리 파악해야 합니다.

둘째, 학생부에 나타난 교과 비교과 영역, 자기소개서, 추천서, 수능 성적에 대한 '서류 심사'입니다. 수능 성적은 수능 최저점을 반영하는 대학이 많고 사실상 각 대학의 상위 학과들은 수능 점수에 대한 요구치가 높기 때문에 수학능력 시험 대비 역시 중요합니다. 서류 심사와 면접을 통과했지만 수능 최저점에 걸려 서울대에 입학하지 못하는 학생을 더러 보았는데 참 안타까웠습니다. 자기소개서는 말할 것도 없이 중요합니다. 다른 전형 요소가 다소 불리하더라도 자기소개서를 통해 자신의 특기와 잠재적 능력을 잘 드러낸다면 충분히 좋은 결과를 만들 수 있습니다.

셋째, 잠재력과 창의성, 소질과 사고력, 인성과 적성, 교육 환경 등을 평가하는 '심층면접'입니다. 면접은 그 학생에 대한 마지막 점검 과정입니다. 수험생을 총체적으로 판단하여 합격 불합격을 결정짓는 중요한 과정입니다.

설사 서류 심사에서 좋지 않은 등급을 받았다 하더라도 실망하지 말고 면접에 최선을 다 하십시오. 앞서도 말했듯이 서류 심사 등급이 낮을 경우 면접에서 면접관이 묻는 질문은 더 어려워진다고 봐야 합니다. 면접관의 입장에서도 그 학생에게 기회를 주는 것이기 때문에 가벼운 질문보다는 학과와 관련한 전문 지식이나 시사 문제에 대한 깊이 있는 사고를 파악하기 위한 질문을 합니다. 또는 독서 활동에서 특별히 남들과 차별되는 읽기 과정이 있다면 소개하라는 질문을 받기도 합니다. 면접에서 이런 기회들을 놓치면 아쉽겠지요.

▶ 2. 입학사정관제의 전형요소 및 대학이 원하는 인재상

1) 인지적 특성

첫째, 이해력과 분석력, 논리적 사고력과 창의력, 의사소통 능력, 그리고 문제 해결력을 판단하는 '사고력과 표현력 평가'입니다. 특히 창의적 문제 해결력과 연관해서 과제를 주고 그것에 대한 정확한 이해를 바탕으로 논리적 말하기를 테스트합니다.

논리적 표현을 많은 학생들이 어려워하는데 쉽게 한 번 생각해 봅시다. 현행 학교 교육제도에서는 토론식 수업이 흔치 않고, 단순히 선생님의 강의로 지식을 주입하는 방식으로 학습이 이루어집니다. 따라서 수업 시간에 선생님께 질문이라든지 학생 간의 의사소통이 원활하지 않고, 학생들은 꿀 먹은 벙어리처럼 귀만 쫑긋 세우고 듣기만 하는 데 익

숙해져 있습니다. 또한 가정이나 사회에서도 자신의 의견이나 주장을 또박또박 표현하면 말대꾸한다고 욕을 먹는 경우가 많습니다. 이러한 억압적 소통 환경 속에서 학생들은 자신의 생각을 잘 정리해서 표현하는 훈련을 할 수가 없었습니다. 앞으로는 학교 수업을 토론식 수업으로 바꾼다고 하니 기대를 가져봅시다.

논리적 표현은 쉽게 설명하면 '꼬리에 꼬리를 무는 방식입니다.' 꼬리에 꼬리를 무는 말하기 방식은 인과과정을 잘 설명할 수 있고, 글의 내용이 흐름에서 벗어나지 않게 해줍니다. 또한 논리적 표현은 당위적 주장으로 '이러 해야 한다'라고 표현하는 것이 아니라 '이런 이유로 이렇습니다'라고 표현하는 방식입니다. 막연히 주장만 하기보다는 적절한 근거를 들어 설명하세요.

다음으로 설득력 있는 주장을 하기 위한 방법에 대해 알아 보겠습니다. 예를 들어 '체벌'에 대해 생각해 봅시다. 한 학생이 체벌에 반대한다는 주장을 하면서 '맞으면 기분이 나쁘기 때문입니다'라고 그 이유를 말합니다. 물론 맞는 이유지만 듣는 사람 입장에서는 크게 설득력을 느끼지 못합니다. 너무 순진한 대답이기도 하지만 원인의 우선순위에서 한참 아래인 하위원인으로 답을 했기 때문입니다. 적어도 체벌에 대한 반대 의견을 개진한다면 그 근거로써 우리 사회의 폭력성과 결부해서 비교육적인 인권 침해라는 큰 틀에서의 원인이 먼저 언급이 되어야 설득력 있는 표현이 되는 것입니다. 즉 사회 구조적 측면에서 제도나 의식의 문제를 먼저 언급하고 다음으로 개인적 차원에서 해야 할 일 등을 소개한다면 설득력 있는 표현이 됩니다.

둘째, 관련 분야에 대한 소질과 학업 성적, 대학에서의 수학 능력을 확인하는 '적성 평가'입니다. 입학사정관들은 학생들이 자신의 적성과 관련하여 학교생활을 충실히 한 학생에게 호감을 갖게 되는 것도 당연한 것입니다.

2) 정의적 특성

첫째, 자신감과 적극성, 리더십과 책임감, 목표 지향적 성향과 자기 조절 능력, 그리고 도덕성과 사회성을 확인하는 '인성 평가'입니다. 특히 전공이나 진로에 대한 정확한 목표의식이 없는 학생은 입학사정관의 눈에 들기 힘듭니다. 입학사정관들은 뚜렷한 목표를 갖고 이를 이루기 위해 꾸준히 노력해 온 학생에게 주목합니다. 동기가 분명해야 노력한 과정에 일관성이 있고, 지원 분야에 적합한 능력을 갖췄는지 판단할 수 있기 때문입니다.

사회성과 리더십, 책임감은 비교과 영역의 활동에 대한 평가에서 잘 드러납니다. 학교생활에서 가장 중요한 것이 학업에 정진하여 좋은 성적을 올리는 것이기도 하지만 입학사정관 제도의 취지에 비춰 볼 때 학업 성적은 조금 떨어지지만 다른 활동에서 능력을 발휘한다면 좋은 평가를 받을 수 있습니다.

둘째, 지적 호기심과 열정, 학습 동기와 학습 태도, 그리고 가치관을 확인하는 '흥미와 태도 평가'입니다. 특히 지적 호기심과 자기 주도 학습 능력을 가장 중요시합니다.

수험생이라면 이 부분에서 자기만의 노하우를 드러내는 필살기가 하나쯤은 있어야 합니다. 남과 비슷해서는 별 매력이 없는 것입니다. 남이 하지 않는 자신만의 영역이 필요한 것입니다. 많은 학과 영역에서 특별히 어떤 한 과목에 대해 지적 호기심을 갖고 계획적으로 준비한 학생이라면 걱정할 것이 없습니다. 반대로 지금 어떤 영역에도 호기심이 없다는 학생이라면 하루라도 빨리 자신을 돌아보고 여러 사람의 조언과 적절한 정보를 파악해서 자기 자신부터 파악해야 합니다. 적성은 호기심에서 생깁니다. 그런 호기심이 열정적 태도를 견지하게 합니다.

자기주도 학습은 대학에서 학문을 하는 기초 소양이기 때문에 어느 대학을 막론하고 중요한 평가 요소입니다. 생활기록부나 자기소개서에 기록할 만한 스스로 학습 경험이 꼭 있어야 합니다.

요즘 학생들을 보면 학원이나 부모에게 의존하는 경향이 있습니다. 자신의 계획을 자신이 세우지 못하고 주위에 끌려 다닙니다. 심지어 자신이 내일 무엇을 해야 할지를 부모에게 물어보는 학생도 있습니다. 이래서는 곤란합니다. 학생 스스로 학습에 대한 열정을 가지고 어려운 과목이나 문제, 또는 관심 있는 과목이나 문제에 대한 자기만의 공부 방식과 해결 방식을 찾아서 공부한 성과가 있어야 합니다.

3) 잠재력과 미래 성장 가능성, 학과 적응 가능성

첫째, 각 대학의 건학 이념과 학과 특성에 부합하는 학생인지를 평가합니다. 자기가 하고 싶은 공부에 대한 지속적 노력이 서류에 나타나야 합니다.

둘째, 리더십 전형이나 사회 배려 전형, 그리고 모집 전형에 부합하는지 여부를 사전에 꼼꼼히 파악해 놓아야 합니다. 많은 정보를 탐색하고 그중에서 자신의 특성과 능력에 맞는 선택을 해야 합니다.

셋째, 가정환경과 교육 여건 그리고 고등학교의 교육 과정 및 특성을 평가합니다. 입학사정관들은 공정합니다. 여러분의 출발점이 다들 다르다는 것을 인정합니다. 좋은 부모 밑에서 좋은 지원을 받으며 성장한 학생에 대한 평가가 다르고 어려운 환경 속에서 그것을 극복하고 성장한 학생에 대한 평가가 다릅니다. 서류를 보면 다 알 수 있는 것입니다. 그래서 가급적이면 교육의 기회균등의 차원에서 많은 배려를 합니다.

예를 들어 서울 강남의 전교 1등과 시골 학교의 전교 1등을 일률적으로 보지 않습니다. 시골의 열악한 교육 여건 속에서도 자신의 꿈을 위해 노력한 학생이라면 오히려 훌륭한 평가를 받습니다. 인문계 외에 실업계 출신의 학생의 경우도 마찬가지입니다. 정리하면 어려운 가정환경 속에서도 꾸준히 노력한 학생이라면 좋은 결과가 있을 것입니다.

4) 입학사정관들이 원하는 '인재상'

각 대학마다 건학 이념과 특성에 따라 원하는 인재상이 조금씩 다르겠지만 여기서는 서울대를 중심으로 살펴보겠습니다.

첫째, 학교생활을 성실히 수행하고, 학업능력이 우수한 학생을 원합니다. 둘째, 학교 내외의 생활에서 적극적이고 진취적인 학생을 원합니다. 셋째, 다양한 교육적, 사회적, 문화적 배경을 경험한 학생을 원합니다. 넷째, 사회적 약자에 대한 배려와 공동체 의식을 가진 학생을 원합니다. 다섯째, 글로벌 리더로 성장할 수 있는 자질을 지닌 학생을 원합니다.

정리하면, 주어진 여건 속에서 다양한 분야를 통해서 스스로 노력하여 우수한 성취를 보인 학생을 원하는 것입니다. 서울대를 가기 원하는 학생은 위 조건에 맞는 인재로 성장하기 위한 구체적 계획을 미리 세워서 실천해야 합니다.

서울대가 요구하는 미래 인재상의 모습을 구체적으로 보면 다음과 같습니다.

첫째, 지식의 양과 관련해서 깊지는 않아도 다양한 경험을 통해 폭넓은 지식을 습득하고 있다면 미래 인재로 인정합니다. 또한 지식의 넓이가 넓지 않아도 한 분야에 대한 집중적인 학습을 했다면 발전 가능성이 있는 학생으로 인정을 합니다.

둘째, 지식의 질과 관련하여 자기 주도적 학습을 중심으로 평가를 합니다. 지식의 질을 따지는 것이 아니라 지식의 습득 과정에서 자신의 주도적 학습계획과 의도에 따라 공부한 것을 최상의 질로 인정합니다. 물론 내신 성적이 우수한 학생은 지식의 넓이를 갖춘 것으로 인정하고 거기다가 지식의 깊이까지 갖추었다면 좋은 평가를 받습니다. 또한 지식의 질이 좋은 학생은 문제 해결 능력을 갖춘 학생으로 평가합니다.

셋째, 지식 습득 능력과 기술을 평가합니다. 스스로 경험한 노력으로 지식을 습득하고 그 과정에서 자기만의 학습 노하우를 갖춘 학생이라면 좋은 평가를 받습니다.

넷째, 발전 가능성을 보여주는 인성과 태도를 중요하게 평가합니다. 어려운 문제 상황을 회피하지 않고 모험심과 도전정신으로 자신의 길을 개척한 학생이라면 좋은 평가를 받습니다. 학문의 길은 남이 닦아 놓은 평지를 가는 것이 아니라 남이 가지 않은 길을 헤쳐 나가는 과정이기 때문입니다. 외형적인 지표나 수치보다는 인성적으로 앞으로 공부를 잘할 수 있는 인재를 필요로 합니다.

서울대를 입학한 학생들을 분류해 보면 지식의 양이나 질이 우수한 인재는 많지만 지식 습득 능력이나 발전 가능성을 보이는 학생을 찾기는 쉽지가 않습니다.

다섯째, 진로와 관련하여 의사나 변호사, CEO가 되겠다는 학생보다 앞으로 이런 일을 하고 싶다는 직업의 가치에 대한 언급을 하는 학생이 더 바람직하다고 생각합니다. 왜냐하면 글로벌 리더의 조건은 공동체에 기여하고 공동체 속에서 개인적 삶의 보람을 찾는 것이기 때문입니다.

여섯째, 독서 활동과 관련하여 단순히 책을 많이 읽었다는 것보다는 '왜 그 책을 읽었느냐'가 중요합니다. 의무적 책 읽기가 아니라 스스로 의도를 가지고 책을 읽고 느낀 학생이 좋은 평가를 받습니다.

▶ 3. 입학사정관제의 영역별 평가 방식 및 평가 내용

단순히 성적이라는 수치가 아니라 학업 능력에 대한 발전 가능성을 평가합니다. 성적이 우수하다고 선택되는 것은 아니라는 뜻입니다. '종합적이고 다면적인 평가 방식'을 통하여 교과 내신과 비교과 활동, 수능 성적 어느 하나만을 평가하는 것이 아니라 그 '동기와 과정'을 심층적으로 해석하고 평가하는 방법입니다.

1) 종합 평가의 네 가지 영역

첫째, 학업능력이 우수해야 합니다. 최고의 학업 성취를 위해 어떻게 공부하였는지, 대학에 가기 위해 어떤 준비를 하였는지, 학업과 관련하여 어떤 활동을 하였는지가 동기와 과정에 따라 종합적으로 평가합니다.

둘째, 전공 적성과 관련하여 관심이 표출되어야 합니다. 자신이 지원한 모집 단위에 대해서 기초적 배경지식은 있는지, 입학 후에 전공 분야를 공부하기 위해 필요한 소양은 무엇인지, 특별히 자신이 관심 있는 분야가 있는지를 평가 합니다.

셋째, 비교과 활동과 관련하여 적극적인 학교 활동입니다. 다양성을 존중하고 학생 구성원과 잘 어울릴 줄 아는지, 다양한 경험을 해 보았는지를 평가합니다.

넷째, 개인적인 특성이 있어야 합니다. 학교생활에서 주도적인 리더십을 보였는지, 공동체에 대한 배려는 있는지를 평가하여 글로벌 리더로서 발전할 가능성이 있는지를 평가합니다.

서울대에서는 준비 과정에서 학생 평가에 필요한 추가 서류 제출이나 서류의 보완을 요구하기도 하며, 필요하다면 현장 방문을 통해서 서류를 검증합니다.

1단계 평가에서 복수의 입학사정관이 개인별 평가 자료를 작성하고 2단계 평가에서는 전임 입학사정관들과 교수들이 토론과 협의를 거쳐 1단계 평가 결과를 조정합니다. 다시 3단계 평가에서는 교수(위촉 입학사정관)들이 전면적으로 1단계 평가서와 조정 평가서를 검증을 한 후 면접에서 확인할 사항을 미리 체크하고 최종적으로 입학사정위원회에서 평가 결과를 확인하여 합격자를 선정하게 됩니다. 이렇듯 학생에 대한 평가는 공정하고 면밀하게 이루어지기 때문에 서울대를 원하는 학생이라면 거기에 맞게 세심한 준비가 필요합니다.

구체적으로 서울대에서는 지역 균형에서 지원자의 성적을 기계적으로 합산하지 않고 서류 평가와 면접에서 각각 4그룹으로 평가하고 최종적으로 종합 평가를 합니다. 물론 서류, 내신, 면접 점수의 반영 비율은 따로 없습니다. 수치화할 수도 없는 것이기 때문에 꼭 선발하고 싶은 학생, 선발하면 좋을 학생, 붙어도 좋고 떨어져도 좋을 학생, 떨어뜨리고 싶은 학생 등으로 A, B, C, D 4단계로 분류를 합니다. 따라서 서류 평가에서 이미 등급이 분류되기 때문에 등급이 낮은 학생들은 면접 평가에서 자신만의 필살기를 보여 주어야 합니다.

2) 입학사정관제의 평가 내용

첫째, 기초 지식과 교양, 다양한 정보에 대한 지식의 양이 풍부하거나 깊이 있는 지식을 습득하였는가? 전교 1등이 꼭 지식의 양이 많다고 할 수는 없습니다.

둘째, 새로운 지식이나 경험을 스스로 습득해 본 적이 있는가? 성공을 한 경험이든 실패를 한 경험이든 모두가 소중한 자산입니다. 실패했다면 실패를 통해 얻은 의미를 기술하십시오.

셋째, 호기심과 열정을 가지고 특정 과제를 해결해 본 경험이 있는가? 예를 들어 학교 교과목 중에서 자신의 학교에 개설되어 있지 않은 과목이지만, 스스로 호기심을 갖고 스스로 찾아 공부했다면 좋은 평가를 받을 수 있습니다. 또한 내신 점수가 불리한 과목이라고 피하지 않고 수강한 경험도 좋은 평가의 대상입니다. 특히 지역 균형 선발의 경우 지원학과에 대한 관심과 열정이 학생부나 자기소개서에 명확히 드러나야 합니다.

▶ 4. 스펙에 대한 오해와 진실

멋진 스펙과 개인 프로파일로 입학사정관을 매료시킬 수 있을까요? 아닙니다. 중요한 것은 성실한 학교생활을 바탕으로 하는 스펙입니다. 다시 말해서 화려한 수상 경력보다는 상을 받지 못했더라도 그러한 도전을 통해 얻게 된 소중한 경험과 그 의미를 잘 설명한다면 입학사정관들도 감동받을 것입니다. 또한 상을 받기 위한 공부가 아니라 능동적인 태도를 가지고 도전했던 경험이 있다면 그것으로도 충분히 가치 있는 경험입니다.

흔히 교과 활동 이외에 비교과 활동을 스펙이라고 합니다. 그러나 실제로 대학에서는 교과 성적과 비교과 활동을 구분해서 평가하지는 않습니다. 학생이 수행한 학업 관련 활동이나 대학 수능에 필요한 지적 수준뿐만 아니라 학생에게 주어진 환경적인 요소와 개인적 특성 모두를 반영하여 평가합니다.

▶ 5. 서울대를 원하는 학생들이 준비해야 할 것

1) 1학년

확실한 학습 목표를 세웁니다. 어떤 전공을 선택할 것인지, 나의 적성과는 맞을지를 생각하고 자신이 원하는 분야에 맞는 학습계획을 수립해야 합니다. 또한 진로에 대한 관심을 갖고 틈틈이 탐색을 합니다.

학업 외에 학교생활을 즐겁게 보내기 위한 동아리나 봉사 활동 등 다양한 비교과 영역에 대한 계획을 수립합니다.

2) 2학년

진로 방향을 명확하게 정합니다. 주어진 학습에 충실하면서 자신의 꿈과 관련된 다양한 독서 활동을 통해서 생각을 키워나갑니다.

시간 관리 능력을 집중적으로 키우면서 학과 공부에 빠져봅니다.

3) 3학년

각 대학의 입학 지원 방법에 대해 파악하고 미리미리 스스로 챙깁니다.

자기소개서나 준비 서류를 체크하고 그것과 관련된 경험이나 과제물(증빙 서류)들을 챙깁니다.

입학 지원 시기에 닥쳐서 서류 준비를 하지 말고 최소 두 달 전부터는 소중했던 경험들을 정리해 나갑니다.

면접준비!

대학 가기 너무 힘들어...

7. 면접 준비! 잠 잘 틈도 없네, 대학 가기 너무 힘들어

수능 시험이 끝나고 곧 바로 면접 준비에 돌입했습니다. 3년 동안의 노고에 대해 칭찬하고 격려할 시간도 없을 만큼 계속되는 강행군이었습니다.

먼저 생활기록부에 기록된 모든 사항을 세세하게 정리하여 반복적으로 검토하였습니다. 특히 독서 활동 영역에서 지난 3년 동안 읽은 책들을 정리를 했습니다. 또한 지금까지 읽었던 책 외에 한 권의 책을 더 정하여 정독하기로 하고 안서니 기든스의 『제 3의 길』을 선택했습니다. '대안 경제'를 공부하고 싶다는 아들의 꿈과 관련하여 자본주의와 사회주의의 두 체제의 문제점을 이해하고 그 대안으로 기든스가 제시한 제 3의 길이 도대체 어떤 길인지 궁금하였기 때문입니다.

다음으로 자기소개서에 언급된 모든 사항을 빠짐없이 체크하여 반복적으로 검토하였습니다. 특히 자기소개서에 있는 사회문제의 발생 배경과 원인, 그 해결방안을 중심으로 리포트를 작성하였습니다. 또한 기술 과정 중에 언급된 개념어들에 대해서 그 정의를 숙지하였습니다.

마지막으로 면접 때에 예상되는 질문지를 자체적으로 만들어 답을 준비하고 반복적으로 가상 면접을 하였습니다. 특히 지원동기와 진로 계획이 가장 중요한 사항이기 때문에 더욱 꼼꼼히 대비하였고 이 부분과 관련해서 예상되는 영어 질문에 대비하여 간단하게 영문으로도 훈련을 하였습니다.

이 장에서는 스스로 만든 자기소개서 리포트와 예상 질문서를 예시하여 여러분의 이해를 돕도록 하겠습니다.

▶ 1. 면접에 관련된 준비자료 예시 : 시사이슈 해설

1) 대내적 경제 상황에 대한 분석

(1) 물가상승으로 인한 서민 생활의 불안

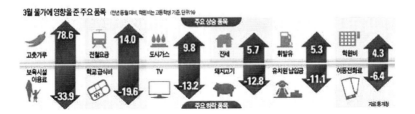

3월 물가에 영향을 준 주요 품목 (전년동월대비, 괄호없는 고등학생 기준, 단위%)

주요 상승 품목
고춧가루 78.6
전철요금 14.0
도시가스 9.8
전세 5.7
휘발유 5.3
학원비 4.3

보육시설 이용료 -33.9
학교급식비 -19.6
TV -13.2
돼지고기 -12.8
유치원 납입금 -11.1
이동전화료 -6.4

주요 하락 품목
자료:통계청

물가 목표를 4.2%로 수립했지만 고환율과 국제 원자재 가격, 국제 유가 등의 상승으로 5.0%대 이상으로 예측하고 있습니다. 즉 저성장 고물가의 스태그플레이션 양상을 보이고 있습니다.

원인

첫째, 수출 주도형 성장 전략에 따른 저금리, 고환율 정책(수출 증가와 통화량 증가)으로 수출기업은 성장을 하고 있으나 국내적으로 물가 상승의 주된 원인이 됩니다. 즉 성장의 결실은 대기업이 거두고 있으나 서민들에게는 그 결실이 고루 분배되지 못하고 물가 상승이라는 악재로 작용하고 있습니다. 둘째, 국제유가, 국제 곡물가격의 상승(국제 원자재 수입 비용의 증가, 국제 유가의 상승)으로 생산 원가가 상승하였습니다. 셋째, 공공 서비스요금(수도, 교통, 전기 등)의 인상률이 41.6%이고, 공업제품의 인상률도 32.5%로 높은 수준입니다. 넷째, 환율의 급등입니다. 특히 엔화 가치가 하락하여 원-달러 환율도 작년 대비 4.75%로 평가절하 되었습니다. 다섯째, 구조적 원인입니다. 국가 채무의 급증(지난해-119조, GNP 대비 23.1%)으로 정부는 세수 확대를 통한 재정 손실을 만회하기 위해 통화량을 늘리게 됩니다.

대책

첫째, 각 기업들은 생산비 절감과 경영 혁신(이노베이션)을 통해 생산원가를 낮추는 노력이 필요합니다. 둘째, 환율 급등 등 외부 요인을 줄이기 위한 경제 체질을 개선합니다. 즉 내수 시장의 확대를 통해서 세계 경제가 위축되더라도 국내 경기가 버틸 수 있는 힘을 길러야합니다. 셋째, 금리 인상을 통해서 물가 하락을 유도하는 것은 경기 위축을 가져온다는 우려가 있습니다. 결과적으로 점차 통화량을 줄이고 금리를 높이는 방식으로 해결해야 할 것입니다.

물가 상승을 막아야 하는 이유는 돈의 실질 가치가 하락하기 때문입니다. 월급 생활자, 연금 생활자는 실질 소득이 줄어들게 됨으로써 생활이 곤란해지며, 반대로 부동산 소유자인 부유층이 유리하게 됩니다. 따라서 부의 분배가 왜곡될 것입니다. 또한 국제수지(수입과 지출)가 악화되어 기업의 설비투자가 위축되기 때문에 결과적으로 경제 성장이 약화되기 때문입니다.

(2) 가계 부채 증가로 인한 중산층의 붕괴 위험

가계부채 추이 (단위:원)

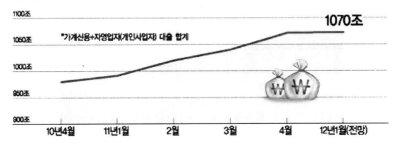

가계 부채가 2011년 1분기 말, 약 801조로 사상 최고(2011.8. 현재 876조)입니다. 또한 부동산 경기 위축과 함께 점점 증가하는 추세에 있다는 점도 우려할 만한 상황입니다. 외상 구매(신용 판매 카드 결제)를 제외해도 800조 이상으로 빠른 증가율(작년 대비 16.2% 증가)을 보이고 있습니다. 특히, 주택시장의 장기 안정세로 주택 구매 가계 대출은 줄었음에도 불구하고 주택 담보 대출이 증가한다는 것은 서민들이 '가처분 소득'의 감소로 자산을 허물고 있다는 의미입니다. 더욱 심각한 문제는 부동산 담보 대출을 제외하고 단순히 생계유지를 위한 비생산적 대출의 증가입니다.

첫째, 소득은 정체 상태이거나 실질 소득이 감소하는 추세인데도 물가는 가파른 상승을 보인다는 점입니다. 둘째, 정부 경제정책이 가계보다는 기업에 우선하여, 수출에 유리한 고환율정책을 유지하여 국내 물가 상승을 더욱 부추기고 있습니다. 셋째, 해외 부분의 국제 원자재 가격의 상승입니다. 인도나 중국의 고도성장은 세계적 자원 부족의 원인이 되고 있으며, 뿐만 아니라 석유, 곡물 등의 국제가격 상승을 초래하고 있습니다.

첫째, 가계의 총액 대출을 제한하는 것입니다. 명목 GDP 성장률과 연동하여 가계 대출을 제한하거나 '예대율' 준수 비율을 100% 미만으로 하향 조정하는 것입니다.

둘째, 가계소득을 높여줄 일자리 창출하여 가처분소득을 늘려주어야 합니다. 4대강 삽질 예산(녹색뉴딜, 단순 노무직 위주의 일시적 고용 창출)을 장기적으로 안정된 고용 창출 예산으로 바꾸는 방법도 좋습니다.

셋째, 공교육에 대한 지원을 확대하여 서민들의 사교육비 부담을 줄여 가계의 가처분소득을 늘려주는 방법입니다.

넷째, 대기업의 성장의 결실을 가계수입에 연결시킬 수 있는 소득분배 방안을 마련해야 합니다. '초과이익 공유제'(동반성장위원회)로 대기업과 중소기업의 공생을 꾀하는 것도 좋은 방법입니다.

다섯째, 대통령 임기 말의 레임덕(임기 말 권력 누수 현상)이 금융 위기를 가져올 수 있습니다, 따라서 정부의 적절한 통제가 필요합니다.

여섯째, 주택 담보 대출을 검토하여 서민의 주거 안정을 위한 제도를 마련해야 합니다.

(3) 전세 대란으로 인한 서민의 주거 불안

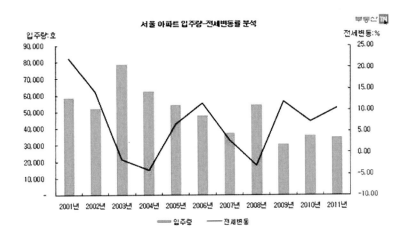

서울 아파트 입주량·전세변동률 분석

현재 전세 세입자가 전국적으로 40% 이상이며 서울에는 50% 이상이 무주택자입니다.

원인

첫째, 전세 주택의 절대적인 공급 부족입니다. 부동산 경기 침체로 건설 경기가 위축되어 아직도 미분양 아파트를 해결하지 못하는 상황에서 건설사들이 주택건설을 꺼리고 있어서 예년의 35~40만 호의 절반 수준입니다.

둘째, 전세 수요의 급증입니다. 결혼으로 신규 형성 가구가 증가하고, 분가, 독거 가구의 증가로 작은 평수 중심으로 수요가 증가하였습니다. 그래서 작은 평수의 주택 물량은 상대적으로 부족한 실정입니다.

셋째, 도시의 재개발로 멸실 가구가 증가하고 있습니다. 집이 철거된 많은 서민들이 전세 시장으로 대거 몰리게 되었습니다.

넷째, 주택문제는 단기적으로 대처하기 어려운 특성이 있습니다. 현재의 상황이 개선되려면 지금 계획을 세우더라도 최소 몇 년의 시간이 필요하다는 점도 주택문제 해결의 어려운 점입니다.

대책

첫째, 전세 물량을 확보하는 일입니다. 주택임대업의 기업화, 사업화를 통하여 임대주택을 늘리고, 임대 사업자나 다주택 보유자에게 세금 공제를 해줌으로써, 임대 사업을 활발히 할 수 있도록 유도하는 것입니다. 정부가 나서서 공공 영구임대 주택의 건설을 확대하는 방법도 장기적으로 주택문제를 해결하는 방법입니다.

둘째, 서민들에게 주택 전세 자금이나 주택 구입 자금을 저리로 지원해야 합니다.

셋째, 전세는 주택금융이 없던 구시대의 산물입니다. 월세 제도의 정착을 서둘러야 합니다. 단 지나친 월세 인상을 방지하기 위한 제도적 장치가 병행되어야 할 것입니다.

(4) 양극화 문제로 인한 빈곤의 악순환

지니계수 추이

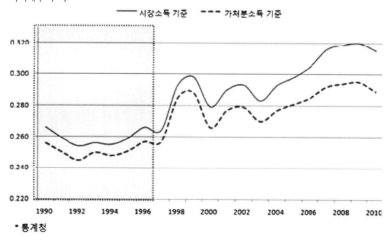

* 통계청

다음 그림은 소득불평등지표 중 가장 간단한 지니계수가 어떻게 변화했는지를 보여준다. 이 수치는 낮을수록 소득이 평등하다는 걸 의미하는데, 예컨대 지니계수가 0이라면 전 국민의 소득이 똑같다는 것을 의미한다. 그림은 1990년대 중반까지 소득불평등이 소폭 개선되다가 1997~98년 외환위기 이후 악화일로를 달리고 있다는 것을 보여준다.

배경

양극화는 경제, 정치, 사회, 교육, 노동 등 총체적으로 나타나는 사회 불균형의 문제입니다. 수출과 내수, 대기업과 중소기업 간 성장 격차의 심화로 직종별, 지역 간 고용과 임금 및 소득 격차가 갈수록 심해지면서 국내 경기가 침체되고 있습니다. 소득분배의 불균형이 심화되고 있는 상황이라서 그 해결이 시급한 상황입니다.

원인

첫째, 경제의 세계화로 국내에서도 산업별, 기업별로 성장이 차별화되어 대기업과 중소기업, 내수기업과 수출기업 등에서 이익의 편차가 심하다는 것입니다. 즉 경기가 좋은 대기업을 다니면 임금 수준이 높고, 경쟁력이 떨어지는 기업을 다니면 저소득과 실업의 위험에 항상 노출되어 있습니다.

둘째, 국내 산업구조의 취약성입니다. 첨단산업이 성장할수록 해외를 통한 부품 수입으로 많은 비용을 써야하기 때문에 국부 유출의 가능성이 크다는 점입니다.

셋째, 외환위기 이후 고용 불안으로 퇴직이 증가하여 실업이 증가하고, 많은 퇴직자들이 영세 서비스업으로 몰리면서 기존의 유사 업종의 자영업자들도 영업이익의 감소에 시달리고 있습니다.

문제점

첫째, 성장의 격차가 점차 확대되고 고착화되고 있습니다. 둘째, 경제적 중산층의 붕괴로 사회 갈등의 심화되고 있습니다.(OECD 기준으로 중산층은 중위수 소득의 50~150% 범위 내에 있는 가구나 근로자를 말합니다) **셋째**, 붕괴된 중산층이 빈곤층으로 전락하고 있습니다.

대책

첫째, 선도 부문의 기업에 적극 지원하여 경쟁력을 강화해야 합니다. 또한 취약 부문의 기업에도 선택적으로 지원하여 경쟁력을 높여야 합니다. 즉 정부는 기업의 구조 조정을 유도하여 각 기업이 생존 능력을 키울 수 있도록 제도적 지원을 아끼지 말아야 합니다. 선택과 집중의 전략입니다.

둘째, 구조 조정이 완성될 때까지 고통을 감내하기 위한 국민적 합의가 필요합니다. 그렇지 않으면 국론이 분열되어 사회적 혼란을 야기할 수 있습니다.

셋째, 지속적인 경제성장을 통해 분배의 몫을 키워야 합니다.

넷째, 일자리 창출이 근본적인 해결책입니다. 또한 복지 부문의 재정 지출을 늘려서 사회 안전망을 구축해야 합니다.

(5) 복지 논쟁에서 보이는 부유층과 빈곤층의 정치적 대립

배경

서울시 무상급식 표결에서 민주당 교육감의 승리로, 앞으로 국민의 기대가 보편적 복지를 추구한다는 것이 드러났습니다.

핵심 쟁점

첫째, 성장 우선이냐 복지 우선이냐(파이 이론)의 선택 문제입니다. 둘째, 재정 문제입니다. 적절한 세금 분배를 통해 가능하다는 낙관론과 복지 비용 확보를 위한 '세금 폭탄론'이라는 비관론이 있습니다. 셋째, 보편적 복지냐 선별적 복지냐의 근본적 논쟁이 계속되고 있습니다.

선별적 복지를 주장하는 근거는 먼저 복지 혜택 자격과 범위를 정확히 하기 위해 자산 조사를 실시하고, 소득 수준에 따라 차등 지원해야 한다는 논리입니다. 분배보다는 성장을 통해서 파이(성장)를 더 키워야 한다는 주장입니다.

복지 포퓰리즘에 빠지면 국가 재정이 바닥이 난다고 주장합니다. 아르헨티나와 칠레가 복지 포퓰리즘 때문에 경제 파탄을 맞았다고 합니다. 따라서 도움을 필요로 하는 계층에 집중적으로 혜택을 줌으로써 자원 낭비를 방지해고 국가 재정의 효율성을 높여야 된다고 합니다. 무엇보다 중요한 것은 복지병(도덕적 해이)을 방지해야 한다고 합니다. 국민들에게 불필요한 의존심을 주지 않음으로써 '비용효과성'을 높여야 한다는 주장입니다.

보편적 복지를 주장하는 근거는 복지 혜택의 자격과 범위에서 전 국민을 대상으로 기본 소득을 보장하여 인권침해를 예방하고, 분배의 균일성을 확보해야 한다는 것입니다. 즉 복지의 공공성 보장을 강화하는 것입니다. 국민의 소득(구매력)을 높여 경제 성장과 안정을 도모해야 한다는 것입니다.

또한 주는 자, 받는 자의 계층 구분이 없어 사회 통합과 인간의 존엄성을 확보할 수 있기 때문에 사회 효과성을 높이는 것이라는 주장입니다. 아르헨티나와 칠레가 망한 것은 복지 때문이 아니라 부유층의 무관심과 혼란스런 정치 상황 때문이라는 진단입니다.

현재 사회적 추세가 보편적 복지를 지향하고 있습니다. 또한 계층이나 지위에 관계없이 누구나 계층 하락의 위험을 안고 살아갑니다. 따라서 예방적 차원으로도 보편적 복지를 실시해야 합니다. 노르웨이, 스웨덴, 핀란드 등은 국가의 적극적 노동시장 정책과 복지정책으로 사회 안전망을 구축했습니다. 북유럽 국가들의 성공 사례를 벤치마킹해야 한다고 주장합니다.

복지가 성장에 기여하는 점

첫째, 사회적 갈등과 정치적 불안을 해소하고, 경제의 불확실성을 줄여 투자를 촉진시킵니다. 둘째, 중산층, 저소득층의 구매력을 높여 내수 경기를 진작하고, 복지 예산의 효율적 운용을 통해서 소득분배의 불평등을 감소시킵니다. 셋째, 건강하고 우수한 노동력을 재생산하여 인적자본의 안정적인 확보에 기여합니다. 넷째, 주거와 사회서비스, 환경과 보건(의료), 교육 등에 있어서 개인적 비용부담을 완화하여 소비를 진작시켜서 기업의 이윤을 창출에 기여합니다. 나아가 국제경쟁력 강화에 기여합니다. 다섯째, 출산율 증대와 여성의 경제 참여를 촉진시킵니다.

(6) 청년 실업은 '88만원 세대'의 표상

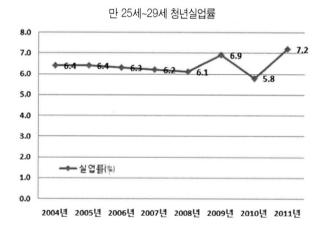

만 25세~29세 청년실업률

배경

OECD 22개 회원국 중 실업률이 증가한 국가는 한국을 포함해 13개국으로 한국에 이어서는 아일랜드가 0.5% 포인트 늘어 증가 폭이 가장 컸습니다. 이어 헝가리(0.3% 포인트), 체코, 폴란드, 포르투갈(0.2% 포인트) 순이었습니다. 반면 미국은 1월 실업률이 9.7%로 전달의 10.0%에서 0.3% 포인트 줄었습니다. 경제협력개발기구(OECD) 전체로도 1월 실업률이 8.7%로 전달의 8.8%에 비해 0.1% 포인트가 감소했습니다. 즉 한국만 다른 (OECD) 회원국에 비해 전달 대비 최대 10배 이상 실업률이 급증한 셈입니다.

원인

첫째, '고용 없는 성장'이 가속화되고 있습니다. 2000년대 평균 청년 실업률은 7.8%, 20대 고용은 2008년 58.9%입니다.

둘째, 경기 불황의 여파가 심각한 상황입니다. 쌍용자동차와 한진중공업 등에서 볼 수 있듯이 기업의 불가피한 구조 조정이 확산되고 있습니다.

셋째, '고학력 사회'의 문제점이 노출되고 있습니다. 고학력 현상은 사회적으로 필요한 3D 업종의 고용을 회피하게 하여 사회적 비용만 낭비하는 원인이 됩니다. 또한 실망 실업자, 휴학, 군대, 교육생 등은 구직 단념자로서 실업률 통계에서 제외됨을 감안하면 상당히 높은 편입니다.

넷째, 세계적인 자산 가격의 거품과 과잉생산으로 경제 공황이 발생하여 노동자가 희생양이 되고 있다는 자본주의 본질적 문제입니다.

다섯째, 고용 없는 성장에 따른 고용시장의 구조 변화입니다. 제조업의 고용 비중이 점차 감소하고 있고, '고용 유발계수'가 낮은 전자전기 중심의 첨단산업의 비중이 확대되는 상황에서 자동화가 촉진되어, 고용이 감소하고 경력직이나 비정규직을 선호하는 기업의 채용 관행(2001. 경력 62.3% 신입 22.1%)이 확산되고 있습니다.

여섯째, 정부 정책의 실패입니다. '원천 기술'보다는 '모방 기술' 위주의 산업 정책과 산업 수요를 외면한 기술 교육이 문제입니다.

일곱째, 청년들의 중소기업 기피 현상도 중요한 문제입니다. 물론 중소기업 연봉은 대기업의 60~73% 수준으로 낮은 점도 청년들의 고용 의욕을 저하시키는 요인입니다.

문제점

첫째, 고용 불안은 구조적 불평등과 양극화를 심화시켜 수요의 감소와 내수의 부진, 성장의 둔화 등, 악순환 고리를 만듭니다. 둘째, 정부의 일자리 대책이 단순 노무직(녹색뉴딜이라는 4대강 사업으로 96만개 일자리 창출) 중심으로 되어 있다는 점입니다. 셋째, 단기적으로는 국민의 소득 감소가 문제이지만 장기적으로 한국 경제 성장에 필요한 인력 기반의 붕괴된다는 점에서 문제가 심각합니다.

대책

일반적인 실업 대책과 연계하여 장기적 과제를 동시에 풀어야 합니다. 참고로 정부 대책은 5년간 일자리 500만 개 창출을 목표로 하고 있습니다.(매년 5% 성장, 서비스업 지원 20~30만 개, 잡 셰어링)

첫째, 고용 시장에서 비정규직을 정규직으로 바꿔나가는 노력을 해야 합니다. 노사가 임금 인상을 적절히 합의하여 안정을 이루고, 기업의 투자가 활성화되어야 합니다. 여기서 중요한 것은 노노 간의 협력입니다. 정규직 사원들이 자신의 기득권을 유지하기 위해 비정규직의 정규직화를 막는다면 노사 갈등뿐만 아니라 노노 갈등까지 발생하는 심각한 일이 발생할 수 있습니다.

둘째, 중소기업 고용비중을 점차 확대하는 것입니다. 2002년 통계를 보면 중소기업 고용률이 74.4%로 중소기업이 고용 창출에 크게 기여하고 있다는 사실을 알 수 있습니다. 나아가 중소기업과 대기업 간의 임금 격차를 줄이려는 노력이 병행되어야 합니다.

셋째, 사회적 일자리 창출입니다. 정부 주도로 재정 지원을 통한 사회적 서비스(공공 부문)를 확대해야 합니다. 예를 들면 보육과 요양시설, 양로원의 확대하여 일자리를 늘릴 수 있습니다. 또한 간병, 노숙자 돌보기, 문화재 관리, 재활용품 수거, 등 민간이 하기 힘든 노동, 안전, 보건복지, 환경 분야에서 국가가 재정 투자를 아끼지 말아야 합니다. 실제로 우리나라의 사회서비스 고용 비중은 전체 서비스업 중 약 20%로 스웨덴의 절반입니다.

넷째, 국가 '인턴 십 제도'를 도입하여 노동 교육에 지원해야 합니다. 이 제도의 성공 사례를 들면 영국의 '청년뉴딜 프로그램'입니다. 만 18~24세 청년 실업자 중 6개월 동안 일자리를 구하지 못한 청년을 대상으로 정부가 강제로 뉴딜에 가입시키고, 지도 교사의 1:1 밀착 상담과 교육 훈련을 통해 직장에서 자리 잡을 때까지 정부가 인생을 책임져 주는 제도입니다. 이 제도를 '벤치마킹' 할 필요가 있습니다.

다섯째, 노동시간 단축을 통한 일자리 나누기(잡 셰어링)를 실시하는 방법입니다. 주 5일 근무와 연계하여 세계 최고 수준의 노동시간을 단축하여 삶의 질도 높이고 일자리도 창출해야 합니다. 실제로 우리나라 평균 노동시간은 노르웨이보다 연 1,000시간 이상 많습니다.

여섯째, 저소득 계층을 지원하고 사회 안전망 확충하여 내수 기반을 확대해야 합니다. 장기적으로 생산적 일자리를 창출해야 합니다.

일곱째, 무차별적으로 감세를 해주는 것이 아니라 정부가 적극적으로 세원을 발굴하여 사회 서비스를 확대해야 합니다.

(7) 비정규직 문제, 노동의 유연성 문제를 다시 생각함

배경

2011년 현재 노동 인구의 50% 이상이 비정규직입니다. 실제로 비정규직의 최저 임금은 노동자 평균임금의 35%입니다. 2006년에 비정규직 법안이 통과되었습니다. 그 당시에 '경제인총연합회' 입장은 일자리 축소로 인한 실업 문제가 악화될 것이라고 주장하였습니다. 반면에 '민주노총' 입장은 '사용사유 제한'과 '불법파견 고용의제'의 도입 등 실질적 권리 보호를 요구하고 있습니다.

쟁점

기간제(계약직) 노동자와 파견직(비정규직 기간제) 노동자에 관한 문제가 주요 쟁점입니다.

첫째, 노동계는 '사용사유 제한'을 요구했으나 정부는 기간을 제한(2년 이상 초과 정규직 간주)했습니다. 그러나 노동계 입장에서 보면 비정규직으로 2년이 경과되기 전에 해고되면 마땅한 규제가 없어서 대량 해고 발생이 예상됩니다.

둘째, 파견 기간(2년)을 초과할 경우 사용 사업주에게 고용의무를 부과합니다. 그러나 합법 파견 노동자일 경우 고용의무가 아니라 고용의제로 간주하기 때문에 실익이 없다는 것입니다. 고용의제란 직접적으로 고용하지 않아도 고용된 것과 동일하게 보는 것입니다.

셋째, 허용 업무를 명시하는 '포지티브 방식'이나 전문 지식이나 기술과 경험 외 '업무의 성질'을 추가했습니다. 그러나 객관적 요소에다가 주관적 기준을 더해준 꼴이라는 것이 문제입니다.

넷째, 유사업종의 정규직에 비해 임금, 노동 조건, 합리적 이유 없이 차별을 금지했습니다. 그러나 합리적인 차별의 기준이 모호해서 실효성이 없을 것이라는 예상입니다.

해결 방법

첫째, 노동시장에서 노동자들은 사용자보다 구조적으로 열세인 계층입니다. 노동정책은 이러한 구조적 문제를 최소화 방향으로 수립되어야 합니다.

둘째, 노동 관계법의 양면성입니다. 즉 노동자들을 규제하는 것과 노동자들의 삶의 질을 증진하는 것이 양립합니다. 결국 노동정책은 사회적 약자인 노동자들의 삶의 조건을 향상시키는 방향으로 마련되어야 합니다.

셋째, 시장논리로만 접근하면 양극화는 더 심화됩니다. '노사정' 신뢰의 바탕 위에서 공생하자는 사회적 합의가 필요합니다.

넷째, 정규직과 비정규직 노동자 간에 충분한 대화를 통해서 양보와 협력이 선행되어야 합니다.

(8) 고령화 사회 문제는 향후 국가 경쟁력의 사활

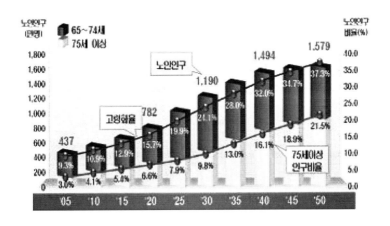

배경

노령 인구 비율이 2010년 11%, 2020년 15%, 2026년 20%, 2050년 34.4%로 예상됩니다. 이런 추세라면 2026년에 '초고령 사회'로 진입하게 되는데 선진국보다 빠른 속도가 문제입니다. 장기적으로 소비격감, 노동력 감소, 경제 성장 잠재력 감소, 경기 악화로 국민경제에 미치는 영향이 매우 큽니다. 단기적으로도 절대빈곤 상태에 있는 노인복지 문제가 심각합니다.

첫째, 65세 노인의 상대적 빈곤율은 45%로 OECD 평균 13%의 3.5배입니다. 둘째, 2009년 독거노인의 월평균 소득은 26만 6천 원으로 최저생계비 46만 3천 원에도 못 미칩니다. 셋째, 평균수명이 증가하고 있습니다. 2009년에 80.5세 (1년에 6개월씩 연장된다고 예측)입니다. 넷째, 핵가족화로 인한 전통적 가족제도의 붕괴로 노인 단독세대가 증가하고 있습니다.

문제점

첫째, 노인 인구의 급증에 비해 노인 복지와 편의 시설은 미비하여 생활고로 노인 자살률이 증가(70%)하고 있습니다. 둘째, 노인의 경제적 자립도가 부족하여 치매, 노인성 질환에 노출되더라도 치료와 요양시설이 턱없이 부족한 현실입니다. 셋째, 노인 학대가 갈수록 증가하고 있습니다. 넷째, 노인의 4가지 고통(빈곤, 병고, 고독, 무위고)에다가 일하고 싶어도 일자리가 없는 고통이 추가된 실정입니다. 다섯째, 기존의 시설도 생활보호 대상자(저소득) 중심으로 운영하여 일반 노인의 걱정이 증가하고 있습니다.

대책

첫째, 양로원, 노인 요양시설의 확충도 중요하지만 '재가 노인 보조비' 지급도 중요합니다. 둘째, 실버산업의 육성과 노인 일자리 창출을 위한 노인 직업훈련과 재교육 프로그램 강화해야 합니다. 셋째, 노인복지 예산을 증대해야 합니다. 제도와 예산 확충이 절대적으로 필요합니다. 넷째, 개인의 연금저축을 장려하여 국가가 재정 부담을 줄이는 방법도 중요합니다. 다섯째, 의식의 전환입니다. 노인의 생계를 자식에게 의

존하는 '개인적 봉양'에서 '사회적 책임'으로 의식이 변화해야 합니다.

(9) 저출산 문제는 향후 국민경제 발전의 아킬레스 건

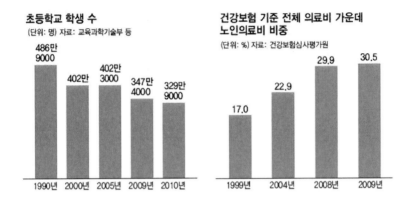

초등학교 학생 수
(단위: 명) 자료: 교육과학기술부 등

486만 9000 / 402만 / 402만 3000 / 347만 4000 / 329만 9000

1990년 2000년 2005년 2009년 2010년

건강보험 기준 전체 의료비 가운데 노인의료비 비중
(단위: %) 자료: 건강보험심사평가원

17.0 / 22.9 / 29.9 / 30.5

1999년 2004년 2008년 2009년

배경

2011년 0.96명으로 OECD 평균 1.63명보다 낮고, 현재인구를 유지하기 위해서는 2.1명이 필요합니다. 4년째 세계최저의 출산율입니다. 가임기간 15~49세 여성의 평균 자녀 출산 지표를 예측해 보면 2018년 4,930만 명을 정점으로 2050년 2,400만 명으로 감소가 예상됩니다. 이와 반대로 2050년 65세 인구 비율은 1,610만 명으로 예상(전체 인구 38%)됩니다.

첫째, 사회가 아이를 책임지고 양육하는 시스템인 '사회적 모성'의 중요성이 부각되고 있습니다. 둘째, 출산율 저하의 쇼크와 고령화 사회로의 진입은 우리 사회의 발등에 떨어진 급한 불입니다. 셋째, 사회적으로 '비혼'이 증가하고, 여성 초산 연령이 30세를 초과하고 있습니다. 넷째, 고령화로 경제활동 연령층(25~49세)은 점차 감소하고 50~64세는 꾸준히 증가하고 있습니다. 이는 경제적 부양 문제가 앞으로 심각한 사회 문제로 부각될 것임을 보여줍니다.

첫째, 사회적 부양 부담은 증가하는데 부양할 인구가 없는 암담한 현실입니다. 둘째, 전체 가구의 월평균 자녀 양육비가 132만 원(2007년)으로 월 소비 지출 234만 원의 56.6%에 육박합니다. 이런 현실에서 개인적으로 부모를 봉양하기가 어려운 실정입니다.

첫째, 경제적 부담(36%), 일과 자아실현의 상실(23.2%), 자녀양육 부담 등입니다. 주로 경제적 이유로 자식 낳기를 두려워하고 있는 현실입니다. 둘째, 청년 세대는 주거와 일자리, 육아 문제 등을 자신의 능력으로 해결할 수 없다는 상실감에 빠져 있습니다. 셋째, 결혼은 필수가 아니라 선택이라는 가치관의 변화도 한몫을 하고 있습니다. 청년층의 사고가 자식보다도 자신의 삶을 즐기는 추세로 바뀌고 있습니다. 넷째, 양육과 가사노동의 부담이 여성에게 편중되어 있는 사회 구조도 문제입니다.

첫째, 정부 차원에서 지원을 확대해야 합니다. 체외, 인공 수정 시술비나 산전 검사료, 보육료 등의 지원을 확대하고 있습니다. 정부의 5년간 추진과제를 살펴보면 출산, 양육에 유리한 환경 조성과 고령사회를 대비한 삶의 질을 향상시키는 기반 구축 그리고 미래 성장 동력의 확보를 강조하고 있습니다.

둘째, 기존의 대책으로 출산장려금 지원과 영유아 보육료 지원, 무상교육 확대와 다자녀 가구 주택분양 우선 제도 등이 있습니다. 그러나 이러한 정부의 대책은 단순한 지원과 특혜 위주의 단발성 대책이 대부분이라 그 실효성에 의문이 있습니다. 사회구조적 근본개선이 필요합니다.

셋째, 경제계에서는 40시간 근로제의 정착, 직장 보육시설을 확대해야 합니다. 넷째, 시민 사회 단체에서는 공부방 확대, 양성평등 문화 조성 사업 등의 기반 구축에 노력해야 합니다.

다섯째, 종교계에서는 낙태 방지와 생명 존중 운동 등 의식의 전환을 꾀하고 육아 지원 시설을 확대해야 합니다.

여섯째, 여성이 아이를 낳아 잘 기를 수 있는 사회적 기반을 구축해야 합니다. 여성 경제활동이 활발한 나라(미국, 덴마크, 스웨덴 등)가 출산율이 높습니다. 이제 여성에게 직장과 육아는 선택이 아닙니다. 여성의 경제활동과 출산 및 육아를 양립시키는 제도적 지원이 절실히 필요합니다. 예를 들어, 출산휴가와 육아 휴직제도, 직장 내 보육시설을 확충하여 '육아의 사회화'를 도모하고, 보육세를 만들어 신생아가 취학할 때까지 건강과 보육을 국가가 책임지는 정책을 실시해야 합니다. 그렇게 함으로써 젊은 세대에게 삶의 안정감을 주고, 부수적으로 보육원 등에서 일하는 여성 인력의 고용의 창출도 기대할 수 있습니다. 프랑스의 경우는 탁아소 시설로 저출산 문제를 극복한 좋은 사례입니다.

일곱째, 보편적 아동수당과 가족수당, 무상교육 등 가계의 부담을 줄이는 방향으로 제도를 개선해야 합니다. 선진국들은 자녀에 대한 '간접 비용'을 분산시키는 정책 실시합니다. 간접비용이란 출산으로 인한 부모의 소득이 감소하거나 직장 상실, 근무시간 축소, 성공 가능성의 좌절 등을 정부 차원에 수당으로 지원하고, 세금 감면, 아동보육 서비스 등을 제공하는 것입니다. 프랑스는 3세 부터 유아 의무교육을 실시합니다.

여덟째, 인구관련 정책은 시차가 유난히 길기 때문에 늦기 전에 저출산 위기 대책을 세워야 합니다.

(10) 반값 등록금 문제의 해결은 청년의 희망

대학 등록금 및 근로자 소득 추이

평균 금액 기준, 단위: 만원

사립대 등록금 ... 754
국공립대 등록금 ... 445
400
도시근로자 월평균 소득

2000 2001 2002 2003 2004 2005 2006 2007 2008 2009 2010

※대학 등록금은 국가의 직·간접적 통제를 받다가 1993년 완전 자율화됨.

배경

한나라당 대선 공약이었는데 실현이 되지 않자, 관련 시민단체들과 대학생들의 이행 요구가 거세지고, 이에 따라 민주당이 공약으로 확정하였습니다. 한나라당은 소득 수준별 장학금 차등지원 확대, 등록금 인하도 고려, 취업 후 상환 학자금 대출 이자 3%대로 인하 방안 검토하고 있습니다. 민주당은 국공립 대학부터 2012년도 반값 등록금을 실현하고, 사립대도 점진적으로 반값 등록금 추진을 검토하고 있습니다.

쟁점 및 문제점

첫째, 재원 마련이 문제입니다. 모든 대학의 반값 등록금을 위해서 연간 7조 원이 필요합니다.

둘째, 명목 등록금 인하를 통한 반값 등록금 실현과 장학금 확대를 통한 등록금 부담을 경감해야 합니다. 전자는 일률적 인하로 고소득자녀에게도 적용되므로 형평의 원칙에 어긋난다는 문제점이 있습니다. 반면에 후자는 혜택이 일부에게만 돌아가고 정부의 국고 확대로 재정 부담이 심화된다는 문제점이 있습니다.

셋째, 현재의 등록금이 과연 높은가 하는 문제입니다. 높다는 입장에서는 국민 소득 대비, 유럽의 선진국(대학까지 무상교육) 대비 기준으로 OECD 상위에 속한다는 것입니다. 반면 높지 않다는 입장에서는 미국의 사립대학 등록금을 예로 들어 비교하면 등록금은 높지 않다는 주장입니다.

넷째, 대학의 '적립금'과 등록금에 관한 것입니다. 각 대학의 적립금이 적지 않은데도 등록금 인상은 타당하지 않다고 생각하고 법적 규제를 가하자는 입장과, 장기적으로 적립금을 이용한 등록금 인하는 임시방편이므로 대학의 질적 하락이 예상된다는 입장입니다. 적립금이란 대학의 '감가상각비', 시설 등 장기투자에 대비하기 위해 적립하는 자금입니다.

다섯째, 등록금 상한액을 정하되 인상률과 인상액 중 어느 것으로 할 것인가 하는 문제입니다. 2010년 인상률 상한제 입법으로 해결할 수 있다는 입장과,(인상 직전 3개년도 평균 소비자의 1.5배 미만) 인상률 상한제로는 부족하고 인상액 상한제를 논의(4인 가구 최저생계비의 일정 비율 미만)하자는 입장이 있습니다.

여섯째, 부실 대학 지원에 대한 논란입니다. 각 대학에 일률적으로 지원하는 것은 부실 대학에 대한 재정지출로 이어지기 때문에 부실 대학의 구조 조정이 선행되어야 한다는 주장입니다.

대책

첫째, 일률적 인하에 반대하는 입장입니다. 반값 등록금을 일률적으로 충당한다면 대학 교육의 편익을 누리지 못하는 사람도 부담을 지는 것이므로 형평성에 어긋난다는 의견입니다.

둘째, 대학 진학률이 80%를 넘는 상황에서 등록금을 더 낮춘다면 대학에 가는 학생이 더 증가할 것이라는 입장입니다. 정부 부담을 줄이려면 소득에 따른 지원이 타당하다는 주장입니다.

셋째, 등록금 인하와 동시에 부실 대학 정리가 선행되어야 하고, 학교 재단의 전입금을 늘리는 방안이 필요합니다.

넷째, 단계적인 예산 확보를 통한 대학 지원 방안이 현실적입니다.

다섯째 대학 구조 조정을 통해 대학 진학률을 줄이고 경제적으로 어려운 학생은 무상 교육을 실시하고, 장학금을 성적이 아닌 경제적 기준으로 조정하여 80만 서민 자녀들에게 혜택을 주어야 합니다.

여섯째, 이공계열의 고등교육과 대학교육을 활성화하여 산업구조와 연계된 교육과정 훈련을 강화해야 합니다.

일곱째, 기업체의 학교 기부금을 법인세에서 감해주는 세제 혜택을 주어야 합니다.

여덟째, 등록금 인하의 선행 조건으로 대학 재정의 투명성, 효율성이 강화되어야 합니다.

아홉째 장기적으로 대학 진학이 필수가 아닌 사회를 지향해야 합니다. 고졸자의 고용을 확대하고 대졸자와의 임금 격차를 줄이려는 노력이 필요하며 대졸과 고졸 간의 급여 조정의 공감대를 형성하여, 고졸자들이 대졸자보다 4년 빨리 사회에 진출하여 경제적으로 윤택해질 수 있는 경제 구조로 개편되어야 합니다.

2) 대외적 경제 상황에 대한 분석

(1) 미국 발 세계 금융 위기의 본질

미 중산층 소득과 자산가치 변화

〈자료: 미 연방준비제도이사회(Fed)〉

배경

　미국의 금융위기가 세계경제를 강타하여 기축통화를 가진 미국의 몰락과 세계 경제의 위기를 불러왔습니다.

원인

　첫째, 미국 제조업의 퇴조가 노동생산성 저하를 가져 왔습니다. 미국은 거의 대부분의 공업제품을 중국에 의지하고 있는 실정입니다. 달러라는 기축통화를 가지고 금융업을 통해 경제를 유지하지만 나라 빚은 점점 증가하였습니다. 소위 돈놀이(금융)를 통한 경기 부양이 경제 문제를 유발하였습니다.

　둘째, 금융 서비스업의 구조적 부실과 미국 신용평가 시스템의 부실입니다. 금융구조의 비효율성은 주택 담보 대출 시 관련자가 너무 많아서 커미션, 수수료 등이 과중하게 부담되는 구조입니다. 금융 대출과 관련하여 중개사, 보험사, 1차 및 2차 금융기관, 변호사 등 실로 많은 사람이 관련되어 있습니다. 최근 사태의 시작은 서브프라임 모기지(저신용자 부동산 담보 대출) 부실로 인한 유동성 부족이 가장 큰 원인입니다.

셋째, 신용조건이 가장 낮은 사람들을 상대로 집 시세의 거의 100% 수준으로 대출을 해주는 대신 금리가 높은 미국의 대출 프로그램이 문제였습니다.

넷째, 지난 20년간 세계 자본주의를 지탱해 온 금융 부분의 신자유주의가 문제의 근원입니다. 정부의 간섭과 규제를 최소화하여 선진국의 자유로운 거래를 통한 세계 자본시장의 독점구조가, 금융 엘리트들의 무분별한 금융상품 개발과 어우러져서 장기 주택 대출을 금융 기관끼리 쪼개서 또는 끼워서 팔기(파생상품)를 성행시켰습니다. 즉 부실 대출의 재생산이 은행의 몰락을 가져왔습니다.

대책

첫째, 금융시스템의 효율성을 강화해야 합니다. 둘째, 정부의 적절한 규제가 필요합니다. 셋째, 대대적 구조조정이 필요합니다.

(2) 미국의 재정 적자

배경

미국은 2011년 1조 5600억 달러의 국가 부채를 안고 있습니다. 유럽 PIGS (포르투갈, 아일랜드, 그리스, 스페인)의 재정위기에 이어 미국도 재정 적자가 심각해졌습니다. 침체된 경기부양을 위해 재정적자가 불가피하지만 경기회복을 통해 세수를 확보하면 해결이 가능하다고 판단하였던 것입니다. 그러나 경기가 회복될지는 미지수입니다. 오히려 재정학보를 위한 국채 발행으로 재정 적자 폭이 증대되었습니다.

첫째, 각국의 재정 적자는 GDP 대비 일본이 209%(2009년), 이탈리아 116%, 그리스 108%, 미국 85%, 한국 35%입니다. 둘째, 이탈리아, 그리스는 과다한 사회보장 지출이 한 원인으로 지적되고 있습니다. 셋째, 위의 재정 적자 국가는 신용평가의 하락으로 신규 국채 발행이 불가능합니다. 따라서 국가부도(디폴트)위기에 몰려 있습니다.

첫째, 글로벌 경제의 불안 요인으로 작용하고 있습니다. 둘째, 세계 경제회복이 관건입니다. 회복되더라도 재정적자와 국가부채로 긴축재정과 증세가 필요하므로 '더블딥'(이중 경기 하락)이 우려되는 상황입니다. 셋째, 빚을 갚기 위해서는 언젠가 세금을 올려야 합니다. 그러나 빚만 늘고 경기회복도 안 되면 최악의 상황으로 번질 수도 있습니다.

(3) 세계 재정 위기와 금융 위기

신용평가사 스탠더드 푸어스(S&P)가 미국의 신용등급을 '안정'에서 '부정적'으로 하향 조정하였습니다. 하향 조정의 이유는 미국의 심각한 국가 부채 때문입니다.(국가 채무 비율이 97.5%, 재정 적자 1조 5천억 달러)

일본도 하락 판정을 받았습니다. 국가 채무 비율이 200%를 상회하여 세계 최고이며, 부채 비용을 충당하기 위한 공적 자금이 GDP의 80%로 남유럽 국가들의 GDP의 120% 수준에 육박합니다.

문제점

첫째, 재정 위기로 인한 국제 금융시장의 위기가 이자율을 상승시켜 금융비용 상승으로 국민 경제에 악영향을 줍니다. 둘째, 국가 신용 위기로 인한 국가 부도 사태가 발생하면 어떠한 해결 방법을 쓰더라도 국제 금융시장의 혼란은 피할 수 없습니다.

해결 방식

첫째, 상환 기간을 연장하는 방법입니다. 둘째, 부채를 일부 탕감해주는 채무 재조정입니다. 셋째, 우리나라는 세계 각국이 자국의 경제 사정이 좋지 않을 경우 급속하게 자본을 회수하면 외국자본의 이탈이 우려됩니다. 특히 단기 자금의 경우에는 달러 유동성 악화로 경제에 미치는 문제가 심각해질 수 있습니다.(제2의 IMF 사태) 따라서 우리나라는 급격한 해외 자본의 이탈(유럽의 경제 위기로 유럽계 기업들의 자금 회수)에 대비해야 합니다.

(4) 남유럽 국가의 재정 위기

배경

유럽정상회의에서 그리스에 대한 2차 구제금융 지원, 민간 투자자들의 채무 재조정을 합의했으나 스페인, 이탈리아로 불똥이 전염되어 전 세계적 금융위기의 불씨가 되었습니다.

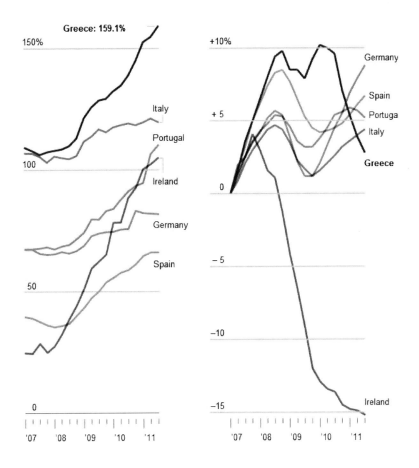

그리스 등 유럽 각국의 GDP대비 부채비율, 성장률 추이
유럽, '잃어버린 10년' 오나..무디스도 6개국 등급강등
스페인, 이탈리아 등 남유럽 6개국 등급 강등..英.佛도 위험

<hr>

원인

첫째, 남유럽(PIGS)의 만성적 무역적자가 가장 큰 문제입니다. 실업률도 굉장히 높습니다. 둘째, 유럽 연합은 '유로 존'으로 화폐가 통합되어 있어 자국의 환율 평가절하를 통한 수출경쟁력 확보가 불가능해졌습니다. 셋째, 피상적 원인으로 과도한 복지 지출과 누적된 국가 부채가 경제를 어렵게 하고 있습니다. 넷째, 근본적 원인으로 유럽 각국의 국제

경쟁력 저하입니다. 실상 북유럽 국가와 비교하여 임금과 물가 상승률이 매우 높은 실정입니다. 다섯째, 수출에 있어서 가격 경쟁력을 상실했습니다. 여섯째, 글로벌 금융위기로 자금유입이 축소되었습니다. 따라서 자국의 경제를 살리기 위한 외자 유치가 어렵게 되었습니다.

전망

첫째, 스페인이나 이탈리아는 경제 규모가 크고 제조업의 '펀더멘탈'(기초)이 탄탄하여 과감한 구조 조정을 통해 회복이 가능할 것입니다. 그러나 스페인의 경우 부자들의 국외 이주가 심각하게 증가하고 있습니다. 둘째, 위기의 확산 여부는 그리스의 회복에 달려있습니다. '유로존' 탈퇴로 자국의 화폐를 평가절하 하는 방식이 국제사회에서 설득력을 얻고 있습니다.

셋째, 독일과 프랑스가 보유하고 있는 국가 채권, 민간 채권자들의 부채 탕감에 대한 합의가 관건입니다.

넷째, 우리나라의 적극적인 역할이 필요할 때입니다. 유럽 각국에 금융 지원을 하는 대가로 유럽의 기술 이전이나 수출상품 확대를 요구할 수 있습니다. 또한 유럽의 국채(스페인, 이탈리아)를 구입하여 유로 권 금융 안정을 지원하여야 수출에 어려움이 없을 것입니다. 경제 위기에 직면한 국가일수록 국채 금리가 높기 때문에 채권 이자 3%의 금리 차액을 실현할 수도 있다는 장점이 있습니다.

(5) 미국과 중국의 환율 전쟁

배경

2011년 3월 미국이 중국에 대해 위안화 평가절상을 요구하였습니다. 미국 오바마 정부는 중국이 환율을 인위적으로 조작하여 자국의 상품을 값싸게 미국시장에 팔고 있다고 판단하고 있습니다. 그래서 '환율절상'을 압박하고 있는 것입니다. 중국이 자국의 경제 상황을 고려하여 소폭의 절상으로 생색만 내는 상황에서 미·중의 환율 갈등은 앞으로도 상존해 있습니다.

원인

첫째, 미국은 위안화가 평가절상 될 경우 미국의 소비자물가가 급등할 것을 감수하고서라도 요구하는 것입니다. 장기적으로는 국제정치 역학상 세계 '패권국가'로서의 위상을 확보하려는 의도가 있습니다.

둘째, 중국의 대미 무역 흑자의 확대입니다. 미국의 대중국 무역적자가 2,268억 달러(10년 사이 3배 증가)로 점점 악화되고 있습니다.

셋째, 미국의 실업 문제의 해결을 위해 중국에 평가절상을 요구하고 있습니다. 금융 위기 이후에 심각해진 일자리 확보(실업률 10% 내외)를 위해 미국 내에 있는 제조업을 살리려면 값싼 중국 제품을 방어해야 할 필요가 대두되었습니다.

전망

첫째, 중국이 '위안화 평가절상'을 받아들일 경우, 대미 수출 감소로 중국의 고속 성장에 제동이 걸리고 각종 개발 정책이 중단될 위기를 맞을 수도 있습니다. 또한 수백만의 중소 수출업체의 부도와 1억 명 이상의 저임금 노동자들이 직접적인 피해를 입을 수 있습니다. 중국민의 도시 드림이 무너지고 그로 인한 사회불안이 야기될 수 있습니다. 중국은 현재도 고속 성장의 여파로 임금 상승과 물가 상승이 동시에 발생하여 경제 위기를 우려하고 있는 상황입니다.

둘째, 일본의 경우에는 1985년 미국과 '플라자 합의'로 엔화를 평가절상하여 엔화 가치가 2년 반 만에 2배로 폭등하여 수출 감소와 그로 인한 부동산 거품 붕괴로 '잃어버린 10년'을 맞았습니다.

셋째, 우리나라 대책입니다. 미중의 환율 전쟁 동안에 원 달러 환율도 불안정해질 수 있습니다. 수출 의존도가 높은 우리 경제로서는 경계를 늦추지 못할 상황입니다.

▶ 2. 서울대 면접대비 예상 질문서 예시

면접 대비 예상 질문은 미리 작성하여 친구들이나 가족들이 묻고 학생이 답하는 형식으로 사전에 많은 훈련을 하는 것이 좋습니다. 면접 때까지 막연하게 있다가 질문을 받으면 당황하거나 긴장해서 중요한 핵심사항을 빼놓거나 논리적 흐름을 놓칠 수가 있습니다.

☑ 1번 문항 관련 : 지원동기와 진로계획

① 서울대 사회 과학부를 지원하게 된 동기는 무엇입니까?

② 학부를 졸업한 후 진로계획에 대해 말해 보세요.

③ 대안 경제학이란 무엇이며 우리사회에 구체적으로 어떻게 적용될 수 있는지 설명해 보세요.

④ 자본주의란 무엇인지 설명하고 현대 자본주의의 문제점에 대해서 말해보 세요

⑤ 세계 경제의 위기 원인과 그 해결 방안을 설명해 보세요.

⑥ 한국 경제의 문제점은 무엇이고 그 해결 방안을 설명해 보세요.

⑦ '오래된 미래'라는 책의 내용과 대안경제의 연관성에 대해서 말해 보세요.

⑧ '정치 경제학'이 어떤 내용을 다루는 학문인지 말해 보세요.

⑨ 자본주의의 위기를 극복한 경제학자의 예를 들고 그 극복 방법에 대해 말해 보세요.

⑩ 고령화 시대의 문제점을 지적하고 그 해결 방안을 말해보세요.

☑ 2번 문항 관련 : 학업 능력을 위한 노력

① 평소 호기심이 있는 분야를 말해보고 그 분야를 알기 위해 해온 노력들을 말해 보세요.

② 충청북도 중소기업의 문제점은 무엇이고 그 해결방안을 설명해 보세요.

③ 마케팅이란 무엇인지 정의를 내리고 기초적인 마케팅 이론을 설명해 보세요.

④ 시사문제에 대한 자료는 어떤 방식으로 수집하여 세분화 했는지 설명해 주세요.

⑤ 현재 사회이슈 중에 가장 시급한 것은 무엇이라고 생각하나요. 그 이유를 설명해 보세요.

⑥ 논술 동아리 활동은 어떤 방식으로 하였는지 말해 보세요.

☑ 3번 문항 관련 : 학내외 활동의 의미

① 유패드(전국 정치외교 연합) 활동을 구체적으로 설명하고 이 활동을 통해서 얻은 것은 무엇인지 말해 보세요.

② 논술반 활동을 구체적으로 설명하고 이 활동을 통해서 얻은 것은 무엇인 지 말해 보세요.

③ 본인이 생각하는 진정한 봉사활동의 의미는 무엇입니까?

① 자신의 장단점을 말해 보세요.

② 성장과정 중에서 가장 기억에 남는 것은 무엇이며 그것이 자신의 삶에 미친 영향은 무엇입니까?

③ 고등학교 시절 겪었던 어려움과 그것을 극복하기 위한 노력을 말해 보세요.

① '경제성장이 안 되면 우리는 풍요롭지 못할 것인가' 책의 내용을 간략하게 설명하고 선정 이유를 말해 보세요.

② 위 책의 내용과 대안 경제는 어떤 점에서 관련되어 있는지 설명해 보세요.

③ 백범일지가 우리에게 주는 메시지는 무엇일까요?

④ 백범일지에서 나타난 김구선생의 삶을 평가해 보세요.

⑤ '신도 버린 사람들'의 주인공은 어떤 인물이며 간디 선생의 이념과는 어떤 점에서 차이가 있나요?

실전 면접 대비

얼짱은 꽝이다.

말짱

이 떴다.

8. 실전 면접! 열망은 광이다, 말광이 떴다

앞으로 대입 시험에서 논술의 비중은 점차 줄어들게 되겠지만, 상대적으로 면접고사의 중요성은 점차 확대될 것으로 예상됩니다. 각 대학별로 입학사정관 체제가 자리를 잡게 되면 내신 성적이나 수능 점수를 가지고 일률적으로 평가하는 전형보다는, 서류 전형과 그것을 점검하고 다양한 학문적 경험과 소양을 가진 학생들을 뽑기 위한 평가 방식으로서 면접의 중요성이 더욱 부각될 것입니다.

면접 준비를 위한 자료 준비를 마쳤으면 지금부터는 실제적인 면접 대비를 위한 기초 지식을 습득하고 면접 요령을 숙지해야 합니다.

면접에서 가장 중요한 것은 자기 표현력입니다. 구슬이 서 말이라도 꿰어야 보배가 되듯이 자신이 습득한 풍부한 배경 지식을 면접관의 질문이나 질의서의 논점에 맞게 재구성하는 능력을 훈련해야 합니다.

배경지식을 많이 알고 있다는 것과 그것을 논리적으로 잘 표현한다는 것은 어떻게 보면 별개의 문제라고도 볼 수 있습니다. 조리 있게 말하는 것도 꾸준한 연습을 통해서 길러지는 것입니다. 친구들이나 가족들을 면접관이라 생각하고 질문에 대답하는 실전 연습을 하는 것이 실제 면접시험에서 긴장하지 않고 자신을 당당히 드러낼 수 있는 자신감을 쌓는 데에 큰 도움이 됩니다.

면접고사는 면접관을 직접 대면하여 치르는 것이기 때문에 여러 면에서 철저한 준비가 필요합니다. 준비가 제대로 되어 있지 않으면 자신감이 없어서 주눅이 들거나 질문의 핵심을 파악하지 못해 당황하게 되고, 표정이나 자세가 경직되기 때문에 좋은 결과를 얻기가 힘들게 됩니다. 면접의 방식과 내용은 각 대학이나 전공에 따라 차이가 있기 때문에 자신이 진학하고자 하는 대학의 면접 고사 요령을 사전에 확인하여 훈련하여야 합니다.

서울대의 경우 세 분의 면접관이 10분 이내의 개별 면접을 통해서 학업 수학 능력과 인성 및 사회성을 평가합니다. 또한 지역 균형의 경우에는 인성 면접과 서류에 관련한 질문, 그리고 독서 활동에 대한 심층적 점검이 주를 이루지만 특기자 전형(2013학년도부터는 일반 전형)의 경우에는 영어로 묻고 답하는 형식, 전공과 관련하여 고등학교에서 배웠던 개념과 원리를 설명하는 방식, 그리고 인문 계열에서는 시사 문제와 관련하여 사회문제의 원인과 해결책을 창의적으로 설명하는 방식 등과 같이 다소 까다로운 질문들이 출제됩니다.

이 장에서는 면접의 기초 지식과 면접의 종류에 따른 핵심 요령을 설명하고, 서울대 면접의 실례를 들어 여러분의 이해를 돕도록 하겠습니다.

▶ 1. 면접의 기초 : 면접의 방식과 면접의 기술

1) 면접의 개념

면접관의 질문을 통하여 학업 능력을 총체적으로 측정합니다. 전공학과와 연관된 질의를 통해서 기초 지식과 수학적성을 파악하고 학생의 가치관과 사회를 바라보는 안목을 질의하여 수험생의 인성과 소양, 사회성을 평가하는 시험입니다.

2) 면접의 종류와 방법

면접시험은 크게 개별 면접, 집단 면접, 집단 토론식 면접으로 분류할 수 있습니다. 따라서 지망하는 대학의 모집 요강을 확인하여 적절하게 대비해야 합니다.

(1) 개별 면접

이 면접 방식은 '일대일' 면접과 '일대 다' 면접 두 가지가 있습니다. 일대일 면접은 면접관의 성향에 다라 주관적이라는 단점이 있지만 한 학생에 대한 폭넓은 파악을 할 수 있다는 단점이 있습니다.

개별 면접에서 많이 활용되는 일대 다 면접은 수험생이 집중적으로 질문을 받게 되기 때문에 느끼는 압박감은 크지만 공정한 평가를 기할 수 있다는 장점 때문에 최근에 가장 많이 이용되는 면접 방식입니다.

(2) 집단 면접

이 면접 방식은 여러 명의 수험생과 면접위원 한 명 또는 여러 명이 질의와 응답을 진행하는 방식입니다. 개별 면접에 비해 긴장감은 없지만 다른 수험생과 그 자리에서 비교 평가되기 때문에 혹시 실수라도 하면 심리적으로 위축되어 전체 면접을 그르칠 수가 있습니다.

(3) 집단 토론식 면접

이 면접 방식은 여러 명의 수험생을 한 개조로 편성하여 하나의 주제를 가지고 토론하도록 진행하고 토론의 과정에서 나타나는 수험생의 지식의 양, 토론의 태도와 예절, 논리적 표현력 등을 세심하게 관찰하여 평가합니다.

(4) 인성 면접과 심층(구술) 면접

인성 및 적성 면접 ···

주로 지역 균형, 기회균등 전형에서 활용하는 면접으로 제출 서류에 대한 확인과 인성 및 적성과 기초 소양에 대한 질문을 중심으로 진행되는 면접 방식입니다. 수험생들의 부담이 상대적으로 적기 때문에 긴장하지 않는다면 좋은 결과를 얻을 수 있습니다.

다만 이미 서류 평가에서 등급이 정해져 있기 때문에 서류 평가에서 낮은 등급에 있는 지원자는 더 특별한 준비가 필요합니다. 제출 서류에 대해서 심도 있는 체크가 필요하고 비교과 활동이나 독서 활동의 내용에서도 남과는 차별되는 자신만의 특색과 경험을 잘 드러내야 합니다.

심층 면접(구술 면접)

심층 면접은 일반 전형 대상자나 특기자 전형을 중심으로 학업 능력을 측정하는 면접입니다. 수험생들의 잠재력과 발전 가능성을 체크하는 면접이기 때문에 질문의 난이도가 높아서 철저히 대비해야 합니다. 학과별 특성에 따른 개념과 원리를 중심으로 정리를 해두어야 하며 특히 영어 질문에 대한 영어 답변이 가능하도록 영어회화 능력을 키워야 합니다. 인성 면접보다 시간이 좀 더 길고 면접 전에 문제지를 주어 생각할 시간을 주는 경우가 많습니다. 난이도가 높은 면접이라 수험생들이 긴장하기 쉬운데 평소 마인드 컨트롤을 훈련하여 정신적으로 자신을 제어하는 힘을 기르는 것이 도움이 됩니다.

3) 면접의 기술

첫째, 예절입니다. 용모가 단정하고 인사성이 바르면 좋은 인상을 줍니다. 특히 항상 입가에 미소를 띠고 있으면 더욱 좋습니다. 면접장에 들어갈 때 노크를 먼저 하고 하고 문을 엽니다. 들어가서 면접관들의 눈을 마주치고 정중하게 고개를 숙여 인사를 드립니다. 면접이 끝나고 나올 때에도 마찬가지입니다. 곧 바로 뒤돌아서 나오지 말고, 뒷걸음으로 조금 물러난 후에 다시 한 번 정중히 인사를 드립니다. 수고하셨다는 멘트를 해도 좋습니다.

둘째, 논리적 사고 능력입니다. 면접관이 하는 질문은 단순히 정답을 묻는 것이 아닙니다. 예를 들어 '우리나라 대학의 수가 몇 개나 되나?'라고 질문하였을 때 그것은 정확한 수치를 묻는 것이 아니라 수험생이 어떠한 논리로 대답을 이끌어 냈는지를 보고 싶어 하는 것입니다.

영국의 캠브리지 대학의 면접에서 실제로 '이 세상에 있는 우유의 양은 얼마나 되나'라는 문제를 낸 적이 있습니다. 어떻게 그 정확한 양을 알겠습니까? 다만 학생이 답을 이끌어 내기 위해 생각해 낸 사고의 과정과 창의적 능력을 평가하겠다는 뜻이겠지요. 또 다른 예로 압력계를 주고 엠파이어스테이트 빌딩의 높이를 재는 방법을 물었던 사례도 있습니다. 창의력과 사고력을 같이 평가하겠다는 것이겠지요.

이렇듯 면접에서의 정답은 딱 부러지게 있지는 않습니다. 주어진 질문 속에서 자신의 능력을 순발력 있게 발휘해야지만 좋은 평가를 받을 수 있습니다. 이런 능력은 물론 하루아침에 터득되는 것은 아닙니다. 평소에 자기를 둘러싸고 있는 세상에 대한 호기심을 가지고 많은 생각을 해왔던 학생이 유리할 것이고, 특히 어려서부터 다양한 독서 활동을 통해 배경 지식과 세상에 대한 이해의 폭을 넓힌 학생이 면접시험에서도 좋은 결과를 얻을 수 있습니다.

셋째, 의사 표현 능력입니다. 자신의 말로 면접관을 설득시키고 매료시키는 과정입니다. 그 방법은 사실 간단합니다. 가능하면 쉽게, 조리 있게 답하여 면접관이 자신의 생각을 쉽게 이해하도록 하면 됩니다. 어느 한 부분을 장황하게 늘어놓으면 논리적 흐름을 놓치게 되고 그러다 보면 횡설수설하게 됩니다. 면접관의 질문의 의도를 파악하고 거기서 벗어나지 않도록 말의 흐름을 잡아서 대답하면 좋습니다.

이러한 능력은 타고나기도 하겠지만 평소 말하기 방식의 틀을 머리에 넣고 그것에 맞춰서 대답하는 훈련을 하는 것이 중요합니다. 말하기 방식의 틀에 대한 몇 가지 조언을 드리겠습니다. 단 질문의 내용이나 성격에 따라 적절한 틀을 활용하는 것이 중요합니다.

넷째, 자세와 태도를 평가합니다. 면접은 문을 열고 들어오는 순간부터 시작이 됩니다. 동작 하나하나가 다 평가의 대상이 되는 것입니다. 차분히 들어와서 허리를 곧게 펴고 밝고 미소를 띤 얼굴로 면접관을 바라보는 것입니다. 눈을 내리깔면 자신감이 없어 보이기 때문에 좋지 않습니다. 너무 치켜떠도 이상주의자 냄새가 나서 안 되겠지요.

대답을 할 때에는 질문을 한 면접관을 중심으로 다른 면접관들하고도 눈을 가볍게 맞추면서 큰 소리로 또박또박 말하는 것이 좋은 인상을 남기게 됩니다. 물론 말할 때 시종일관 너무 뜸을 들이는 태도는 면접관들을 갑갑하게 합니다. 적절한 속도 조절을 통해서 사려 깊은 모습을 보여 주는 것이 중요합니다.

정리해서 설명하면 먼저 노크를 한 다음 공손히 인사를 하고 수험번호와 이름을 똑바로 대고 차렷 자세로 서 있습니다. 그리고 면접관이 앉으라고 말하면 그때 자리에 앉습니다. 미리 자리에 털썩 앉는다면 그것도 예의에 벗어나는 행동입니다. 차렷 자세로 등을 활짝 펴고 앉아서 두 손은 가볍게 계란을 쥐듯이 해서 자기 무릎에 올려놓습니다. 밝는 표정으로 면접관과 눈을 맞추어서 친근감을 표시하십시오.

혹시 질문의 의미를 잘 모르겠다고 해서 인상을 쓰지 말고 생각을 정리해 봅니다. 그래도 모르겠다면 어설프게 설명하는 것보다 그 부분에서는 잘 모르겠다고 솔직히 고백하는 것이 더 좋습니다. 솔직하게 자신의 의견을 말하는 사람은 그래도 예뻐 보이기도 합니다. 단, 질문이 떨어지자마자 모르겠다고 하면 정말 한심하다고 여겨지겠지요. 좀 생각하는 척이라도 하다가 고백하십시오. 또한 말하다보면 이야기의 초점을 잘못 잡는 수도 있습니다. 당황해 하지 말고 틀린 것을 인정할 건 인정하고 정정할 내용은 과감히 다시 말하십시오.

4) 면접의 요령

첫째, 질문의 의도를 잘 파악해서 묻는 말에만 답해야 합니다. 동문서답을 피하는 것입니다. 서두르지 말고 생각할 시간을 충분히 가지고 말합니다. 예를 들어 '경제학을 공부하는 데 수학적 능력이 꼭 필요한가?'라는 질문을 받았다면 경제학 분야에서 수학이 어떤 역할을 할 수 있겠는가를 생각하고 그 관점에서 대답을 해야 합니다. 수학 따로 경제 따로 이야기해서는 논점에서 벗어나게 되는 것입니다. 수학과 경제의 관련성을 말해야 하는 것입니다. 경제학도 사회과학의 분야이기 때문에 정확한 수리적 통계를 바탕으로 경제 현상을 분석하기 위해서 수학적 능력이 절대적으로 요구된다고 답한다면 무리는 없겠네요.

둘째, 구체적인 질문을 할 경우 단정적인 답보다는 답의 폭을 약간 넓혀서 일반화시켜 답합니다. 예를 들어 '학생은 고등학교 3학년 때 몇 권의 책을 읽었나요?'라고 질문한다면 어떻게 대답하겠습니까? 한 20권 정도 읽었다고 짧게 대답한다면 재미가 없겠지요? 그때는 자신의 독서 활동에 대해서 소개해 보라는 면접관의 배려라고 생각하고 자신의 구성으로 이야기를 만들어야 합니다. '예, 저는 다양한 배경 지식을 얻기 위해 두 가지 영역으로 정해서 계획적으로 책 읽기를 실천하였습니다.

먼저 인문학적 소양을 기르기 위해서 노력했습니다. 읽었던 책 중에서 『백범 일지』가 지도자의 덕목을 깨닫게 해준 의미 있는 책이었습니다. 또한 사회과학부를 지원한 저로서는 평소 사회과학적 지식에 대해 관심이 많았습니다. 특히 자본주의의 문제점을 비판적으로 밝힌 장하준 선생의 『나쁜 사마리아 사람들』을 읽고 신자유주의의 문제점을 비판적으로 바라보는 안목을 배웠습니다.

이런 식으로 자신의 말하기 틀을 만들어 일반화시켜서 대답한다면 질문과 대답이 자연스럽게 이어지고, 면접관은 조금 더 깊은 질문을 유도해서 학생의 지식의 질을 확인할 수 있을 것입니다. 이런 면접을 한 학생이 면접 때문에 불합격될 리는 없겠지요.

셋째, 추상적인 질문은 구체적인 사례를 들어 대답합니다. 너무 막연한 질문에 당황해 하지 말고 그 상황과 어울리는 구체적인 사례를 제시하여 말하는 것입니다. 예를 들어, '경제학이 재밌나요?'라는 질문을 받았다면 어떤 대답을 하면 좋을까요? 참 막연합니다. '예, 재밌습니다.'라고 답하고 싶은데 그러자니 대답이 너무 짧아서 참 곤란할 것입니다. 이런 때에는 여러분의 경험을 되살려서 본인이 경제학에 관심을 갖게 된 계기를 떠올리고 그것을 에피소드로 제시하면서 경제학의 재미를 말한다면 좋은 답변이 됩니다.

넷째, 상투적인 답변은 재미가 없습니다. 자신만의 독창성이 묻어나는 답변을 해야 합니다. 예를 들어 '왜 의학과를 지원하게 되었나요?'라고 질문을 받았을 때 집안에 아픈 사람이 있었는데 그때 인간 생명의 소중함을 배웠다든지, 아프리카 아이들이 영양실조로 죽어가는 다큐멘터리를 보고 봉사하는 삶을 살기로 했다든지 하는 대답은 참 식상합니다. 그리고 누구나 많이 하는 대답들입니다. 어떻게 대답하면 면접관을 매료시킬 수 있을까요?

이런 대답은 어떨까요? 과거에 읽었던 책들 중에서 자신이 의학을 전공하게 된 계기가 되었던, 의학과 관련한 역사적 인물의 삶을 잠깐 소개하고 그 삶을 통해 깨달은 바를 설명하면서 말하는 방법입니다. 또는 자신의 봉사 활동 경험을 구체적으로 밝히면서 그 활동을 통해서 느꼈던 삶의 의미나 가치관을 설명하면서 말하는 방법도 좋을 것 같습니다. 또는 항암 치료에 대한 최근에 발표된 새로운 의학적 지식에 대한 리포트를 보게 되었는데 관심을 갖게 되었고 암 정복을 위해 죽을 때까지 연구하고 싶다고 답한다면 열정까지도 묻어나는 좋은 대답이 될 것입니다.

다섯째, 신뢰감을 주어야 합니다. 말끝을 흐리지 말고 정확한 용어로 말해야 하며, 내용상의 오류는 피해야 합니다. 특히 통계 수치나 정확한 사실관계를 잘못 말하면 신뢰성을 떨어뜨립니다. 또한 너무 빨리 답해 버리면 암기해서 말하는 인상을 주므로 천천히 여유를 가지고 또박또박 말해야 합니다.

5) 말하기 방식의 유형

(1) 주장(의견) - 근거(이유) - 사례 제시 - 주장 요약

'일반 약품의 슈퍼 판매를 허용해야 하는가?'라는 찬반 논쟁에서 자신의 생각을 말하라는 질문을 받았다고 생각해 봅시다. 먼저 자신의 입장에서 찬성과 반대 입장 중에 한 가지를 선택해야 하겠지요.

찬성의 입장에서 자신의 의견을 말한다고 가정해 봅시다. 근거 제시에서 가장 중요한 것은 그 원인이 되는 많은 요인들 중에서 중요도에 따라 우선순위를 정하는 것입니다. 먼저 큰 틀에서 사회 구조적으로 접근을 해야 합니다. 사회의식이나 사회제도의 측면에서 근거를 찾아보고 다음으로 개인적 차원에서 나타나는 현상들에 대한 것으로 근거를 정리해서 생각을 해야 합니다. 그래야 설득력을 줄 수 있습니다. 또한 근거를 들 때는 자신의 입장만을 강화하면서 강조할 수도 있지만 상대방의 주장을 반박하여 자신의 입장을 강화하는 방법도 있다는 것을 기억해 둡시다.

저는 일반 약품의 슈퍼 판매에 대해 찬성합니다.

근거 및 사례 제시

국민의 삶의 질을 향상하기 위해서는 무엇보다도 국민의 편익을 우선해야 한다고 생각하기 때문입니다. 시중의 약국들은 밤늦게까지 영업을 하지 않고 있고, 또 심야에는 당번 약국을 운영하고 있다지만 실제로는 잘 지켜지지 않고 있다는 언론 보도가 있습니다.

보건복지부 산하 식약청에서 인체에 부작용이 거의 없고 누구나 간편하게 사용할 수 있는, 안정성이 검증된 일반 의약품을 선별한 것이기 때문에 국민 건강의 안정성에 대한 우려가 없기 때문입니다.

약물 남용에 대한 우려가 있지만 가정에서 비상시에 꼭 필요한 해열제나 진통제 같은 약품은 우리 주변에서 쉽게 살 수 있어야 합니다. 또한 한 번에 살 수 있는 약품의 수를 법률로 정하여 실시하는 방안도 마련하여 무분별한 약품 구매를 제어할 수도 있습니다.

이 제도를 반대하는 약사협회는 자신의 기득권을 지키기 위한 논리로 안정성과 약물 남용을 문제 삼고 있지만 위에 언급했듯이 국민의식과 적절한 제도를 마련하여 극복할 수 있는 문제라고 생각합니다.

여러 선진 국가들에서는 이미 이 제도가 잘 시행되고 있습니다. 이것이 제도가 문제점보다는 사회적 이점이 많다는 반증이기도 합니다.

주장 요약

따라서 약품의 안정성보다 국민의 편익을 극대화하는 방향으로 구체적 제도를 마련하여 시행하는 것이 바람직하다고 생각합니다.

(2) 요지 설명 - 문제점 지적 - 자신의 견해

예시 의견

학교 폭력의 심각성과 자신의 의견을 묻는 문제에 대해 생각해 봅시다.

요지 설명

현재 학교 내에서 이루어지는 폭력이 교단을 위협할 수준으로 더욱 과감해지고 있고 학생들 사이에서 심각한 공포감을 조장하고 있습니다. 실제로 학교 내 폭력 조직에 의한 위협으로 학생 자살이 해마다 증가하고 있고, 피해를 당하는 학생은 왕따를 당하며 삶의 의욕마저 잃고 있는 상황입니다.

무엇보다도 이러한 피해를 방관할 수밖에 없는, 피해를 당하지 않은 학생들도 잠재적 피해자로 두려움에 떨고 있고 있습니다. 또한 자신이 피해를 당하는 친구를 도울 수 없다는 자괴감에 괴로워하고 있는 실정입니다. 그들 역시 학교 폭력의 간접적 피해자라고 생각합니다.

문제점 지적

교육 현장에서 폭력이 난무함으로써 기본적인 인성과 인권을 교육해야 할 학교가 제대로 사회적 역할을 수행할 수 없다는 점입니다.

즐거워야 할 학교생활이 학생 간의 위화감과 공포심 때문에 지옥같이 참혹한 곳으로 변해가고 있다는 점입니다.

이로 인해 사회 곳곳에서 많은 피해 학생들이 자살이라는 극단적인 선택을 하고 있습니다. 이 같은 사실은 우리 사회가 기본적 인권의 보장이라는 복지 국가의 의무를 실행하지 못하고 있다는 증거입니다. 또한 가해 학생의 입장에서도 올바른 교육과 지도를 받아야 할 권리를 누리지 못하는 결과를 초래하고, 한 번의 실수로 일생의 큰 죄를 짊어지고 살아가야 한다는 점에서 인권침해의 소지가 있다고 생각합니다.

학교 폭력 조직이 선후배 관계를 연으로 지역의 조직 폭력과 연계되어 향후 우리사회의 사회 폭력 고리와도 연결되어 있다는 점에서 심각한 사회문제라고 생각합니다. 또한 학교의 차원에서의 폭력이 사회로 확대 재생산되고 있다는 점에서 하루빨리 해결해야 할 우리 사회의 과제라고 생각합니다.

자신의 의견(문제 해결)

학교교육의 정상화입니다. 성적과 대학 입시 중심의 교육으로는 이러한 현실을 개선할 수 없다고 생각합니다. 학생들에게 바른 인성과 안정된 정서를 길러주기 위해서는 예체능 교육을 활성화해야 한다고 생각합니다. 음악을 통해서 정서적 안정을 찾고 아름다운 화음으로 합창함으로써 친구들과 어울리게 해야 합니다. 또한 한 학생이 한 가지 악기를 다룰 수 있도록 악기 교육을 실시하여 드럼이나 기타 등 요즘 아이들이 선호하는 악기를 연주할 수 있도록 교육한다면 얼마나 학교생활이 얼마나 즐겁겠습니까? 무용 시간에는 요즘 유행하는 아이돌의 멋진 춤을 가르치고, 체육 시간에는 여러 운동을 통해서 친구 간에 서로 몸을 부대끼면서 우정을 나눌 수 있도록 해야 합니다.

다음으로 교사 스스로 교권을 재확립해야 합니다. 선생님은 지식을 전달하는 기술자에서 스스로 벗어나려는 노력을 해야 합니다. 학생들의 일상생활을 일일이 관찰하여 기록하고 그것을 토대로 학생들과 개인적인 면담 시간을 주기적으로 가져야 합니다. 때로는 부모님처럼, 친구처럼 아이들의 속마음을 알아주고 이해하려는 제도적 장치가 마련되어야 합니다.

학생 스스로의 노력도 필요합니다. 주변의 친구가 왕따나 폭력으로 괴로워할 때 먼저 다가가서 같이 고민해 주고 문제를 해결하려는 공동의 노력이 필요합니다. 실례로 선진국들에서도 학교 폭력이 심각한 수준이라는 보도를 본 적이 있습니다. 어떤 나라는 강력한 제제를 통해서 줄이기도 하지만 어떤 나라는 학교 내에서 적절한 프로그램을 개발하여 줄여 나가기도 한다고 알고 있습니다. 실례로 학교 내에서 갈등이 생길 때 학생 스스로 'STOP'을 외치게 하는 시스템이 있다고 합니다. 어려움을 겪는 학생이 'STOP'을 외치면 그때부터 선생님과 친구들은 그 학생에 대해서 특별히 관심을 가지고 보살펴 줘야 한다는 프로그램입니다. 우리 교육 현장에서도 적용할 만한 제도라고 생각합니다.

가정에서 부모들의 노력도 필요합니다. 부모와 자식 간에 대화가 없는 가정일수록 큰일을 당하고 후회하는 경우를 자주 봅니다. 사전에 자식과의 원활한 대화를 통해서 자식이 고민하는 것은 없는지 체크해야 합니다.

마지막으로 사회 차원에서 해야 할 노력입니다. 스쿨 폴리스를 늘리고 경찰서와 연계해서 사전에 학교 폭력을 예방하는 일도 중요합니다. 하지만 이러한 방법은 근본적인 대책이 될 수는 없습니다. 학교 안에서 발생하는 갈등은 기본적으로 학교 안에서 교육적으로 해소되어야 합니다.

(3) 문제의 배경 - 전개 과정 - 향후 전망

세계 경제의 위기가 발생한 원인은 무엇이며 앞으로 세계경제는 어떻게 될 것인지를 묻는 상황이라고 가정해 봅시다.

문제의 배경 ··

90년대 후반 미국 경제는 제조업을 부분에서 노동 생산성이 하락하면서 정상적인 발전을 하지 못하고 금융 서비스 산업을 중심으로 경제를 유지시켰습니다. 경기가 활황일 때는 드러나지 않았지만 실물경기가 조금씩 하락하고 소위 신용 조건이 가장 낮은 수요자를 상대로 집값의 거의 대부분을 고금리로 대출해 주었던 서브프라임 모기지 대출의 부실이 발생하면서 부동산 거품의 하락을 시작으로 개인파산이 급증하고 그에 따라 부실 채권을 소유하게 된 거대 금융사들이 줄줄이 도산하면서 세계 금융 위기가 시작되었습니다. 미국은 달러라는 기축통화를 무기로 세계 경제를 이끌어 왔지만 자국의 거대 제조업과 거대 금융사들의 파산은 세계 경제에 악영향을 주었습니다.

전개 과정

미국 발 경제 침체에 직격탄을 맞은 유럽 경제는 PIGS 국가들을 중심으로 국가재정 위기라는 초유의 사태에 직면하게 되었습니다. 물론 유로 존의 출발로 유럽의 통화가 단일화되면서 유럽의 각국들은 자신의 통화를 조절하는 기능을 상실했고 더구나 적절한 환율정책도 수립하지 못하고 다른 나라에서 돈을 차입해야 하는 어려움에 봉착한 것입니다. 이러한 미국과 유럽의 경제 위기는 국제무역을 통해 국가적 부를 키워나가는 우리나라뿐만 아니라 중국의 경제에도 악영향을 주었고 그렇지 않아도 잃어버린 10년으로 최악의 경제 침체를 겪고 있는 일본 경제에도 심각한 영향을 주었습니다.

향후 전망

이러한 위기의 바탕에는 신자유주의 노선을 채택한 세계경제가 공적인 규제 없이 시장경제의 원리를 무한정하게 누리게 됨으로써 적절한 통제를 상실했다는 점이 자리 잡고 있습니다. 인간의 끝없는 욕망과 기업의 무분별한 이윤의 추구가 결국 세계 경제의 틀을 시장 자유에서 정부 간섭의 강화로 전환시키는 계기가 될 것이라고 생각합니다. 현재에도 세계 경제의 침체가 언제 끝날지 알 수 없는 상황에서 각국의 경제 상황에서 또 다른 악재가 발생한다면 세계 경제 침체는 계속되리라고 생각합니다.

⑷ A but B

말하기 방식 중에서 상대방의 의견을 존중하며 자신의 의견을 피력하는 방법으로 쉽게 활용할 수 있는 방법입니다.
'그렇기도 하지만 이런 점이 더 문제입니다'라고 말하는 방식입니다.

⑸ 면접 시 주의할 점

면접은 먼저 자기소개서와 생활기록부를 바탕으로 첫 질문을 합니다. 그 다음부터는 정형화된 질문이 아니라 첫 질문의 꼬리에 꼬리를 물고 질문과 답변을 이어가게 됩니다. 따라서 수험생 여러분은 여러 질문에 관련된 예상 답변을 준비하는 것도 중요하지만 면접관의 추가 질문이나 반박에 순발력 있게 대처하는 연습을 해야 좋은 결과를 얻을 수 있습니다.

면접의 과정도 대화의 과정과 같기 때문에 예상치 못한 질문들이 쏟아지게 되고 그때에 제대로 생각이 나지 않아 당황하게 되면 면접 전체를 망치게 되는 경우가 있습니다.

그러므로 여러분이 면접에 대비해서 연습을 할 때에는 단순히 정형화된 질문과 답을 주고받는 것이 아니라 꼬리에 꼬리를 무는 방식으로 대화를 통해 자신의 서류에 드러난 모든 상황을 설명할 수 있어야 합니다.

이런 과정을 훈련하기 위해서는 자기 주변에서 면접에 대한 전문적 지식이나 능력이 있는 사람의 도움을 받는 것이 좋습니다.

다음으로 중용의 덕을 지켜야 합니다. 일부 학생들은 의욕에 넘쳐서 자신이 지원하는 대학의 정보를 세세히 파악하고 학과 교수들의 세부적 상황까지 언급하는 경우가 있습니다. 이것은 오히려 지원자가 학교와 학과에 관심이 많다는 열정으로 받아들여지기보다는, 어떻게 해서든 붙어보겠다는 생각으로 받아들여져서 지원자의 신뢰성을 떨어뜨립니다.

학교나 학과에 대한 정보는 각 대학의 건학 이념이나 인재상, 지원 학과의 전공과목의 종류와 개략적 내용 등 큰 범위에서만 알고 있어도 충분합니다.

(6) 면접 요령 핵심 정리

① 간결하고 쉽게 말합니다.
② 가급적 두괄식으로 논지부터 말하세요. 그런 다음에 적절한 근거를 말하세요.
③ 말끝을 흐리지 말고 조리 있고 깔끔하게 말합니다.
④ 밝은 표정으로 웃으며, 예의 바르게 말합니다.
⑤ 긴장하지 않고 자신 있게 말합니다.
⑥ 쉬운 질문이라고 당위적인 주장만 하지 말고 영역별로 세분화시켜서 상세하게 설명합니다.
⑦ 사회문제를 묻는 질문에는 현상의 나열만 하지 말고 시대적, 역사적 관계를 살펴서 깊이 있는 내용으로 구성합니다.
⑧ 시사 문제를 묻는 질문에는 학원에서 외운 듯이 기계적으로 찬반양론을 언급하기보다는 충분히 고민한 흔적을 보여 주어야 합니다. 찬반양론을 설명하라는 질문에는 면접관과 갑론을박을 하는 경우가 있는데 그런 경우 자신의 논리로 면접관의 반론에 재반박할 수 있는 능력이 있어야 합니다.

⑨ 사회문제의 해결을 묻는 질문에는 사회 구조적, 역사적 관점에서 거시적으로 문제를 바라보는 관점을 견지해야 합니다. 또한 그 해결 방안의 창의성도 중요하지만 현실 가능한 대안으로 면접관을 설득해야 합니다.

⑩ 의견이나 주장을 할 때에는 그 이유를 명확히 밝히고 설사 면접관이 다른 견해를 제시하더라도 그것이 정답이 아닌 이상 자신의 논리로 면접관을 설득해야 합니다. 면접관의 말이 그럴듯하게 들리고 자신의 생각이 부족하다고 생각되더라도 비판적 의식을 갖고 자신의 주장을 개진해야 합니다. 면접관도 여러분을 비판하기 위해 반박하는 것이 아니라 바로 여러분의 논리의 과정을 보기 위해서 하는 절차입니다.

⑪ 개념이나 설명하라는 질문에는 정확한 배경 지식을 바탕으로 쉽게 설명해야 합니다. 설명 과정에서 면접관들은 의문 사항이나 오류를 지적할 수 있는데 당황하지 말고 의문 사항에는 자신이 알고 있는 만큼 소신껏 대답하고 잘못 알고 있는 부분에 대해서는 겸손히 정정하십시오.

(7) 면접관이 좋지 않게 보는 행동들, 감점 요인입니다.

① 말끝을 흐리기, 흐리멍텅해 보이겠지요? 답답도 하고요.
② 면접관의 시선을 회피하는 모습, 죄지은 것도 아닌데 당당히 눈을 보세요.
③ 다리를 떠는 행동 습관. 사람이 좀 가벼워 보이고 정신도 사납겠지요.
④ 한숨을 쉬는 모습입니다. 인생 다 산 것 같은 허망함을 주네요.
⑤ 불필요한 추임새를 자주하는 행동입니다. 쇼호스트도 아닌데 너무 촐랑거려 보이겠지요.

(8) 면접을 위한 준비

면접고사는 단기간의 노력으로 성과를 얻기가 힘든 시험입니다. 평소 자신의 지식과 경험을 총동원해야 하기 때문에 밑천이 딸리면 대화를 매끄럽게 이어가기가 곤란합니다.

면접의 기술은 그야말로 기술에 지니지 않지만 면접의 내용은 수험자의 모든 지식을 재구성하는 과정이므로 길게는 초등 때부터 다양한 독서와 폭넓은 토론을 통해서 배양해야 하는 전인적 능력입니다.

평소에 사회문제와 사회현상에 관심을 갖고 자신만의 입장을 정리해 놓지 않으면 대답의 깊이가 없기 때문에 금방 자신의 지식이 드러나게 됩니다. 뉴스나 신문을 통해서 시사적인 문제에 대해 이해하고 자신의 고민을 통해서 관점을 정리해 두어야 합니다.

① 교과서가 최고의 교재입니다. 사회 탐구, 과학 탐구와 관련된 기본 개념이나 이론들을 정리합니다. 특히 인문계 학생은 사회탐구활동 문제를 정치, 경제, 사회문화, 역사와 관련하여 심화학습을 하십시오. 자연계 학생은 수학1, 2와 과학탐구1, 2를 중심으로 원리와 개념을 정확히 이해하고 응용문제를 철저히 분석하여 정리하십시오.
② 중요한 시사 쟁점에 대해 관심을 가지고 자신의 생각을 정리하십시오. 한 해 발생한 이슈에 대해 스크랩을 하고 교과서와 관련해서 정리하십시오.
③ 다양한 독서 활동을 통해서 지원 학과와 관련된 배경지식을 습득하고 지원할 학과에 대한 정보를 탐색하여 기초 학문으로서 필요한 분야에 대해서 기초 학습을 하십시오.
④ 지원할 대학의 기출 문제를 풀어보면서 출제 경향과 난이도를 파악하고 면접의 방식을 확인하여 그에 맞는 방법으로 연습하십시오.

⑤ 실제 면접장 분위기에서 묻고 답하는 훈련을 반복적으로 하십시오. 특히 동영상으로 촬영해서 평가해 보고 고칠 점들을 중점적으로 분석하십시오. 주변의 사람들에게 평가를 부탁하고 조언에 귀를 기울이십시오.

▶ 2. 인성 및 적성, 사회성 관련 예상 질문

1) 지원 동기 및 진로 관련 질문

- 학과 지원 동기를 말해보세요.
- 영어나 제2외국어로 자기 자신을 소개하세요.
- 고등학교 재학 기간 중 학업 이외의 의미 있는 활동 영역에서 가장 소중했던 경험은 무엇입니까?
- 고교시절 자신이 겪었던 가장 큰 위기 혹은 좌절 상황을 설명하고 그것을 어떻게 극복했는지 설명해 보세요.
- 전공과 관련하여 공부하고 싶은 분야를 말해 보세요.
- 대학 진학 후 학업계획에 대하여 말해 보세요.
- 졸업 후 사회 진출 계획과 자신이 앞으로 하고 싶은 일을 이유를 들어 설명해 보세요.
- 대학교에 들어와서 공부 외에 꼭 하고 싶은 것을 말해보세요.

2) 가치관 및 삶의 자세

- 인생에서 가장 중요한 가치관이 무엇입니까?

^ 자신의 장점을 발휘할 수 있었던 사례와 단점을 극복하기 위해 기울인 노력을 말해 보세요.

^ 자신의 삶에 가장 중요한 사건이나 경험을 말해보시오.

^ 가장 존경하는 인물은 누구입니까?

^ 자신의 삶에 가장 큰 영향을 미친 인물은 누구이며 그 이유는?

^ 남들보다 뛰어나다고 생각하는 자신의 장점과 보완 발전시켜야 할 단점은?

^ 개인의 이익과 공동체의 이익 중 어느 쪽이 우선되어야 한다고 생각합니까?

^ 읽었던 책 중에서 가장 감명적이었던 책은?

3) 인문계열 사회 이슈에 대한 예상 질문

시사에 관련된 질문은 해당 년도에 가장 이슈가 되었던 사건을 중심으로 정리하셔야 합니다. 평소에 많이 고민해 보고 자신만의 답변을 준비해 두세요.

^ 우리 사회의 가장 큰 문제는 무엇이라고 생각하는가?

^ 최근 '루저'라는 말이 유행하게 된 배경과 자신은 루저라는 단어를 어떻게 생각하는지 밝히고, 또한 기성세대들이 이러한 유행어에 대해 우려하는 이유가 무엇인지 말해 보세요.

^ 인터넷 상에서 만연해 있는 개인의 신상 털기를 인권 문제와 관련해 말해 보세요.

^ 현행 고등학교 교육 정책의 가장 큰 문제점이 무엇인지 말해보시오.

^ 현재 학교에서 발생하는 폭력과 '왕따 문제'를 분석하고 그 해결책을

말해 보세요.

^ 대기업과 중소기업 중 국가에서 더 중점을 두고 투자해야 할 곳은 어디라고 생각하는가?

^ 동반성장위원회의 기능과 활동에 대해 설명하세요.

^ 최근 기업형 마트의 무분별한 확장을 평가하고 골목상권의 보호 측면에서 어떤 정책이 좋다고 생각합니까?

^ 환율의 변동이 우리 경제에는 어떤 영향을 주는지 설명해 보세요?

^ 양극화의 원인과 대책은?

^ 정부가 담배 판매의 유해성을 인정하면서도 담배를 판매하는 것이 정당하다고 생각하는가?

^ 우리나라 사람들이 학연, 지연을 타도하자고 외치면서도 실제 선거에서 학연, 지연에 얽매이는 이유는 무엇이라고 생각합니까?

^ 최근 SNS에 대한 규제가 논의되고 있는데 표현의 자유와 관련하여 평가해 보세요.

^ 개인의 표현의 자유는 어디까지 허용되어야 한다고 생각하는지 소셜 네트워크와 연관해서 말해 보시오.

^ 독도는 우리 땅이라고 주장할 수 있는 구체적 사례를 말해 보시오.

^ 사교육에 찬성하는지, 반대하는지 이유를 말해 보세요.

^ 고령화 사회를 대비하는 방법은?

^ 저출산이 경제에 미치는 영향은? 그리고 그 대책은?

^ 양극화의 원인과 대책은?

^ 보편적 복지와 선별적 복지를 설명하고 어떤 방식이 좋은지 자신의 의견은 무엇입니까?

^ 중산층의 붕괴 현상을 경제 현상과 관련하여 설명해 보세요.

^ 자살률이 증가하는 이유와 대책에 대해 설명해 보세요.

^ 연예인이나 교수들의 정치 참여에 대한 자신의 의견은?

^ 우리 사회에 만연해 있는 지연, 학연 등의 연고주의를 극복할 수 있는 방법은 무엇입니까?

^ 다문화 사회의 이점을 설명하고 다문화 가정을 지원해야 하는 이유와 방법에 대해 설명해 보세요.

^ 최근 MBC 노조의 파업으로 방송에 차질이 발생하고 있는데, 공공적 기능을 하는 방송사의 파업에 대해 어떻게 생각합니까?

▶ 3. 심층 면접 및 지역 균형 기출 질문 예시

1) 경영학과(서울대 일반 전형)

(1) 영어 제시문 : 본인과 대리인의 문제 요약

본인과 대리인 문제가 무엇인지, 왜 일어나는지, 그에 대한 설명입니다. 본인은 대리인을 감독할 수 있는 능력이 없고 대리인에 비해 일에 대한 정보가 없습니다. 즉 정보가 비대칭적이기 때문에 문제가 발생합니다. 현실에서 개인들은 자신의 이익에 따라 행동하기 때문에 대리인은 가능하다면 업무를 게을리 하려고 하고, 기회를 봐서 본인의 자산으로 자신의 이익을 채우려고 합니다. 따라서 본인은 대리인을 직접 관리 감독하는 데에 비용을 더 들이거나 대리인에게 보너스를 지급함으로써 업무에 성실히 임하도록 인센티브를 줄 수 있습니다. 보너스는 대리인에게 일할 동기부여를 주고, 본인과 대리인 서로를 감독하게 하여 생산성을 높이는 데에 기여합니다. 따라서 보너스 제도는 일정액의 비용이 지출되지만 결과적으로 비용을 절감하게 합니다.

(2) 그래프 제시

^ 70년 후반부터 80년대 전반기의 석유 가격 그래프
^ 석유 회사의 수익률 그래프
^ 석유 회사 CEO의 연봉 그래프

문제 1 밑줄을 친 내용을 해석하고 대리인 문제와 관련해서 설명하시오.

문제 2 그래프는 OPEC의 산유량 조절로 인한 가격 변화와 그에 따른 석유 회사의 수익률 변화이다. 두 그래프는 양의 상관관계를 보이는데 그 이유를 석유의 탄력성 개념을 가지고 설명하시오

문제 3 그래프는 OPEC의 산유량 조절로 인한 가격 변화와 그에 따른 CEO의 연봉의 변화입니다. 두 그래프가 양의 상관관계인 것이 어떤 이는 CEO의 급여가 대리인 문제를 해결할 수 있다는 위 제시문의 내용과 반대의 사례라고 하는데 그 이유는 무엇인지 설명하시오.

문제 4 90년대 IT기업의 CEO의 계약에는 '스탁옵션'이 많이 들어 있었다. 당시에는 IT주가에 거품이 많이 낀 상황이었는데, 3번 문제와 관련해서 스탁옵션이 대리인 문제를 해결할 수 없다는 주장의 이유를 설명하시오.

(3) 경영학과 수학 문제 예시

1-1 실수 a_1에서 a_n 중에는 적어도 하나는 0이 아니다. 확률변수 X_1에서 X_n은 독립적으로 0 또는 1의 값을 갖는다. 각 값을 가질 확률은 1/2로 같다. $a_1 \times X_1 + a_2 \times X_2 + \cdots\cdots + a_n \times X_n = 0$ 이 되기 위한 확률이 1/2를 넘지 않음을 보이시오.

2) 농경제학과

'미국의 담배 생산 정책'과 관련된 내용입니다. 담배는 인체에 유해한 재화이므로 정부가 생산을 허가하면   서도 동시에 억제한다는 이중적 태도를 취합니다. 정부가 모순된 정책을 펼칠 수 있다는 내용의 영어지문이 소개되었습니다.

문제1 정부는 모순된 정책을 시행할 때가 있다. 그 이유를 사례를 들어 정부의 입장에서 변호하시오.

문제2 '한국의 쌀 정책'과, '미국의 담배 정책' 간의 공통점과 차이점을 설명하시오.

3) 사회과학대학 광역(서울대 일반 전형)

문제1 정치적 엘리트들이 수립하는 정책이 과연 민주적인가? '문화의 집에 관한 민주주의 모델' 제시

문제2 우리나라 출산율 그래프에서 수치상의 일관성이 결여되는 이유는? 성비 불균형(표) 제시

문제 3 '감정노동'의 정의와 설명하고 예를 들어 보세요. 미래에는 감정노동이 감소할지, 증가할지를 예측하시오. 또한 여자가 생물학적으로 남성보다 감성적이어서 감정노동에 적합한지를 검토하고 사회적 지위에 따른 감정노동의 필요성을 논하시오.

4) 정치외교학과(고려대)

문제 1 지원자가 만일 대통령이라면, 어떤 것을 가장 중요시하게 생각할 것인지 자신의 의견을 말해 보시오.

문제 2 미래사회에서 리더로서 필요한 자질을 무엇이라고 생각합니까? 정치 외교학과와 관련해서 설명해 주세요.

문제 3 만일 오늘 한국의 무역이 전면 중단된다면 무슨 현상이 벌어질지 예측해 보시오.

▶ 4. 서울대 지역 균형 면접 기출 질문 예시

1) 인문 1

^ 요즘 사회적으로 문제가 되고 있는 이슈는 무엇이라 생각하나요?

^ 학생의 장, 단점에 대해서 말해 보세요.

^ 학생이 앞으로 살아가는 데 있어서 '롤 모델'이 있다면?

^ 대학에 진학 후 전공 외에 하고 싶은 일은?

2) 인문 2

- ^ 역사와 관련된 책 중에서 기억에 남는 것은?
- ^ 일본 방사능 유출에 대해서 어떻게 생각하나요?
- ^ 대학 진학 후 전공 외에 하고 싶은 공부는 무엇인가요?
- ^ 고등학교 생활을 하면서 학생의 진로에서 영향을 준 책이 있나요?
- ^ 졸업 후에 어떤 일을 하고 싶은가요?

3) 사회과학대학

- ^ 최근에 가장 흥미롭게 본 영화는? 그리고 그 이유는?
- ^ 행복이란 무엇이라고 생각하는가?
- ^ 경제적 행복, 종교적 행복 등 여러 가지 종류가 있는데, 이것들의 공통점과 차이점에 대해 말해 보세요.
- ^ '나꼼수'라는 인터넷방송이 화제가 되고 있는데, 사람들에게 인기가 있는 이유는 무엇이라고 생각하나요?
- ^ 한미 FTA에 대해 설명해 보세요.
- ^ 가장 좋아하는 과목은?
- ^ 윤봉길 의사는 일본인한테는 테러리스트지만 우리한테는 애국 열사인데, 이 경우에 대해서는 어떻게 생각하나요?
- ^ 검정고시로 혼자 공부하면서 자기 스스로 힘들었던 점을 말해 보세요.
- ^ 현재 교육 시스템의 문제점이 뭐라고 생각하나요?
- ^ 주로 어떤 분야의 책을 많이 읽었나요?
- ^ 자기소개서나 생활기록부에 기록된 것 말고 다른 책을 소개해 보

세요.

∧ 사회부 기자가 된다면 가장 먼저 어떤 기사를 취재하고 싶나요?

∧ 경제학을 공부하고 싶은 이유는?

∧ '맨큐 경제학'을 읽었다는데 그 책 내용 중 인상 깊었던 내용은?

∧ 정보혁명이 경제에는 어떤 영향을 준다고 생각해요?

∧ 자연과학 과목 중에 좋아하는 과목은?

∧ 수학이 경제학을 공부하는 데 어떤 도움이 될까요?

∧ 서울대에서 지원자를 경제학과에 뽑아야 하는 이유는?

∧ 신자유주의는 선진국의 경제 논리라고 생각하나요?

∧ 방송인이 되고 싶다는데 동기는?

∧ 프로듀서가 되려면 어떤 공부를 해야 하나요?

∧ 독서 내용이 전공과 관련이 적은데 그 이유는?

∧ 지원자가 다닌 학교의 수준은 어떤가요?

∧ 현 정부의 대북정책에 대해 평가해 보세요.

∧ 『군주론』, 『자유론』을 읽었는데 그 책들을 통해 배운 점은?

∧ 사교육을 받은 사실과 특목고에 떨어진 사실을 왜 자기소개서에 썼
   나요?

∧ 공직자가 빈부 문제를 해결할 수 있다고 생각하나요?

∧ 리더의 조건은 무엇이라고 생각하나요?

∧ 사회적 약자들을 도울 수 있는 구체적인 방법은?

∧ 행정고시를 준비하겠다는데 그 이유는 무엇인가요?

4) 사회복지학과

∧ 사회복지학과를 가겠다고 결심하게 된 건 언제부터였나요?

∧ 교외 봉사 활동 시간이 많은데 공부하는 데 지장은 없었나요?

^ 봉사 활동을 꾸준히 하면서 힘들었던 점은?

^ 무상급식에 대해서는 어떻게 생각하나요?

^ 상류층에 대한 복지에는 어떤 것이 있다고 생각하나요?

5) 외국어 교육계열

^ 외국어교육 계열에 지원하게 된 이유는?

^ 학생들에게 의미 있는 존재가 되려면 어떻게 해야 하나요?

^ 영어 전공을 선택한 이유는?

^ 바람직한 영어교육 방향은 무엇이라 생각하나요?

^ 자신만의 영어 학습 방법은 있나요?

^ 지원자가 교사가 되어 반항하는 학생이 있다면 어떻게 하겠습니까?

^ 최근에 사회이슈 중에서 관심을 두었던 이슈를 들고 그에 대한 학
생의 의견과 대안을 말해주세요.

▶ 5. 면접 과정의 실례
서울대 지역 균형 사회과학 계열 면접 후기 예시

아들은 서울대의 배려로 면접 전날 교수회관에서 자고 면접을 보러
갔습니다. 사회과학대학의 인원이 많다 보니 큰 대기실에서 번호표를
받고 기다리다가 순서가 되면 면접 보는 곳으로 2~3명씩 가서 대기하다
가 면접을 보았습니다. 면접 보기 직전에는 최대한 마음을 진정시키기
위해서 '앞으로 배우게 될 교수님과 즐거운 대화를 하러 왔다'고 마음

속으로 수도 없이 되뇌고, 면접을 보았다고 합니다.

교수 자기소개서 가정환경 부분에서, 너에게 소중한 것이 세 가지 있다고 했는데 세 번째 것이 빠져 있어. 그게 뭐지? (인쇄가 잘못 되었던 것 같습니다.)

나 세 번째는 아버지의 조언입니다. 경제학을 전공하고 싶다는 저에게 아버지께서 경제란 '경세제민', 즉 세상을 경영하고 백성을 구제하는 것이라고 일러 주셨습니다. 저는 그 말을 항상 가슴에 품고 경제학을 공부할 것입니다.

교수 대안 경제를 공부하고 싶다고 했는데, 그것과 '경세제민'과 어떤 관계가 있을까?

나 대안 경제는 공생과 협력을 바탕으로 지속 가능한 공동체를 만드는 것이라고 생각합니다.(좀 당황해서 관계를 물어 보셨는데, 그냥 대안 경제에 대해서만 대답했습니다.)

교수 아니, 질문의 요점을 잘 파악하지 못한 것 같은데, 내가 묻고 싶은 것은 대안경제와 경세제민이 어떤 관계가 있냐는 것이야.

나 아, 경세제민에서 제민이 백성을 구제하는 것인데, 대안 경제가 추구하는 목표가 사회의 모든 구성원들, 즉 사회적 약자 계층까지 다 같이 잘사는 것이기 때문에 어느 정도 관련이 있다고 생각합니다.(시원하게 대답하지 못했습니다)

교수 주변에서 너에게 도움을 준 인물이 있나?

나 잘 생각이 나지 않습니다.

교수 그럼, 존경하는 사람이 있나?

나 얼마 전에 TV에서 '윌킴'이라는 미국 고등학생에 대한 프로그램을 보았습니다. 그 학생은 '해피데이 마이크로펀드'라는 소액대출 펀드를 운영하여 주변에 있는 경제적으로 어려운 친구들에게 자활

의지를 북돋아 주고 사업자금을 빌려주어 자립할 수 있는 기반을 마련하는 일을 실천하고 있었습니다. 뿐만 아니라 사업에 필요한 정보와 지식을 같이 고민하여 사업 계획을 수립하였습니다. 또한 기금을 마련하는 방법에 있어서도 자신이 직접 모금행사를 주최하여 많은 학생과 이웃들이 기부할 수 있는 기회도 제공해 주었습니다. 사실 작은 일도 실천하려면 엄청난 의지와 노력이 필요한 것이기 때문에 실천력 있는 그 학생을 존경하게 되었습니다. 나중에 대학에 와서 실천력 있는 학생이 되기 위해서 노력할 것입니다.

교수 대안 경제가 우리 사회에 적용된 사례 중에 알고 있는 것이 있나?

나 국내에서는 사회적 기업이 점차 늘어나고 있고, 세계적으로는 '공정무역'과 '착한소비' 운동이 활발하게 전개되는 것으로 알고 있습니다.

교수 자기소개서에 보면 『오래된 미래』라는 책을 보면서 존중과 신뢰라는 전통적 가치의 소중함을 느꼈다고 했는데, 전통사회로 돌아가야 된다고 생각하는 것인가?

나 아닙니다. 저는 현대사회에서 존중과 신뢰와 같은 전통적 가치들이 재발견되어 이러한 정신적 가치들이 제도적으로 보장되는 사회를 만들고 싶습니다.

교수 존중과 신뢰는 국가의 소득과 상관관계가 있을까? 그러니까 잘사는 나라는 존중과 신뢰가 더 많다거나…….

나 없다고 생각합니다.

교수 왜지? (경제적으로 잘사는 나라, 못사는 나라의 예를 들어 보라는 의미였습니다.)

나 오래된 미래라는 책에서 본 '라다크' 사회만 해도 전통적 가치들이 잘 보전되어 있었고, 방글라데시 같은 최빈국이 행복지수가 높은 것도 그 사회가 정신적으로 풍요롭다는 것을 의미하기 때문에 그런 가치들이 있을 것이라 생각합니다. 북유럽 국가들은 존중과 신뢰라는 '사회적 자본'을 바탕으로 그 사회 내에서 공정한 경쟁이 이루어진다고 구성원들이 생각하기 때문에 복지제도도 시행하고, 경제성장도 이룰 수 있다고 봅니다. (약간 정신없게 말했습니다.)

　중간에 뜸을 들인 부분이 많아서 면접 시간도 다른 친구들에 비해서 조금 늘어난 편이었습니다. 그 부분이 불안했었는데, 다행이도 합격했습니다. 많은 준비를 했는데 질문 자체가 좀 가벼운 편이었고, 자기소개서의 내용에 대해서만 물어보셔서 저는 면접 전에 서류 평가에서 좋은 등급을 받았다는 느낌이 들었습니다. 면접 준비를 제대로 못한 것이 좀 아쉬운데 수험생 여러분들은 수능 끝났다고 펑펑 놀지 말고, 면접 끝나고 펑펑 놀기를 바랍니다.

9. 논술 준비! 이젠 진짜 마지막이다

대학별 고시는 각 대학에 따라 논술의 유형이 조금씩 다릅니다. 따라서 지원자가 가고자 하는 대학의 논술 유형을 파악하고 그에 맞게 대비하는 것이 바람직합니다. 먼저 논술의 기초가 부족한 학생은 짧은 글을 많이 써 봐야 합니다.

어떻게 써야 좋은 논술이 될까. 논술은 논점에 대한 자신의 견해를 다른 사람에게 설득하는 형식의 글입니다. 따라서 가장 설득력이 강한 글이 가장 좋은 논술입니다. 자신의 생각을 논리적으로 전달하기 위해서는 자신의 생각을 상대방에게 정확하게 전달할 수 있어야 합니다. 꼼꼼하게 조목조목 따져서 순서를 정해서 써야 합니다.

좋은 논술을 쓰려면 많이 생각하고 간결하게 써야 합니다. 구성은 긴밀하게, 문장 표현은 간결하게, 사례는 구체적으로, 논거는 타당하게, 단어 선택은 쉬운 말로 하되 핵심어를 놓치지 말고 사용하십시오. 첫 시작은 인상적으로, 문단은 논지에서 벗어나지 않게, 글의 전개는 자연스럽게, 내용은 진솔하게 쓰면 좋은 글이 됩니다. 너무 기교를 부리거나 수사 표현을 많이 하게 되면 문장이 어지럽게 되어 설득력이 떨어집니다. 참 쉬우면서도 어렵지요? 그래서 많은 연습이 필요한 것입니다.

기본적으로 단문을 요약하는 연습을 충분히 한 다음 여러 제시문이 함께 제시되는 논제를 통해서 공통점과 차이점을 파악하는 능력을 키워야 합니다. 각 제시문간에 잘 드러나는 하나의 공통적 관점을 가지고 잘 드러나지 않는 미세한 차이점들을 찾아내는 것이 가장 중요합니다.

문제 해결을 요구하는 논제는 여러분이 습득한 모든 배경 지식을 총동원하여 하나의 대안을 만들어 내는 것이 관건입니다. 창의적 해결이라고 해서 자신만의 엉뚱한 대안을 제시하는 것이 아니라 제시문의 내용에서 힌트를 얻어 실현 가능한 대안을 재구성하는 것이 바람직합니다.

평가를 묻는 문제는 여러분이 논제에 대해 비판적이거나 옹호적인 입장을 취하여 논의를 좀 더 발전시켜 자신의 의견을 담아내야 합니다.

분석을 요하는 문제는 논의 내용을 좀 더 세밀히 살펴서 논제와 관련하여 제시문에서 숨은 의미를 찾아내야 합니다.

이 장에서는 논술의 기초 지식과 유형별 대비법을 설명하겠습니다. 그리고 각 대학의 논술 고사의 특징을 설명하고 예시문제를 통해서 각 여러분의 이해를 돕겠습니다.

▶ 1. 논술이란 무엇인가? 논술의 기초

1) 논술의 정의

① 주어진 논제에 대해 자신의 의견을 논리적으로 서술하는 활동입니다.
② 자신의 견해나 주장을 분명히 밝히는 글입니다.(논지)
③ 주장을 논증하는 글쓰기 입니다.(논거)
④ 주장을 체계적으로 펼치는 과정입니다.(논리의 일관성)

2) 논술 용어의 개념

^ 논제 : 요구하는 과제
^ 근거 : 타당한 이유
^ 논증 : 논리적 연관성
^ 논거 : 주장을 성립하게 하는 증거
^ 논지(논점) : 글 전체의 핵심 되는 중심 생각

3) 논술 평가 요소

첫째, 이해력(20%)입니다. 논제와 제시문을 정확히 분석하는 능력입니다. '지시문을 제대로 읽었으면 좋겠다'고 하소연하시는 교수들이 많습니다. 논제에서 주는 요구사항의 내용이나 제시문의 논지조차도 제대로 파악하지 못하고 글을 쓰는 학생들이 많다는 뜻입니다.

둘째, 창의력(40%)입니다. 내용이 깊이와 독창력이 있어야 합니다. 생각이 남다르면 독서와 사색의 흔적이 보이게 되고, 채점자가 저절로 감탄하게 됩니다. 논제에 대해서 참신한 시각에 채점자는 매료됩니다.
사실 대부분의 글이 결론은 비슷하게 되기 쉬우므로 구체적 사례 제시에서 남과 다른 독창성을 발휘하는 것도 중요합니다. 예를 들어 '자살 문제'에 관한 논제가 나왔을 때, 바로 그냥 '베르테르 효과'니 '뒤르켐의 사회적 자살'이니 하는 현학적인 이론을 들먹일 필요가 없습니다. 핵심은 논제에서 제시한 문제를 제시문을 통해서 발견하는 것입니다. 학원에서 배운 티내지 말고 자신만의 목소리로 순진하게 쓰면 그걸로 끝, 거기에다 자신이 생각한 참신한 사례를 곁들이면 굿입니다.
자신의 지식을 바탕으로 한 것, 자신이 실제로 읽어서 느낀 것을 말해야 합니다. 주워들은 이야기는 논의의 폭도 좁고 깊이가 없습니다. 인용할 때에도 남의 생각을 나열한 글이라면 개성이 보이지 않습니다. 학원에서 다이제스트 식으로 요약하거나, 잘 모르는 것을 잘 아는 것처럼 써서는 곤란합니다. 사고력을 통해 자기만의 독특한 생각을 전개하는 것이 좋은 글입니다.

셋째, 논리력(30%)입니다. 주장의 근거가 명확해야 합니다. 글의 내용이 독창적이고 참신하더라도 논리적 체계가 없이 횡설수설한다면 글로서 가치가 없습니다. 글의 전체적인 모양새가 짜임새 있게 구성되어야 합니다. 서론·본론·결론의 균형이 맞지 않아, 머리가 너무 크거나 몸통이 너무 작은 글은 좋은 인상을 주지 못합니다. 반대로 제시문의 주제에 벗어나지 않도록, 관련된 내용으로만 문단을 구성해야 글의 통일성이 유지됩니다.

또 하나 유의할 점은 지나치게 일상적이고 사적인 내용을 길게 쓰는 것도 좋지 않습니다. 논술이 아니라 감상문이 되기 때문입니다. 논술은 논리를 묻는 것입니다. 주장을 하면 타당한 근거를 제시하십시오. 당위적으로 무엇을 해야 한다가 아니라 왜 해야 하는지를 밝혀야 합니다.

넷째 표현력(10%)입니다. 적절한 비유와 사례, 맞춤법원고지 사용법 등 기술적인 것입니다. 사실 글의 전체적인 구성보다 문장의 호응이 맞지 않는 비문이나 맞춤법이 틀린 부분이 눈에 잘 띄입니다. 이런 경우엔 명백한 감점 요인이 됩니다. 문장 구성에서 주술관계가 명확한 문장, 자연스러운 문장을 통해 필요한 이야깃거리를 적절히 배치한 글이 좋은 글 입니다. 문법적으로 어긋난 비문이나 맞춤법이 틀린 글이 발견되면 감점 요인이 될 뿐 아니라 글의 전체적인 인상에도 영향을 줍니다.

4) 논술 대비 방법

① 평소 사회적 관심을 갖고 시사 이슈를 살피고 자신의 생각을 정리하는 습관을 길러야 합니다.
② 거꾸로 발상하는 습관을 가지고, 다른 사람의 의견에 무조건 동의하기보다는 논리적 오류와 내용의 허점을 찾으려는 노력을 합니다. 그래야만 반박이나 비판의 능력이 향상됩니다.

③ '마인드 맵'으로 일상을 기록하는 습관을 기릅니다.

④ 비망록(잊지 않을 기록)을 씁니다. 그때그때 자신의 주변에 일어난 개인적인 일, 사회적으로 회자되는 사건들에 대해서 자신의 느낌이나 깨달음을 중심으로 기록을 남기세요. 이 작업은 나중에 자기소개서의 이야깃거리로 활용합니다. 막상 자기소개서를 쓸 때가 되면 많은 수험생들이 자신의 경험을 떠올리기가 쉽지 않아 애를 먹습니다. 미리 대비해 두는 것이 바람직합니다.

⑤ 언어와 사회탐구 과목에 대한 기본적 이해를 바탕으로 배경지식을 넓혀나갑니다.

⑥ 재구성 능력을 기릅니다. 창의성이란 없는 것에서 새로운 것을 창출하는 능력이라기보다는 제시문과 그 조건들을 고려하여 적절하게 발상을 확장하여 재구성하는 능력입니다. 실현 불가능하거나 진부한 대안이 아니라 제시문에서 얻은 힌트를 활용하여 구체적이고 적절한 대안을 찾아야 합니다.

⑦ 구슬이 서 말이라도 꿰어야 보배가 됩니다. 자신의 생각을 흐름에 맞게 표현하는 연습을 꾸준히 합니다.

▶ 2. 논술, 어떻게 써야 할까? 논술의 과정

1) 논제 분석

① 논제를 정확히 파악합니다.
② 묻는 말에만 답해야 합니다.
③ 요구사항과 유의사항을 꼼꼼히 확인해야 합니다.

④ 논제의 조건이나 참고 사항, 주어진 관점을 반영해야 합니다.

2) 제시문의 분석

① 제시문을 세밀하게 체크하며 읽습니다.
② 문단별로, 요약하고 전체 주제문을 정합니다.
③ 정독하여 읽고 요구사항과 관련이 있는 부분에 밑줄 긋습니다.

3) 요점정리

① 단락의 소주제를 간단히 메모합니다.
② 요약사항을 문장으로 정리합니다.
③ 핵심어를 중심으로 내용을 정리합니다.

4) 생각 정리

① 단순한 사실의 나열이 아니라 논리적이며 독창적으로 생각합니다.
② 서두르거나 긴장하지 말고 충분한 시간을 할애합니다. 단 120분의
   시간은 생각보다 짧은 시간입니다. 시간 안배에 유의하세요.

5) 논지와 주제 정리

파악한 주제문에 맞게 논제에 대한 답을 구체적으로 열거하고 점검합니다.

(1) 서론

^ 주제 제시와 글의 방향, 문제 제기, 문제의 배경이나 전개 과정을 인상적으로 서술하세요. 첫 인상이 중요합니다.
^ 문제 상황의 전개 과정, 문제 제기의 의의, 참신한 인용, 구체적 사례 제시, 의문문 형식으로 변화주기 등을 활용하여 자기만의 독창성을 살려보세요.

(2) 본론

^ 논제에서 묻는 요구사항에 빠짐없이 모두 답합니다.
^ 조건이나 참조가 있을 때는 그것에 맞는 입장을 취해서 씁니다.
^ 비교, 대조, 분석, 분류, 정의, 과정, 구체적 사례 등, 글의 성격에 따라 적절한 전개 방식으로 설명합니다.

☑ **글의 전개 방식**

^ 정의 : 어떤 대상의 범위를 규정짓거나 개념을 명제의 형식으로 진술하는 설명 방법으로, 대상이 지닌 본질적 속성을 해명합니다.
^ 예시 : 구체적인 실례를 들어 일반적, 추상적 진술의 타당성을 뒷

받침할 수 있도록 설명하는 방법입니다.

^ 비교 : 둘 이상의 사물을 견주어 그 공통되는 성질이나 유사점을 중심으로 설명하는 방법입니다.

^ 대조 : 사물의 특성을 그 상대되는 성질이나 차이점을 들어 설명하는 방법입니다.

^ 분석 : 구성 요소들이 유기적으로 결합하여 전체를 이루고 있는 어떤 대상을 그 구성 요소나 부분들로 나누어 설명하는 방법입니다.

^ 분류 : 어떤 대상들이나 생각들을 공통적인 특성에 근거하여 구분 짓는 지적 작용으로 하위 항목을 상위 항목으로 묶어 가는 것을 분류, 상위 항목을 하위 항목으로 나누는 것을 구분이라 한다. 광의로는 분류는 구분을 포함하는 개념입니다.

^ 유추 : 어떤 대상의 특징을 그와 유사한 다른 대상에도 적용시키는 유비 추리의 방법을 활용한 글의 전개 방법이다. 어떤 대상의 특징을 제시한 후 그것과 일부의 속성이 일치하는 다른 대상도 그러한 특징을 가질 것이라고 정리해 나가는 방법입니다.

^ 논증 : 연역과 귀납이 있습니다. 논증은 정확하게 정의되지 않거나 아직 명백하지 않은 사실 등에 대하여 그 진실 여부를 논리적으로 증명하는 것이다. 또한 이를 통해 글쓴이의 주장이 옳다고 믿게 하고 그 주장하는 바에 따라 행동하게 하는 기술 방법이다. 따라서 논술에서 가장 핵심적인 것은 바로 논증이라고 할 수 있다. 연역은 이미 밝혀진 진리나 전제를 들어 새로운 결론을 도출하는 합리적 방법이며, 귀납은 구체적 사례를 들어 증명하는 경험적 방법입니다.

(3) 결론

^ 본론의 내용을 요약 강조한다.
^ 의의나 필요성을 압축해서 밝히거나 향후 전망을 써도 좋습니다.
^ 해결 방안을 결론으로 삼아도 좋습니다.
^ 무엇을 말하려는지 분명한 매듭을 짓습니다.

(4) 구성할 때 주의할 점

각 대학의 논술에서 자신의 의견이나 문제점의 대안을 제시하라는 장문(대략 800자 이상)의 논술은 서론, 본론, 결론을 갖추어 체계적으로 구성해야 하지만 지시문의 요약이나 비교와 같은 단문(대략800자 이하)의 논술은 서론 없이 바로 본론으로 구성해야 글의 내용이 풍부해집니다.

서론, 본론, 결론의 문단의 수와 전체 글자 수를 미리 체크하여 글 전체가 과분수가 되지 않도록 해야 합니다. 본론 부분에서 쓸거리가 많은 부분만을 집중적으로 써서는 곤란합니다. 논제가 원하는 여러 개의 요구사항에 대한 답을 글 속에 고르게 담아야 합니다.

6) 논거 수집

① 주장과 자기의 견해의 타당성을 논거로 입증해야 합니다.
② 자신이 읽었던 교과서, 관련된 책, 전문가 견해를 떠올리고 신문이나 방송에서 접한 구체적 사례, 통계 자료 등을 적절히 활용하여 논거를 수집합니다. 또한 실제 경험 등에서 얻은 정보를 총동원하여 '마인드 맵'으로 그려봅니다. '마인드 맵'으로 그린 다음에

우선순위에 따라 정리하세요. 의식, 제도 등의 사회 구조적인 측면을 먼저 생각하고 다음으로 개인적 측면을 떠올려 보세요.

7) 개요 짜기

① 개요는 글의 설계도이다.

좋은 글은 생각하면서 써내려 가는 것이 아니라 생각을 정리한 후에 설계도를 가지고 써야합니다. 그래야만 논리적 구성력이 발휘되고 자신의 생각을 체계적으로 전달함으로써 설득력을 높일 수 있습니다. 또한 글의 내용에서 불필요한 반복을 없애기 때문에 글이 명료해 집니다.

② 논제 파악과 제시문 독해를 끝낸 후에 주제문을 정하면 글의 방향을 잡고 개요를 짜기 시작합니다. 논제와 어울리는 전체 글의 흐름과 내용을 정하고 각 문단에 맞는 글자 수의 안배까지 세심하게 확인합니다.

③ 개요를 짤 때 주의해야 할 점은 개요와 글의 연관성을 잘 살려야 한다는 것입니다. 또한 논제의 조건이나 자신의 제시문의 내용을 너무 오래 생각하면 글쓰기 시간이 부족할 수가 있으니 전체 시간을 잘 안배해야 합니다. 이것은 평소 시간을 정하여 글쓰기를 연습함으로써 극복할 수 있습니다.

④ 개요 짜기에는 '문장 개요'와 '화제 개요'가 있습니다. 문장 개요는 요지를 구체적으로 서술하기 때문에 바로 글쓰기에 활용할 수

있다는 장점이 있지만 실제 논술시험에서 시간 부족으로 어려움을 겪을 수 있습니다. 따라서 문장 개요는 꾸준히 논술 연습을 한 학생에게 유리합니다.

반면에 화제 개요는 제시문의 핵심어와, 핵심 문장을 활용하여 간단하게 정리할 수 있으므로 시간부족의 염려는 덜 수 있지만 글의 세밀한 부분은 글을 써 나가면서 풍부하게 발전시켜야 하기 때문에 평소에 실전 연습을 통해서 대비해야만 좋은 성과를 낼 수 있습니다.

두 가지 방법을 다 활용하여 개요 짜기 연습을 하되 실전에서는 자신에게 맞는 방법을 선택하면 좋겠습니다.

8) 유의 사항 점검

글의 분량, 시험 시간, 사용 가능한 필기구 등을 확인합니다.
답안지에 낙서는 절대 금지!

9) 작성하기 방법 정리

① 간결하고 쉽게 씁니다.
② 어려운 개념어는 자신이 이해한 대로 쉽게 풀어 씁니다.
③ 개요 짜기 순서에 따라 논술문 작성합니다.
④ 깨끗한 글씨로 쓰며 기본적 맞춤법에 유의합니다.

10) 퇴고하기

① 글을 최종 점검하는 필수적인 작업입니다.
② 유의 사항을 꼭 다시 한 번 확인합니다.
③ 교정부호를 사용하여 끝마무리를 합니다.
④ 주로 검정 볼펜을 주로 쓰며, 수정액의 사용을 제한하는 경우가 많습니다.

▶ 3. 논제 분석의 방법 및 사례 해설
2012 서울대 정시 논술 문제

자! 그럼 서울대 문제 한 번 풀어볼까요? 뭐 대단한 제시문도 아닌데 꼼꼼히 읽고 멋지게 써 봅시다.

☑ 제시문 : 제시문은 존 스타인벡의 소설 『분노의 포도』

6월 중순쯤에 접어들면 텍사스와 멕시코만 쪽으로부터 커다란 구름이 올라왔다. 높고 두꺼운 비구름이었다. 그러면 논밭에서 일하던 사람들은 하늘을 올려다보고 구름 냄새를 맡아보면서 침칠을 한 손가락을 치켜들고 풍향을 재어보곤 했다. 구름이 밀려오면 말들도 들떴다. 그러나 빗기를 머금은 구름은 한두 방울 비를 떨어뜨리다가는 곧 다른 쪽으로 옮아갔다. 구름이 지나간 자리에는 다시 파란 하늘이 얼굴을 내밀고 햇살을 뿌렸다. 빗방울이 두들겼던 토사 위에는 작은 구멍이 뚫려 곰보가 나고 옥수수 잎새마다 맑은 빗방울이 맺히는 것이 고작이었다. (중략)

밤이 이슥해지면서 바람은 벌판을 쓸었고 사방에 정적이 깔렸다. 먼지 섞인 공기는 안개나 구름보다도 들판의 소음을 더욱 완전히 감싸버렸다. 집 안에 갇힌 채 누워 있는 사람들은 바람소리가 잦아드는 것을 기다리고 있었다. 먼지 폭풍이 멎자 그들은 자리에서 일어났다. 그들은 조용히 밤의 적막에 귀를 기울였다.

이윽고 닭이 울었다. 여기저기서 울어대는 닭의 목청이 가라앉으면서, 사람들은 집 안에서 부산하게 움직이기 시작했고 아침 맞을 채비를 서둘렀다. 공중에 뜬 먼지가 다 가라앉으려면 상당한 시간이 걸려야 한다는 것을 그들은 잘 알고 있었다. 먼동이 트자 공중의 먼지는 안개처럼 자욱하게 깔렸고, 그 속으로 비쳐드는 아침 햇살은 마치 선혈처럼 붉은 색으로 물들어 있었다. 먼지는 하루 종일, 그리고 그 다음날에까지 걸쳐 조금씩 가라앉았다. 그것은 마치 부드러운 담요인 양 땅 위에 고루 깔렸다. 옥수수 위에도 울타리 위에도, 그리고 전깃줄 위에도 소복하게 쌓였다. 지붕마다 먼지가 입혀졌고 잡초와 나무들도 뿌연 담요에 감싸여 있었다. (중략)

지주 대리인들은 차 안에 탄 채 소작인들에게 설명을 해댔다.

"땅이 몹시 메말라 있다는 건 잘들 아실 거요. 목화가 땅의 피를 쪽쪽 빨아먹으니까 이렇게 황폐해 가는 거요. 참 용케도 오래 버티셨소, 안 그렇소."

쭈그리고 앉은 소작인들은 고개를 끄덕였다. 그렇다고 어찌하면 좋을지를 아는 것은 아니어서 어리둥절한 채 그저 먼지 바닥에다 낙서만 하고 있었다. 물론 그들도 너무나 잘 아는 이야기였다. 그러나 어찌하랴. 만약 먼지만 날아가지 않는다면, 먼지가 그냥 땅바닥에 붙어 있어만 준다면 농사가 그렇게 안 되지는 않을 텐데. 대리인들은 설명을 계속하면서 자기들이 말하고자 하는 요점으로 이끌어 갔다.

"당신들도 알다시피 땅이 점점 피폐해 가지 않소? 목화가 땅으로부터 자양분과 피를 다 빨아먹으니 그럴 수밖에."

쭈그리고 있는 사람들이 머리를 조아렸다. 그들도 다 알고 있는 일이었다. 누구나 다 알고 있는 일이었다. 작물을 윤작만 할 수 있어도 토양에 자양분과 기름기가 어느 정도는 유지될 수 있을 텐데.

어차피 때는 이미 늦어버렸다. 대리인들은 자기들보다 더 힘이 센 그 괴물이 어떻게 생각하고 있으며 형편이 어떻게 돌아가고 있는가를 열심히 설명했다. 누구든지 농사를 지어 먹고살고 또 세금만 제대로 낼 수 있으면 계속 땅을 갈아먹으라는 것이었다. 누구든지 그렇게 할 수만 있으면 하라는 것이었다. 그렇게 할 수는 있을 것이다. 그러나 그러다가는 얼마 안 가서 농사를 망치고 은행으로부터 돈을 빌려야 할 것이다. (중략)

그들은 물기 하나 없는 여물통 가까이에서 발을 멈추었다. 여물통 밑에서 마땅히 자라고 있어야 할 잡초도 없었고, 오래 전부터 써 온 여물통의 두꺼운 나무는 바싹 말라 금이 가 있었다. 우물 뚜껑 위에는 펌프를 붙들어 맸던 빗장이 있었는데, 그 철사에 녹이 슬어 나사가 다 빠져나가고 없었다.

조드는 우물 속을 들여다보았다. 안에다 침을 한 번 탁 뱉고 나서 귀를 기울여 보고 흙덩어리를 떨어뜨리고 귀를 대보았다.

"전에는 물이 참 좋았는데." 그가 말했다.

"물소리가 안 들리는데요." 그는 집 안에 들어갈 마음이 안 내키는 것 같았다. 흙덩어리만 몇 개를 계속 넣어 보았다.

"아마 다 죽어버린 모양이군요." 그가 말했다. (중략)

"뭣 때문에 마을 사람들을 쫓아내는 건데?" 조드가 물었다.

"아, 놈들 얘기야 근사하지. 그동안 우리가 어떤 세월을 보냈는지 알아? 먼지바람이 불어와서 모든 걸 죄다 망쳐버리는 바람에 농사가 형편없었지. 개미 똥구멍을 막을 만큼도 안 됐으니까. 그래서 다들 식품점에 외상을 지고 있었어. 너도 알잖아. 그런데 지주들은 소작인을 둘 여유가 없대. 소작인들하고 나눠 먹으면 자기들한테 남는 게 없다는 거야. 땅을 하나로 합쳐야 간신히 수지가 맞는다고 하더라고. 그래서 놈들이 트랙터를 갖고 와서 소작인들을 전부 쫓아낸 거야. 나만 빼고 전부. 난 절대 안 떠날 거야. 토미, 내가 어떤 사람인지 알지? 태어날 때부터 날 봤으니까."

"맞아, 태어날 때부터 봤어."

"그럼 내가 바보가 아니라는 것도 알 거야. 이 땅이 별로 쓸모가 없다는 건 나도 알아. 처음부터 목장으로나 쓸 수 있는 땅이었지. 이 땅을 개간하지 말았어야 해. 그런데 여기다 목화를 심는 바람에 땅이 거의 죽어 버렸다고. 놈들이 나더러 떠나라는 소리만 안 했어도, 난 지금쯤 캘리포니아에서 마음껏 포도도 먹고 오렌지도 따고 있을 텐데. 그런데 그 개자식들이 나더러 떠나라고 했으니, 젠장, 그런 소리를 듣고 떠날 수는 없어!" (중략)

66번 도로는 이주자들의 길이다. 미시시피 강에서 베이커즈필드까지 지도 위에서 부드럽게 오르락내리락 곡선을 그리며 국토를 가로지르는 이 긴 콘크리트 도로는 붉은 땅과 잿빛 땅을 넘어 산을 휘감아 올라갔다가 로키 산맥을 지나 햇빛이 쨍쨍한 무서운 사막으로 내려선다. 그리고 사막을 가로질러 다시 산으로 올라갔다가 캘리포니아의 비옥한 계곡들 사이로 들어간다. (중략)

도망치는 사람들이 66번 도로로 쏟아져 나왔다. 자동차 한 대만 가지고 나온 사람들도 있었고, 자동차 여러 대로 행렬을 이룬 사람들도 있었다. 그들은 하루 종일 느릿느릿 도로를 달리다가 밤이 되면 물가에 멈춰 섰다. (중략)

이주민들은 살 곳을 찾아 떠돌며 헤매고 있었다. 좁은 땅에서 농사를 지으며 살아온 사람들, 40에이커의 땅에 의지해서 살아온 사람들, 그 땅에서 나는 음식으로 연명하거나 굶주렸던 사람들, 그 사람들이 이제 서부 전역에서 유랑하고 있었다. 그들은 일자리를 찾아 이리저리 허

둥지둥 돌아다녔다. 도로를 따라 사람들이 개울처럼 흘러 다녔고, 도랑 둑에는 사람들이 줄지어 늘어서 있었다. 그리고 그들 뒤로 더 많은 사람들이 오고 있었다. 넓은 도로는 이주하는 사람들로 가득 찼다. 중서부와 남서부에서 살아온 소박한 농사꾼들은 산업화의 물결에도 변하지 않았고, 농사에 기계를 사용한 적도 없었으며, 기계가 개인의 손에 들어갔을 때의 힘과 위험을 모르고 있었다. 그들은 자라면서 산업화의 모순을 경험한 적이 없었다. 하지만 그 들은 말도 안 되는 산업화된 삶에 대해 신경이 곤두서 있었다. (중략)

이주민들은 도로를 타고 계속 흘러들어 왔다. 그들의 눈 속에는 굶주림이 있었고, 욕망이 있었다. 그러나 그들에게는 주장도, 조직도 없었다. 그들이 엄청난 숫자로 몰려온다는 것, 그들에게 욕망이 있다는 것, 그것뿐이었다. 일자리가 하나 생기면 열 명이 그 자리를 잡으려고 싸웠다. 낮은 품삯을 무기로 싸웠다. 저 사람이 30센트를 받는다면, 나는 25센트만 받겠다는 식이었다.

[그림]

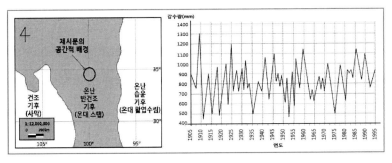

^ 스텝 : 중위도에 위치한 온대 초원지대. 건조한 계절에는 불모지로 변한다.

^ 1905년부터 1995년까지 이 지역의 강수량 그래프

※ 제시문은 미국의 경제대공황 시대를 배경으로 한 소설의 일부이고, 위 그림은 제시문 전반부의 주요 배경이 된 지역의 기후환경을 보여주고 있다. 제시문과 그림을 참고하여 다음의 논제에 답하시오.(세 논제를 모두 합하여 2,200자 이내)

논제1

제시문에 나타난 상황들의 원인을 분석하여 설명하시오.

논제2

주민들이 원거주지에서 살기 어렵게 된 가장 핵심적인 원이 무엇이라고 생각하는지 근거를 들어 논하시오.

논제3

제시문에 나타난 '이주' 와 '잔류' 의 행위를 비교하여 논하시오.

1) 출제 의도 파악

사회 문제의 다양한 여러 요인의 복합 요소로 발생합니다. 그 복잡한 상호 관계를 여러분이 배웠던 사회탐구 과목의 배경지식과 관련시켜 풀어 낼 수 있는 능력을 보는 것입니다. 지리, 경제, 환경, 사회 등 교과서에 나오는 주제들을 이해해야 합니다. 기후와 식생, 건조지역의 이해, 생태적 특성, 과도한 농경에 따른 토양의 황폐화 문제, 기계화로 인한 소작농의 몰락, 일거리 부족, 경제대공황의 배경과 전개 등을 통합적으로 이해하는 능력을 평가합니다.

2) 논제 분석

단순하게 하나의 논제로 내지 않고 세부 문제로, 3단계의 사고 과정을 거쳐서 결론을 내리는 구조로 되어 있습니다. 이것은 문제 수를 많이 해서 여러분을 어렵게 하려는 의도가 결코 아닙니다. 오히려 3단계의 사고 과정에 대한 질문을 세부적으로 제시하여 여러분의 글이 전체적인 틀에서 논리성과 통일성을 갖게 하려는 서울대의 배려라고 생각하세요.

(1) 논제 1번 분석

제시문을 꼼꼼히 살펴서 사회문제의 자연 환경적 요인과 경제사회적 요인들을 찾아내야 하며, 조금 더 세부적으로 그러한 사회문제 때문에 발생한 이주민의 문제를 이주 전과 이주 후의 상황과 결부시켜 설명해야 합니다. 중요한 것은 그림과 도표가 제시되어 있다는 것 입니다. 자신의 글 속에 그 의미를 글 속에 녹여내야 좋은 평가를 받습니다.

(2) 논제 2번 분석

원거주지에서 떠날 수밖에 없는 핵심 원인을 파악하고 그 근거를 논하라는 것입니다. 여기서 중요한 것은 논하라는 말의 의미를 살려서 기술해야 한다는 것입니다.

논하라는 의미는 단순히 설명만 하라는 뜻이 아니라 글의 서론, 본론, 결론을 체계적으로 나누어서 본론의 내용을 충실히 담아내고 그 내용에 대한 자신의 평가를 해보라는 것입니다.

'평가'는 문제에 대한 문제점이나 한계점을 밝히는 것, 비판이나 옹호 지지하는 이유를 밝히라는 뜻입니다. 또한 글의 흐름을 논리적으로 구성하여 논증하라는 의미이기도 합니다. 서울대 정시 논술이 어려운 이유가 바로 여기에 있습니다. 단순한 요약이나 차이점을 비교 분석하는 문제가 아니라 자신의 생각을 내용과 관련하여 입증해야 합니다.

특히 많은 수험생들이 글의 분량과 관련하여 어려움을 겪는데 한 가지 조언을 해 드리겠습니다. 단순히 여러분의 의견만을 쓰면 과정이 생략되어 버려서 별 쓸 말이 없어집니다. 여러분의 의견이 제시문의 어떤 면을 보고 유추했는지를 상세하게 밝히는 것입니다. 다시 말해서 결론만을 쓰지 말고 제시문의 내용을 먼저 밝히고 그것으로 봐서 이러한 결론을 내릴 수 있다고 쓰는 것입니다.

논제 2에서는 환경문제의 원인이 가뭄과 같은 자연재해 때문인지 아니면 과도한 농경으로 인한 인위적 재해인지를 평가하고 이주 결정에 핵심적인 영향을 끼친 요소를 중심으로 논리적으로 설명을 해야 합니다.

(3) 논제 3번 분석

제시문에 나타난 이주 행위와 잔류 행위의 내용을 파악하고 이주와 잔류를 선택할 때 그 판단 기준이 되는 여러 상황을 고려해서 써야 합니다. 이주나 잔류의 결정 사유를 자신의 생각과 시대상을 바탕으로 설명할 수 있어야 합니다. 부가적으로 어떤 판단이 옳았는지에 대한 여러분의 평가가 있다면 더 풍부한 글이 됩니다.

▶ 4. 제시문의 분석 방법 및 사례 해설
2012 서울대 정시 논술 문제

1) 제시문 분석

∧ 소설의 이해(상황의 이해)를 바탕으로 정리합니다. 즉 인물들의 성격과 행동 특성, 이주를 해야 하는 시대적 상황적 배경, 사건의 진행

과정과 거기서 드러난 문제점 등을 잘 관찰하세요.

^ 동시에 사회문제로 사고를 확장하여 독창적인 추론을 합니다.

① 자연재해인 가뭄의 불가피성이 드러납니다. 이러한 사실은 건조기후 그림과 강수량 그래프에서 찾아볼 수 있습니다.

② 물기 없는 여물통, 마른 우물, 잡초마저 말라 죽음은 상황의 묘사를 통해서 최악의 상황을 보여줍니다.

③ 지주 대리인과 소작인들의 경제 사회적, 외적 갈등이 나타납니다. 지주 대리인은 먼지바람으로 농사를 망쳤다고 하면서 더 이상 소작을 하지 않겠다고 통보합니다. 소작 대리인은 가뭄으로 토양이 황폐화되어 가는 와중에 목화가 자양분을 다 빨아들인다고 불평하고 있고, 소작인들은 윤작을 하였다면 자양분과 기름기가 유지되어 농사를 계속 지을 수 있었다고 한탄하고 있습니다. 또한 지주 대리인들은 세금이나 낼 수 있다면 갈아 먹으라고 빈말을 하고 있으며 소작인들은 그러다가는 생활고에 시달려서 은행 빚만 늘 것이라고 판단하고 있습니다. 여기서 소작인의 해고를 통해 자발적 이주를 부추기는 지주들의 문제 해결 방식을 볼 수 있으며, 자연재해와 무분별한 농경으로 사회적 실업에 내몰리는 소작인의 처지를 이해할 수 있습니다. 또한 과도한 농경의 이면에 있는 지주들의 경제적 욕망(이익창출)에 주목해야 합니다.

④ 마을 사람들을 쫓아내는 현실적 이유를 파악해야 합니다. 소작인을 고용하면 수확량을 나눠 먹어야 하기 때문에 트랙터를 이용하여 이익을 챙기려는 지주의 모습이 그려지고 있습니다. 이 대목에

서 주목해야 할 사실은 트랙터의 등장으로 인간의 노동력이 기계로 대체되는 변화입니다. 또한 인간의 노동이 자연과 사회로부터 소외되는 현상을 생각해 봅시다. 소작인들은 자연재해와 무분별한 농경 때문에 자연으로부터 소외를 당하게 되었으며 동시에 트랙터(기계)의 등장으로 노동으로부터 소외당하는 이중의 소외 현상에 대해 생각해 볼 수 있습니다.

⑤ 처음부터 목장으로나 쓸 땅이라고 말하면서 자연의 부적절한 이용을 지적하고 있습니다. 이 같은 사실의 이면에도 역시 이기적 욕망이 자리 잡고 있습니다. 이러한 문제는 농업 방식의 재검토를 통해 농경에서 목축으로 농경을 전환함으로써 잔류의 가능성에 대해 언급할 수 있습니다.

⑥ 소작인들의 내적 갈등의 파악입니다. 토양을 망치는 장본인들은 지주들인데 정작 소작인들 중에는 지주 대리인들이 떠나라고 하지 않았다면 캘리포니아에서 오렌지를 따고 있을 것이라고 말하며 그런 소리를 듣고는 떠날 수 없다는 저항의식을 표출합니다. 그러나 이 같은 심리의 표출은 감정적 대응일 뿐 지주의 횡포에 대해 조직적 저항을 하지 못하는 소작인들의 태도를 비판적으로 보여주는 것으로 해석할 수도 있습니다.

⑦ 66번 도로를 가득 메운 이주자의 탈출 러쉬가 그려지고 있습니다. 대부분의 소작인들이 도시로의 이동, 즉 대량 이주를 시작했다고 파악할 수 있습니다. 캘리포니아의 비옥한 계곡들로 이주하는 행렬을 통해 앞으로 벌어질 도시에서의 열악한 상황을 예측해 볼 수 있습니다.

⑧ 서부 전역에서 일자리 찾아 유랑하다가 캘리포니아로 이동한 이주민의 삶을 경제대공황과 관련시켜 이해해야 합니다. 1929년 미국은 경제대공황으로 주식시장이 붕괴되고 많은 기업이 도산하면서 일자리가 감소하여 대량 실업을 낳고 그로 인해 경기가 악순환 되는 불황에 빠집니다.

농촌의 농업용수, 공장의 공업용수, 도시의 생활용수를 확보하기 위한 후버댐의 건설도 이때 이루어지게 됩니다. 제시문과 연관시켜 볼 때 미국 서남부의 가뭄은 이러한 정부의 대토목공사를 통해 물을 확보하는 정책으로 잔류자들에게 일말의 희망을 줄 수 있다는 내용으로 유추하여도 될 것입니다.

⑨ 기계가 뭔지도 모르는 산업화에 도태된 사람들이라는 표현으로 산업화의 문제를 다루고 있습니다. 역사적으로 19세기 초 러다이트 운동은 기계파괴 운동을 넘어서 임금 노동자(프롤레타리아)의 자본가에 맞선 계급투쟁으로 확대됩니다. 이후 정부의 탄압으로 폭력투쟁의 한계를 느끼고 의회민주주의를 통한 노동권 투쟁으로 전환한 것이 '챠티스트 운동'(영국 노동자 계급의 선거법 개정 운동)이었습니다. 산업화, 도시화가 노동자에게 생존의 문제가 가져왔습니다. 도시로 간 이주민들의 열악한 생활상에서 여실히 볼 수 있습니다.

⑩ 도시에서는 이주자들끼리 생존을 위한 몸부림과 욕망이 표출되고 있습니다. 도시로 이주한 이주민들은 치열한 일자리 경쟁에 내몰리면서 그야말로 약육강식, 적자생존, 아비규환입니다. 게다가 이주민들은 스스로 노동 시장에서 저임금 구조를 만들어, 지주나 기업들의 이익 창출에 희생되고 있습니다. 자본가나 대농장 주인들은 좋아라고 그런 상황을 이용하고 있지요. '품삯이 무기'라는

표현에서도 알 수 있듯이 도시 근로자의 열악한 노동 환경이, 이주 후의 또 다른 심각한 사회문제를 낳았다는 것을 보여줍니다.

⑪ 그림과 그래프 분석입니다.

그림 분석

소설의 배경지역 기후 환경은 온대스텝(반건조 초원)으로 우기와 건기가 있어 안정된 주거가 어렵다는 것을 볼 수 있습니다. 자연환경 측면에서 이해하자면 이 지역은 농경보다는 목축이 가능한 지역으로 우기에는 초원에서 방목을 하고 건기에는 우사에서 건초를 먹이는 방식으로 목축을 하는 것이 훨씬 유리한 기후와 식생이었습니다. 제시문에서 드러난 '목화는 물기를 쭉쭉 빨아 먹는다' 는 표현으로 보아 그것을 증명할 수 있습니다.

그래프 분석

그래프의 전반적 추이를 살피고 제시문과 관련해서 특별한 변화에 주목합니다.

첫째, 건기와 우기가 확연히 드러납니다. 그래프에서는 강수량의 최고와 최저의 변동 폭이 심하게 나타납니다. 둘째, 30년대를 보면 건기가 길었다는 것을 알 수 있습니다. 자연재해로 가뭄이 심해 농민이 떠나게 된 계기를 마련했다고 분석할 수 있습니다. 셋째, 60년대 이후 강수량의 최저 최고점의 폭이 비교적 줄었습니다. 이 같은 수치를 근거로 하여 대규모 치수 사업으로 물 관리의 효율성을 언급하여 잔류자들의 생활 여건이 개선될 수 있다는 측면으로 생각해 볼 수 도 있습니다. 실제로 뉴딜정책으로 후버댐이 착공 완료되어(1930~1936)사막에 생명수를 공급하고 공업, 농업, 생활용수 확보하여 사막 한가운데에 라스베이거스라는 도시 건설을 가능하게 했습니다. 따라서 물 관리(담수 사업)를 통한 관개농업이나 농업용수, 생활용수의 확보 가능성을 언급하여 잔류의 가능성으로 전망하여도 될 것입니다.

■▶ 5. 개요 짜기의 방법 및 사례 해설
2012학년도 서울대 정시논술 문제

1) 논제 1

제시문에 나타난 상황들의 원인을 분석하여 설명하시오.

먼저 제시문에 드러난 상황들의 원인을 분석하고, 두 측면을 파악해야 합니다. 먼저 소작 농민들이 삶의 터전을 떠날 수밖에 없는 자연 환경적 측면과 사회경제적 측면을 분석하고, 다음으로 이주 전과 이주 후의 삶의 모습을 설명하세요.

(1) 자연 환경적 측면

^ 자연재해인 가뭄을 가뭄 그래프를 통해 확인합니다. 발상을 확장하여 자연환경의 변화가 인간 사회의 갈등으로 전이 되고 있음을 지주대리인과 소작인의 모습을 통해 제시합니다.

(2) 사회 경제적 측면

^ 과도한 농경은 지주들의 이기심의 표출이라는 것을 밝히고, 자연환경의 부적절한 이용으로 피폐해진 토양의 문제를 언급합니다. 핵심어로 윤작, 자양분, 기름기 등을 활용하여 문장을 구성합니다.
^ 이러한 영향으로 인간관계가 파괴되어 이주의 문제가 발생함을 언급합니다. 그리고 지주 대리인과 소작 농민의 갈등과정을 제시문의 사례를 들어 설명하세요.

^ 이런 모습을 통해 알 수 있는 자연, 사회로부터의 인간소외 문제를 설명합니다.

^ 트렉터의 등장으로 지주입장에서 보면 노동력의 대체 효과로 생산성을 높이고 자신들의 이익을 극대화할 수 있는 전환점이 되었다는 점을 밝히고, 이런 과정에서 소작 농민들이 삶의 터전에서 쫓겨날 수밖에 없었던 이유를 설명하세요.

^ 소작인 입장에서 일자리 상실로 인해 생계를 위해 이주를 결심한다는 내용을 밝힙니다.

^ 산업화의 문제를 제기합니다. 도시로 이주한 이주민들이 겪는 애환을 도시 근로자의 빈민화, 일자리 쟁탈, 저임금 구조의 정착, 인간관계의 파괴, 또 다시 도시 지주들의 이익을 위해 희생되는 사회 경제적 문제와 관련하여 서술합니다.

(3) 이주 전의 모습과 이주 후의 모습으로 나누어 봅니다.

^ 이주 전에는 자연 재해와 과도한 농경으로 황폐화된 삶을 자연환경적, 사회경제적 두 측면에서 설명합니다.

^ 이주 후에는 도시 생활의 문제점을 언급하여 더 잘살기 위해 농촌을 떠났지만 도시에서도 적응하기 힘든 사회경제적 배경을 간단히 정리합니다. 소작 농민들이 도시로 이주는 했지만 또 다른 사회문제의 희생자가 되어버린, 도시 빈민층으로 전락하는 과정을 서술합니다.

(4) 두 재해의 동시적 발생이 인간의 삶의 터전 파괴했다는 내용을 서술합니다.

2) 논제 2

주민들이 원거주지에서 살기 어렵게 된 가장 핵심적인 원인이 무엇이라고 생각하는지 근거를 들어 논하시오.

① 원거주지에 살기 어렵게 된 가장 핵심적 원인으로 자연재해냐 사회경제적 문제냐 두 가지 측면 중 중에서 자신의 생각을 선택합니다.

② 자연재해가 원인입니다. 자연의 힘은 인간으로서는 불가항력입니다. 이상기후는 인간의 단기적 노력으로 회복되기 힘듭니다. 또한 이 당시에는 지구 온난화와 같은 인위적 재해라기보다는 순전히 자연재해적인 성격이 짙기 때문에 자연에 순응할 수밖에 없습니다.

③ 시대적 원인으로 당시는 경제대공황의 여파로 중앙 정부나 지방정부의 도움이 있을 수 없다는 점을 유추할 수도 있습니다.

④ 사회경제적 원인입니다.

^ 자연의 적절한 이용에 문제가 있었습니다. 스텝기후는 농사가 아니라 목축으로 토지를 이용해야 합니다.
^ 무분별한 과도 농경과 지주들의 끝없는 욕망의 추구가 비극의 원인이라는 점을 밝힙니다.
^ 윤작의 예를 들어 자연의 자기 재생 능력 초과하여 개발하는 일이 얼마나 무서운 결과를 초래하는지를 서술합니다.
^ 자연을 살리려는 적절한 조치도 없었다는 점을 강조하세요. 윤작을 통해 자양분과 기름기의 공급이 계속되었다면, 아무리 가뭄이

심했어도 토양이 그렇게까지는 황폐화되지 않았겠지요. 농민들의 대화에서 충분히 유추할 수 있습니다.

^ 트랙터를 통해 인간의 노동을 대체한다는 지주들의 해결 방식이 농민의 이주를 부추겼습니다.

3) 논제

제시문에 나타난 '이주'와 '잔류'의 행위를 비교하여 논하시오.

① 먼저 '논하라'의 의미를 파악합니다. 단순히 설명에 그치지 않고, 체계적으로 자신의 평가를 담으라는 의미입니다.

② 서론

제시문에서 이주와 잔류를 택한 자들의 상황을 제시하고 그 상황에서 이주나 잔류를 할 수밖에 없는 상황적 요소를 고려해 봅니다. 또한 어떤 판단 기준으로 그러한 선택을 했는지를 서술합니다.

③ 본론

이주와 잔류 행위를 구체적으로 비교합니다.

^ 잔류를 선택한 자들의 상황적 고려

제시문에서 잔류를 결정하는 사람들은 이 지역의 토박이들로서 목화를 심은 토지 이용의 잘못이 상황을 어렵게 만들었다고 생각하고 있습니다. 따라서 적절한 토지 이용에 대한 기대를 갖고 있으며 그것만 해결된다면 고향을 떠나지 않으려는 의지가 있습니다. 그러나 제시문에 보면 떠나지 않으려는 의도가 감정적인 측면에 근거하고 있음을 알 수 있습니다. 떠나라는 말을 듣고는 자존심 때문에라도 떠날 수 없음을 밝히는 것으로 보아 주체적인 의지로 상황을 개선하기는 어려울 것으로 평가됩니다.

^ 이주를 선택한 자들의 상황적 고려

사회 경제적 이유로 이주를 결심한 경우 다음의 몇 가지 이유가 있을 것입니다.

첫째, 자연재해의 심각성을 인식하고 더 이상 회복이 불가하든지, 설사 회복되더라도 되풀이될 가능성을 염려할 것입니다. 둘째, 기계의 등장과 자연의 무분별한 이용으로 이주의 사회 경제적 원인을 더 크게 생각하여 언젠가는 떠나야 할 곳으로 생각할 것입니다. 셋째, 심리적 측면에서 남보다 도시로 더 빨리 떠나서 일자리를 선점하고 싶은 욕망이 다른 삶의 터전으로 이주를 결심한 동기가 될 것입니다.

^ 나의 생각

자연환경의 극복 의지가 있는 경우 잔류를 선택할 것입니다. 지금 상황처럼 자연환경이 완전히 피폐해진 상태에서 잔류하기는 어려울 것입니다. 따라서 몇 가지 선결과제가 해결된다면 농민은 잔류의 결정을 하게 될 것입니다.

첫째, 토지 이용을 재검토하여 적절한 농경을 시도하는 것입니다. 목축하기에 어울리는 스텝기후의 자연 환경 조건에 부합하는 작물이나 농업 방식의 전환이 가능하다면 잔류를 할 것입니다.

둘째, 물 관리의 가능성 제시하고 담수, 저수, 관개 사업, 정부의 재정 지원 등 을 통한 노력이 병행된다면 충분히 잔류의 근거가 될 것입니다.

④ 결론

결과적으로 어떤 선택이 옳았는지 자신의 입장에 따라 입장을 정해 논리적으로 밝힐 수도 있습니다. 이주자의 입장에서, 궁극적으로 제시문의 상황을 고려할 때 시대의 흐름은 산업화이고 자연재해는 이주를 촉발한 계기일 뿐이라고 생각할 수 있습니다. 하지만 도시의 열악한 노동 조건을 생각할 때 바람직하지 못한 판단이었다고 생각할 수도 있습니다.

잔류자들의 입장에서는 고향에 대한 애착이 있습니다. 정부의 새로운 경제 대책으로 농업용수와 생활용수가 확보되고, 농업분야의 적극적 재정지원을 통해 새로운 농업 지역으로 발전 할 수 있다는 믿음을 갖고 가뭄을 견뎌 낼 수도 있습니다.

이러한 여러 가지 상황적 요인들을 잘 검토한 후, 이주자들과 잔류자들의 판단 기준을 종합적으로 고려하여 글을 마무리하면 되겠습니다.

📖 6. 논술문제(문과) 유형별 해결방법 및 사례별 해설

논술이란 자신의 견해를 논리적으로 쓴 글이라는 상투적인 접근은 금물입니다. 채점 의도와 채점 기준, 출제원리가 있고, 기본적으로 요구하는 구조와 틀이 정해진 시험입니다.

논술고사의 특성상 논술의 방향은 정해져 있습니다. 논술은 제시문에 대한 정확한 이해와 논제에서 묻는 요구사항의 이행 여부, 글의 논리적 전개 여부 그리고 적절한 어휘와 자연스런 문장의 사용 여부를 평가합니다. 결국은 정확한 요약과 자신의 독창적 견해의 구조로 출제됩니다. 문제를 풀기 전에 꼭 알아야 할 것은, 논술은 있는 답으로 없는 답을 생각해 내는 활동이라는 것입니다.

1) 논술은 정답이 있다

- 요약이나 논제에 조건이 제시되어 있는 경우입니다.
- 원인을 분석하거나 문제점을 찾는 경우입니다.
- 기본 내용 파악이 주가 되며 변별력은 상대적으로 없습니다. 예를 들어 제시문의 관점에서, 제시문의 비판적 관점에서라는 조건이나 단서가 붙은 경우 자신의 입장이 아니라 논제의 입장에서 서술해야 합니다.

2) 논술은 정답이 없다

- 자신의 의견이나 생각을 묻는 경우입니다.
- 문제 해결방법이나 평가(옹호, 지지나 반박, 비판, 한계점)를 파악하는 경우입니다.
- 기본 내용을 파악하는 데서 그치지 않고 자신만의 독창적 능력을 발휘해야 합니다. 독창적 통합 능력은 상대적으로 변별력이 높아서 고득점의 기회가 됩니다. 결국 논제의 성격이나 출제 의도 등에 따라 글을 써야 하는 것입니다. 답이 있는 논제는 제시문의 정확한 독해와 이해를 통해서, 답이 없는 논제는 독창적 발상과 창의적 해결 능력, 날카로운 평가 능력을 보여줌으로써 출제자를 감동시켜야 합니다. 선생님의 지도와 본인의 꾸준한 노력이 겸비된다면 좋은 글

을 쓸 수 있습니다.

3) '요약형' 논술 해결방법

서울대, 고려대, 성균관대 등 주요 대학에서 필수 유형으로 자리 잡은 유형으로 이해력과 표현력을 측정하고자 하는 문제 유형입니다. 공통된 주제에 관한 것이지만 서로 다른 관점을 갖는 제시문들을 짧은 분량으로 요약해서 정리하는 것입니다. 제시문에 대한 빠르고 정확한 독해에 기초하여 핵심을 파악하는 연습을 꾸준히 해야 합니다.

- 정확한 독해 능력을 평가합니다.
- 주제를 찾는 요지 파악이 핵심입니다.
- 핵심어와 핵심문장을 활용하여 주제문을 작성합니다.
- 제시문을 그대로 인용해서는 안 됩니다. 자신의 언어로 이해한 것으로 재구성하여 간결하고 쉽게 써야 합니다.
- 자신의 주관적 의견을 쓰는 것이 아니라 제시문의 내용을 짧게 간추려 쓰는 것입니다.

(1) 요약의 두 가지 유형

- 논리 전개 유지형
  글쓴이의 사고의 흐름을 따라 정리하는 방법입니다. 가장 기본적인 방법으로 비문학 제시문일 경우에 활용하면 좋습니다.
- 논지와 논거 전개형
  중심 생각을 두괄식으로 밝히고 그 근거를 찾아 기술하는 방법입니다. 특히 문학 제시문의 경우 논지가 글 전체에 녹아 있어서 그것을 찾아내기가 쉽지 않은 경우가 있습니다. 이럴 경우 글 전체 주제를 먼저 찾고 제시문에서 보이는 인물의 행동과 대화나 상황적 배경을 통해서 구체적 논거를 제시합니다.

(2) 요약의 원칙

^ 선택의 원칙입니다. 중심내용과 뒷받침 내용을 구분하여 정리합니다.
^ 객관화의 원칙입니다. 별도의 조건이 없다면 글쓴이의 주장을 그대로 요약합니다. 제시문의 핵심어는 바꿀 필요가 없지만 때에 따라서 핵심 개념을 알기 쉽게 풀어 쓰는 방법도 좋습니다. 자신의 견해를 곁들이지 말고 제시문을 절대 그대로 인용하지 마세요.
^ 일반화의 원칙입니다. 중심문장이 드러나지 않을 경우 숨겨진 주제를 발견해야 합니다. 또는 구체적 사례들 속에서 일반적 원리를 도출해야 합니다.
^ 변화의 원칙입니다. 핵심적인 내용은 옮겨 오되 자신의 이해대로 풀어서 쉽게 표현해야 합니다. 어려운 어휘를 쉬운 설명으로 바꿔 쓰면 좋습니다.

(3) 사례 : 2012학년도 고려대학교 논술(인문계A) 문제

☑ 제시문

(1)

좀 더 나은 사회를 건설하기 위해서는 어느 정도 개인의 자유를 제한하는 것이 불가피하다는 인식이 만연해 있다. 이는 사회를 규율하는 질서와 원리가 의도적 설계의 산물이라고 보는 사고방식의 결과이다. 이것은 명백한 오류이자 위험천만한 발상으로서 20세기 문명을 전체주의로 빠져들게 한 주범이다. 전지전능한 사람이 존재해서 사회의 모든 구체적 사실과 상황, 결과 및 그 사이의 인과 관계를 완벽하게 알고 있다면 사회가 추구해야 할 가치와 목적을 정하고 그 목적에 따라 사회를 설계할 수 있을 것이다. 그러나 어떤 개인이나 집단도 그런 능력을 갖고 있지는 못하다.

사회의 기본 질서는 누군가 의도적으로 설계한 것이 아니라 무한히 복잡하고 불확실한 상황에 개인들이 적응하는 과정에서 다양한 시행착오를 통해 형성되어 온 것이다. 오늘날 우리가 지키고 있는 관습이나 도덕은 모두 이것을 지키는 것이 좋다는 반복적 경험과 학습을 통해서 나온 것이지 의도적으로 만들어낸 것이 아니다.

사회가 진보의 방향으로 나아가는 것도 이러한 자율적 성격에 힘입어서이다. 사회를 발전시키는 동력은 정부가 주입하는 사고와 제도가 아니라 사회 구성원들이 새로운 생각과 행동 방식을 끊임없이 시험하는 과정 그 자체이다. 개인들은 각자의 목표를 달성하기 위해 저마다의 지식을 활용해 자유롭게 행동을 결정하며, 이 과정을 통해 사회는 점차 진보해 간다. 이러한 사회 운영의 원리를 지키기 위해서는 구성원 각자에게 개인의 자유와 사적 영역을 보장할 필요가 있다. 개인은 무엇이 자신에게 중요한지, 어떻게 행동해야 하는지 스스로 판단할 능력과 권리가 있으며, 또한 생각과 행동의 자유를 침해받지 않을 자격이 있다. 예외적으로 정부의 개입이 정당화되는 것은 개인의 사적 영역을 타인의 침해로부터 지키기 위해서 필요한 경우에 한한다.

사회 구성원 사이의 자율적 조정에 대비되는 것이 간섭, 즉 의도적 개입이다. 간섭은 명령권자가 의도한 특정 결과를 달성하기 위한 행위로서 그대로 두었더라면 성취되지 않았을 방향이나 속도를 강제하는 것이다. 우리는 시계에 기름을 치거나 태엽을 감는 것처럼 어떤 기계 장치가 적절히 기능하는 데 필요한 일을 하면서 이를 간섭이라고 부르지는 않는다. 시계 바늘을 한 시간 뒤로 돌리는 것과 같이 통상적인 작동 원리와는 부합하지 않는 방식으로 어떤 부분의 위치나 기능을 바꿔 놓았을 경우에만 간섭했다고 말한다. 이처럼 간섭의 목적은 외부 개입 없이 본래의 원리에 따르도록 내버려 두었을 때 발생했을 결과와는 다른 특정 결과를 산출하는 데 있다.

간섭의 극단적 형태는 노예에 대한 주인의 지배 혹은 국민에 대한 독재자의 지배처럼 한쪽의 의지에 다른 한쪽을 강제로 복종시키는 것이다. 정도의 차이는 있지만 현대 사회에서도 간섭의 예를 찾아볼 수 있다. 장발과 짧은 치마 단속, 심야 통행금지, 과외 교습 금지 등이 그것이다. 오늘날에도 정부는 국민의 복리를 증진시킨다는 명목으로 국민 생활의 다양한 부문에 개입하고 있다.

사회의 특정 부문에 간섭함으로써 생겨나는 결과는 자유의 원리와 공존할 수 없다. 의도적 개입은 단기적으로는 목적한 효과를 거두는 것처럼 보일지 모르지만 예상치 못한 부작용을 유발함으로써 결국에는 더 큰 문제를 초래하게 된다. 간섭으로는 바람직한 사회를 이룰 수 없다. 오랜 시간 시행착오를 거쳐 형성된 자생적 질서만이 보편적이고 일관된 원칙들의 체계를 점진적으로 만들어 갈 수 있는 것이다. 간섭은 각자가 처한 상황에 자발적으로 대응할 수 없게 함으로써 개인들 사이의 자율적 조정을 방해한다.

나.

현대 국가는 사회 전반을 바람직한 방향으로 이끌어 가고자 하는 목적에서 국민의 자유를 제한하곤 한다. 대표적 예로는 좌석 안전띠의 착용 강제를 들 수 있다. 미국에서는 오래전부터 안전띠를 하지 않은 운전자를 법규로 규제하여 왔는데, 일부 주에서는 운전자뿐만 아니라 자동차의 모든 승객들에게 안전띠의 착용을 강제하고 있다. 자신의 선택에 따라 안전띠 착용 여부를 결정할 수 있도록 해야 한다는 주장은 받아들여지지 않는 것이다. 우리나라에서도 최근 개정된 도로교통법은 고속도로나 자동차 전용도로를 이용할 경우 전 좌석에서 안전띠를 착용하도록 하고 있으며, 이를 위반할 때에는 과태료를 부과하는 것으로 관련 규정을 강화하였다. 또한 택시나 고속버스 같은 대중교통 이용자가 안전띠를 착용하지 않을 경우 운전기사가 승차를 거부할 수 있도록 하는 방안도 검토하고 있다. 안전띠 착용 규정을 강화하고 있는 것은 교통사고로부터 국민의 생명과 신체를 보호하고 교통질서를 유지하며 교통사고로 인한 사회적 비용을 줄여 사회의 이익을 증진시키기 위함이다.

(3)

독일의 '영업시간 제한법'은 일반인을 상대로 하는 소매상점의 영업 개시 및 종료 시간을 규제하는 법률이다. 이 법률은 근로자에게 건강·여가·수면에 대한 권리를 보장하고 다른 사람들과 어울려 사회적 활동을 할 기회를 주기 위한 목적으로 제정되었다. 그러나 영업의 자유 및 구매의 자유를 제한한다는 이유로 반대하는 의견도 있다.

영업시간 제한법에 따르면 소매상점은 다음 시간에는 영업을 할 수 없다.

① 월요일부터 토요일까지: 오전 6시 이전, 오후 8시 이후

② 일요일과 공휴일: 하루 종일

이 법률은 점원을 고용하고 있는 소매상점뿐 아니라 소유주가 직접, 혹은 가족 구성원과 함께 운영하는 상점에 대해서도 동등하게 적용된다. 다만 약국, 주유소, 기차역이나 공항 내 상점은 예외로 한다.

논제1
제시문 (1)을 요약하시오. 400-450자 (25점)

정부 간섭을 비판하고 개인의 자유를 강조합니다. 그렇다면 정부의 간섭이 왜 문제인가를 밝힙니다.

사회의 기본 질서는 의도적 설계에 의해서가 아니라 자율적 성격에 의해서 발전합니다. 따라서 개인의 자유와 사적 영역은 보장되어야 합니다.

사회구성원의 자율적 조정을 방해하는 것이 정부의 간섭, 즉 의도적 개입입이다. 간섭의 극단적 형태가 현실에서는 독재의 형태로 나타납니다. 따라서 이러한 의도적 개입은 단기적으로 유효하겠지만 사회 구성원의 상호 조정을 통한 자생적 사회 발전을 저해하는 것이므로 바람직하지 않습니다.

결국 현대 사회에서 정부가 국민의 복리 증진을 위해서 간섭을 한다면 더 큰 부작용을 초래할 분입니다. 따라서 사회는 구성원 간의 상호 조정 과정에서 형성되는 자생적 질서에 의해서 발전해야 합니다.

4) '비교 분석형' 논술 해결 방법

^ 논제에서 묻는 요구사항을 정확히 분석합니다.
^ 제시문의 핵심사항들을 비교 분석합니다.
^ 논술에서 비교는 공통점과 차이점을 찾아내는 것입니다.
^ 비교를 하기 위해서는 반드시 공통된 기준점이 있어야 합니다.
^ 공통 관점을 찾고 미세한 관점의 차이를 읽어내야 합니다.
^ 제시문 간의 대비구조로 쟁점을 읽어내야 합니다.

(1) 비교 분석의 두 가지 유형

^ 단순비교형 : 제시문 간의 공통점과 차이점을 비교하라는 것입니다.
^ 조건제시형 : 조건에 맞게 일정한 기준과 방법으로 대답하라는 것입
  니다.

(2) 비교 분석의 방법

먼저 제시문 간의 공통점과 차이점을 분석합니다. 다음으로 각 제시
문에 드러난 입장이나 태도의 차이를 따져보고 드러나지 않은 이면의
차이점도 살펴봅니다.

그런 후에 어떤 근거로 긍정이나 부정을 하는지, 옹호나 비판을 하는
지 그 차이점을 파악해야 합니다. 각 제시문을 대비 구조로 독해하여
맞서고 있는 차이점을 따져서 관점을 파악합니다.

(3) 사례 1 : 2012학년도 고려대학교 논술(인문계A) 문제

논제2

제시문 (1)과 (2)의 관점을 비교하고, 둘 중 하나의 관점에 입각하여 제시문
(3)에 대한 자신의 견해를 논하시오. 600자 내외 (50점)

논제 분석

사회 문제 해결을 위한 정부 간섭이 필요한지에 대한 (1)과 (2)의 상반
된 관점을 비교하는 능력을 봅니다.

제시문 (1)과 (2)의 관점에 근거하여 제시문 (3)에서 제시한 독일의 입
법 사례에 대한 자신의 찬성, 반대 의견을 기술합니다. 정해진 분량 안

에서 서술해야 합니다.

사회문제를 해결하는 데 있어서 정부의 간섭이 필요한지에 대한 상반된 관점이 있다는 것을 먼저 말합니다.

제시문 (1)은 개인의 자유와 사적 영역을 중시하고 정부의 간섭을 최소화하여 사회의 자생적 발전을 도모해야 한다는 관점입니다. 제시문 (2)는 바람직한 사회 발전을 위해서는 개인의 자유를 다소 규제하더라도 정부가 개입해야 한다는 관점입니다. 제시문 (2)의 가와 나가 정부의 간섭을 정당화하고 있다는 것을 밝힙니다.

제시문 (2)의 '가'는 아이들을 타이르는 주인공 종호의 모습을 통해서 개인의 자유를 침해하는 것이 보이지만 실제로 개인의 이익을 존중하고 있다는 역설적 의미를 기술합니다. 즉 선의의 간섭이 필요하다는 것을 명확히 밝히는 것입니다. 여기서 두 가지 비유적 사례를 글 속에 담아야 합니다. 첫째, 철조망이나 야경은 개인을 구속하기 위해 있는 것이 아니라 구성원의 안전을 지키고 공공의 복리를 증진하기 위한 것이라는 사실을 언급합니다. 둘째, 의사의 진통제 투여, 물 공급의 이유가 결국 환자를 위한 행위라는 것을 들어 위 두 가지 사례가 정부의 간섭의 정당화 하는 근거로 제시합니다.

제시문 (3)의 사례를 통해서 자신이 정부의 간섭에 찬성하는지 반대하는지를 밝혀야 합니다. 단 두 관점을 절충해서 서술하는 것은 문제의 뜻에 벗어나므로 감점 요인이 됩니다.

제시문 (3)에서 독일의 영업시간 제한법은 소매상점의 영업개시와 종료 시간을 법률로 규제하는 내용입니다. 정부 규제에 찬성하는 입장에서는 근로자의 건강과 여가 활동, 수면권을 보장하고 다른 사람들과 사회적 활동의 기회를 주기 위한다는 입법 취지가 나타나 있습니다. 반면에 반대의 입장에서는 소상인들의 영업의 자유와 소비자들의 구매를 제한한다는 이유를 들고 있습니다.

찬성의 입장에서는 바람직한 사회 발전을 위해 개인의 자유가 다소 침해되더라도 정부의 규제가 필요하다는 것입니다. 구체적 사례로 요즘 세계경제의 금융위기는 정부의 적절한 통제를 벗어난 금융사들의 이기적 욕망때문에 발생했다는 사례를 들 수도 있겠고, 정부가 우리 사회의 양극화를 극복하기 위한 대안으로 복지 제도를 강화하고 있다는 점을 들어서 사회적 부의 형평성을 위해 개인의 이익이 다소 규제되어야 한다는 논리의 근거로 삼아도 됩니다.

또한 저축은행과 금융통화 위원화의 부패 사슬을 언급하여, 우리 사회의 정치 경제 분야에서 비일비재하게 일어나고 있는 권력형 비리를 지적해도 좋을 것입니다. 결국 인간의 무한한 욕망은 사회적으로 부작용을 낳게 되고 그것을 최소화하는 방안으로 정부의 적절한 규제가 필요하다는 논지로 정리할 수 있습니다.

반대의 입장에서는 정부의 간섭을 최소화하여 개인의 사적 자유가 존중받을 때 자생적 사회 발전을 이룰 수 있다는 논지로 서술하면 좋겠습니다. 구체적 사례로 역설적이지만 정부의 규제가 많을수록 인허가 과정의 비리가 더욱 심해지는 사회현상을 언급해도 좋습니다. 예를 들어 정부의 규제가 많은 경우, 공장을 설립하려면 실효성이 없는 많은 절차를 따라야 하는데 그 과정 하나하나를 해결하려다 보면 공무원들과의 유착관계를 무시할 수도 없다는 현실을 언급할 수 있습니다.

또한 표현의 자유에 대한 사례를 들어 설명할 수도 있습니다. 요즘 대부분의 사람들은 SNS를 통해 의사소통을 합니다. 그 내용이 선정적일 때도 있고, 사실에 맞지 않는 허위 정보도 많이 있지만 기본적으로 국민들의 표현의 자유를 보장하는 것이 사회의 다양한 소통을 위해 필요하다는 것입니다.

특히 정치적 표현의 자유는 앞으로 민주주의를 한층 성숙시키는 계기가 될 것이라는 점도 부각할 수 있습니다. 결국 사회는 법적인 규제를 통해서가 아니라 개인들의 자발적 의식의 변화를 통해 자생적으로 발전해야 한다는 논지로 정리할 수 있습니다.

자신이 생각하는 원론적인 근거를 토대로 우리 사회에서 볼 수 있는 구체적 사례들을 연관시켜 서술한다면 깊고 넓은 사회 인식을 보여주는 좋은 글을 쓸 수 있습니다.

(4) 사례 분석2 : 2012학년도 연세대학교 논술(인문계A) 문제

☑ 제시문 (가)

사람들에게는 자신의 활력을 임의로 이곳저곳에 소모하려는 정신 경향이 있습니다. 이러한 정신의 발현 방식 역시 세상이 진보하면 할수록 복잡해지는 것이 당연합니다. 그것이 '어떤 방향으로 표출되는가'를 간략히 설명해 본다면, 보통 '도락(道樂)'이라고 하는 자극에 대해 발생하는 것이라고 할 수 있습니다. 도락이라고 하면 누구나 알고 있습니다. 낚시를 한다든가 당구를 친다든가 바둑을 둔다든가 총을 메고 사냥을 간다든가 여러 가지 형태가 있겠습니다. 이것들은 설명할 필요도 없이 스스로 나아가서 어떤 강요 없이 자신의 활력을 소모하고 기뻐하는 쪽입니다. 더 나아가 이러한 정신이 문학도 되고 과학도 되고 또 철학도 되므로, 언뜻 보면 대단히 어려운 문제가 모두 도락의 발현에 불과한 것입니다.

전차나 전화 등이 설비되어 있다고 해도 '꼭 오늘은 저쪽까지 걸어서 가고 싶다.'는 식의 도락심이 강하게 나타나는 날이 반드시 일 년에 두세 번은 있습니다. 원해서 육체를 사용하고 피로를 청합니다. 우리가 매일 하는 산보라는 사치도 요컨대 이 활력 소모의 부류에 속하는 적극적인 생활을 위한 생명 보존 형태의 일부분입니다.

도덕가라면 이 도락 근성의 발전을 괘씸하다 할 것입니다. 그렇지만 그건 도덕상의 일일 뿐 사실상의 문제는 되지 않습니다. 현실의 상황에서 말하자면 우리가 원하는 곳에 활력을 소비하는 이 궁리 정신은 하루 종일 쉬지 않고 활동하며 발전하고 있습니다. 원래 사회가 그렇기 때문에 부득이 의무적 행동을 하는 인간도 내버려두면 자아본위(自我本位)에 입각하는 것은 당연하므로, 자신이 원하는 자극에 정신이나 신체 등을 소비하는 경향은 어쩔 도리가 없는 것입니다.

☑ 제시문 (나)

프랭크 길브레스는 과학적 관리법에 흥미를 갖고 이를 벽돌쌓기에 적용해보기로 했다. 그는 벽돌공의 동작들에 대해 매우 재미있는 분석과 연구 결과를 내놓았고, 벽돌공의 작업 속도와 피로감에 영향을 미치는 요소들은 아무리 사소한 것이라도 모두 실험 대상으로 삼았다.

길브레스는 벽, 반죽 통, 벽돌더미가 위치한 곳에서 양 발이 각각 디뎌야 할 정확한 위치를 찾아냈고, 벽돌공이 벽돌을 쌓고 벽돌더미 쪽으로 한두 발짝 움직이는 동작을 없애도록 했다. 또 그는 반죽통과 벽돌의 가장 알맞은 높이를 연구한 다음, 비계를 고안해 그 위에 모든 재료들을 올려놓을 탁자를 둠으로써 벽돌공이 반죽통과 벽돌을 가장 알맞은 위치에 두고 작업을 할 수 있게 했다. 비계는 벽의 높이에 따라 조정할 수 있었는데, 비계를 조정하는 일만 전담하는 노동자를 두었다. 이런 방법을 통해 벽돌공은 반죽을 퍼낼 때마다 벽돌을 들고 몸을 구부렸다 퍼는 일을 줄이게 되었다.

그리고 벽돌공에게 벽돌을 전달하기 전에 한 노동자가 화차에서 벽돌을 내린 다음 고운 면이 위로 향하도록 조심스럽게 분류하여 높이 조절이 가능한 비계 위의 반죽 통 가까이에 쌓도록 했다. 이로써 벽돌공은 비계 위에 너저분하게 쌓여 있는 벽돌 더미에서 벽돌을 고르는 시간을 절약하게 되었으며, 가장 편한 자세로 가장 빠르게 벽돌을 쥘 수 있게 되었고 벽돌을 뒤집거나 양 끝을 돌리는 동작을 할 필요가 없게 되어 시간의 낭비가 줄었다.

길브레스는 벽돌공들이 반죽 위에 벽돌을 놓고 접합부의 두께를 제대로 맞추기 위해 흙손의 손잡이 끝으로 벽돌을 몇 차례 두드리는 모습을 여러 번 목격했다. 이후 그는 반죽의 농도를 적당하게 조절함으로써 벽돌을 누르는 손의 압력으로 접합부의 적당한 두께를 손쉽게 유지하는 법을 고안했다.

*비계: 건설현장에서 쓰는 가설 발판

☑ 제시문 (다)

기억에 망각이 특이하게 혼합되는 것은 우리 정신에 있는 선택 작용의 한 예이다. 선택은 그 위에 정신이란 배를 건조할 뼈대가 된다. 그리고 기억을 위해 선택이 쓸모 있다는 것은 분명하다. 모든 것을 기억한다면 우리는 어떤 것도 기억하지 않는 것과 마찬가지로 살아가기 어려울 것이다.

선택이 없다면, 우리가 과거의 어떤 기간을 회상하려 할 때 그것이 지속된 원래 시간만큼 오랜 시간이 걸릴 것이며 우리는 결코 사고를 앞으로 진전시키지 못할 것이기 때문이다. 따라서 모든 회상된 시간들은 원근 단축이라는 것을 겪게 되는데, 이 원근 단축은 그 시간들을 채웠던 수많은 사실을 생략함으로써 가능해진다.

원근 단축이라는 축약 과정은 이와 같은 결손을 전제로 한다. 먼 옛 날의 일을 떠올리기 위해 그 일과 현재의 우리 사이에 놓인 일련의 사 건들을 모두 거쳐야 한다면, 그 조작에 오랜 시간이 걸리기 때문에 기억 은 불가능할 것이다. 따라서 기억이 이루어지는 조건의 하나가 망각하 는 것이라는 역설적 결론에 도달한다. 내가 알고 있는 많은 것들을 완 전히 망각하지 않거나 일시적으로 망각하지 않는다면, 우리는 전혀 기 억할 수 없을 것이다. 따라서 어떤 경우를 제외하고는 망각은 기억의 질 병이 아니라 기억을 건강하게 하고 살아있게 하는 조건이 된다.

하지만 망각 과정에는 아직도 설명되지 않은 변칙적인 것들이 있다. 어느 날 망각되었던 것이 다음 날에는 기억날 수도 있다. 우리가 상기 하려고 아주 열심히 노력했지만 무위로 돌아간 것이, 우리가 그 시도를 포기하자마자 마치 언제 그랬느냐는 듯 천연스레 정신 속으로 어슬렁어 슬렁 걸어 들어올 수도 있다. 과거의 경험들이 여러 해 동안 철저하게 망각된 다음에도, 어떤 대뇌 질환이나 사고를 당한 경우, 잠복된 연상 통로가 개방되어 재생되는 일도 가끔 있다. 마치 사진사의 약물이 콜로 디온 필름 속에서 잠자고 있는 그림을 현상해 내듯이 말이다.

☑ 제시문 (라)

한 대학의 연구소에서 대학생들을 대상으로 시각적 인지에 관한 실험 을 실시했다. 실험진은 피실험자들에게 한 번에 하나씩 총 8장의 컬러 슬 라이드 사진을 보여주고 각각이 무엇에 대한 사진인지 식별하도록 했다.

실험진은 각각의 사진을 초점이 희미한 상태에서 스크린을 통해 피실 험자들에게 공개했고 연속적으로 점차 선명하게 보이도록 조작했다. 한 편 실험진은 사진을 피실험자들에게 최초로 보여줄 때 사진의 희미한 정도와 공개 시간의 길이를 다양하게 설정했다. 최초 공개 시 희미한 정도는 상, 중, 하의 3단계로, 공개 시간은 122초, 35초, 13초의 3단계로 구분했다.

이 실험에는 정상적인 (교정)시력을 갖고 있는 총 90명의 대학생들이 피실험자로 참여했다. 이들은 10명씩 9개 집단에 배정되었다. 이들 중 첫 번째 3개 집단은 희미한 정도가 '상'인 상태로 사진을 보기 시작했고, 각각 122초, 35초, 13초 동안 총 8장의 사진을 보았다. 또 다른 3개 집단은 희미한 정도가 '중'인 상태에서 사진을 보기 시작했고, 역시 각각 122초, 35초, 13초 동안 총 8장의 사진을 보았다. 마지막 3개 집단은 희미한 정도가 '하'인 상태에서 사진을 보기 시작했고, 각각 122초, 35초, 13초 동안 총 8장의 사진을 보았다.

그런데 이 실험에서는 최초 공개 시 희미한 정도의 차이, 그리고 공개 시간의 차이에 상관없이 미리 정해 놓은 수준까지 선명도가 높아지면 사진이 자동적으로 꺼지도록 프로젝터를 조작했다. 사진이 꺼질 때 각 집단의 피실험자들은 무엇에 대한 사진인지 미리 준비된 별도의 용지에 바로 기록했는데, 그 결과를 정리하면 아래의 표와 같다.

〈표〉 정확히 인지된 사진의 비율 (단위: %)

공개 시간(초)	최초 공개 시 희미한 정도			평균
	상	중	하	
122	25.3	50.7	72.9	49.6
35	25.2	44.4	63.8	44.5
13	19.4	39.1	42.7	33.7
평균	23.3	44.7	59.8	-

논제1

〈문제 1〉제시문 (가)와 (나)를 '낭비'의 관점에서 비교하고, 두 입장을 모두 활용하여 제시문 (다)에 나타난 정신 활동에 대한 이해방식을 비판적으로 분석하시오. (1,000자 안팎, 50점)

제시문 (가) (나)를 낭비의 관점이라는 조건에서 비교해야 합니다. 두 입장을 모두 활용해야 합니다. 제시문 (다)의 정신 활동에 대한 이해방식을 비판적으로 검토해야 합니다. 두 입장을 근거해서 비판적으로 쓰는 것이 중요합니다. 자신의 생각은 접어 두세요.

먼저 공통 관점을 찾아야 합니다. 인간의 정신 활동이나 행동을 관리하는 방법의 문제를 다루고 있다는 점을 파악해야 합니다.

다음으로 비교 관점을 낭비라는 측면에서 생각해야 합니다. 시간과 노력의 낭비와 절약의 관점에서 제시문 (가)와 (나)는 서로 다른 입장에 있다는 것을 비교해야 합니다. 낭비의 관점에서 제시문 (가)는 낭비를 긍정적으로 보고 있고 제시문 (나)는 낭비를 부정적으로 평가하고 있습니다.

제시문 (가)는 사회가 전문화되고 발전해도 인간의 낭비적 경향은 필연적이라고 합니다. 도락의 개념은 자신의 활력을 소모하는 정신적 경향으로 인간의 삶에서 도덕이 중요할지 모르지만 현실적으로 도락이 더 필수적이며, 이러한 활력을 소비하는 경향과 본능이 오늘날 문명과 생존을 위해 필수 과정이라는 것을 강조하고 있습니다.

제시문 (나)는 인간이 육체를 더 편안하게 하기 위해서, 더 쉽고 간단하게 노동을 하기 위해서 여러 가지 고안들을 연구하여 과학적 방법을 발견하는 과정을 설명하고 있습니다. 그 예로 과학적 동작 연구를 통한 효율적 벽돌쌓기 방법을 제시하고 있습니다. 과학적 관리법은 철저하게 시간의 낭비를 줄이면서 최대한 효율적인 생산을 위한 방법입니다. 작업 환경의 개선을 예를 들어서 그 중요성을 설명하고 있습니다.

제시문 (다)는 기억과 망각의 관계성을 보여 줍니다. 기억의 선택으로 발생하는 필연적인 망각의 존재는 우리의 정신 활동에 장애가 되는 것이 아니라 오히려 인간의 기억을 건강하게 유지시키는 역할을 한다고 설명하고 있습니다. 즉 원근단축이라는 기억의 축약과 손실을 통해서 우리의 기억이 가능하다는 역설적인 결론을 얻게 되는 것입니다. 동시에 어떤 사고나 질환으로 인한 기억의 재생은 설명되지 않은 변칙적인 현상이라는 것도 설명하고 있습니다.

이와 같이 제시문 (다)는 제시문 (가)에서 말하는 낭비의 긍정적 측면으로 파악할 수 있습니다. 불필요한 기억을 소비함으로써 진정한 기억을 축적하는 메커니즘으로 이해할 수 있는 것입니다. 또한 제시문 (나)에서 말하는 과학적 관리라는 측면에서 망각은 기억의 효율성을 제고하기 위한 수단이 된다는 점도 알 수 있습니다. 즉, (가)와 (나)의 논지가 상반됨에도 불구하고 (다)의 입장에서 보면 객관적인 분석이 가능하다는 것을 알 수 있습니다. 특히 낭비와 절약의 원리가 서로 다른 영역에서 발생하는 현상이라는 점도 비교 분석해야 합니다.

하지만 논제에서 비판적으로 분석하라는 조건이 있습니다. 따라서 제시문 (다)에 드러난 문제점을 제시문 (가)와 (나)를 활용해서 부각시켜야 하는 것이 이 논제의 핵심 과제입니다.

인간의 정신 활동은 제시문 (다)에서처럼 생략과 결손이라는 낭비를 통해서 이루어진다고 하지만 우리의 현실에서는 중요한 오류가 발생할 수 있습니다.

예를 들어 사회나 개인이나, 역사적으로 중요한 사건은 망각해서는 안 됩니다. 꼭 기억해야 할 일들을 망각이라는 손쉬운 방법으로 이해한다는 것은 현실에 대한 도피이며, 정작 기억해야 할 중요한 사실을 회피하는 부정적 정신 활동이라고 볼 수 있습니다.

이것은 제시문 (나)에서 말하는 과학적 관리 방법에 배치되는 것입니다. 과학적 관리 방법으로 기억하기 위해서는 불필요한 기억을 버리는 것이 아니라 오히려 기억해야 할 것을 세심히 분석하여 정리하는 방식으로 이루어져야 합니다.

예를 들어 5·18 광주민주화운동이라는 역사적 사실을 망각의 방법으로 잊는다면 역사적, 사회적으로 큰 손실입니다. 또한 잊고 살아가던 중요한 사건이 문득 떠오르는 방식은 우리가 소중한 기억을 상실하며 살아간다는 '기억 메커니즘' 오류의 반증입니다. 따라서 정신 활동을 통한 바람직한 사회 발전이라는 측면에서 기억은 망각이라는 낭비를 통해서가 아니라 필요한 기억의 선택이라는 과학적 관리 방법으로 다루어져야 한다고 주장해도 좋겠습니다.

논제2

〈문제 2〉제시문 (나)의 프랭크 길브레스는 벽돌쌓기에 적용했던 과학적 관리법을 경쟁률이 매우 높은 한 회사의 신입사원 채용 과정에도 적용하여 채용 담당관들이 업무 수행 능력이 높은 지원자를 판별할 수 있도록 하려고 한다. 길브레스가 과학적 관리법과 제시문 (라)의 실험 결과를 결합해서 어떻게 채용 과정을 설계해야 할지 의견을 제시하시오. 정해진 원칙은 서류 심사와 면접 심사를 순차적으로 실시한다는 것뿐이다. (1,000자 안팎 50점)

논제 분석

먼저 제시문 (나)의 과학적 관리법의 핵심 내용을 파악합니다. 다음으로 신입 사원 채용 과정의 서류 심사와 면접 심사의 방법들을 떠올려 봅니다. 그런 후에 그 과정을 (라)의 실험 결과와 어떻게 관련시켜야 할지를 고려하여 기술합니다.

벽돌쌓기의 과학적 관리법을 잘 이해하고 이것을 제시문 (라)의 실험 결과를 결합해야 합니다.

과학적 관리법은 효율성을 목표로 합니다. 또한 생산성 향상을 위해 불필요한 요소들을 제거하는 방식입니다. 따라서 다음의 세 가지 조건을 고려하여 채용 방법을 생각해 봅니다. 즉 노동자의 피로를 덜어주면서 시간을 절약하고, 세심한 배려를 통해 사원들을 선발할 채용 과정을 설계해야 합니다.

제시문 (라)를 분석해 보면, 정확한 인지를 위해서는 분명성이 강해야 한다는 것을 알 수 있습니다. 따라서 채용과정에서 분명성 없는 요소들을 제거해야 하는 것입니다. 왜냐하면 희미한 정도 (하)의 13초가 희미한 정도 (중)의 35초와 그 인지도가 비슷합니다. 이것은 희미한 정도가 낮을수록 분명성이 좋다는 것을 의미합니다. 또한 122초를 공개 시간으로 했을 때 인지도가 가장 높습니다. 이것은 시간의 정도가 높을수록 분명성이 높다는 것을 의미합니다. 따라서 분명성과 시간을 고려하여 채용 과정을 설계하는 것이 가장 효과적인 방법인 것입니다.

서류 심사와 면접 심사를 순차적으로 실시했을 때 위의 두 가지 요소를 고려하여 채용 방법을 생각해 봅니다.

서류 심사는 제시문 (나)의 과학적 관리법을 고려했을 때 지원자에 대한 불필요한 경력이나 이력 사항을 제거함으로써 지원자에 대한 분명성을 높여야 합니다. 지원자의 지원 분야에 관한 항목을 세심하게 정하는 것입니다. 지원 분야에 적합한 전공, 자격증, 아르바이트, 인턴 경험 등과 같은 항목을 구체적으로 기술하도록 하는 것입니다. 또한 시간을 절약하기 위해서 서류 항목을 간단히 하고 가급적 온라인을 활용하여 접수를 받는 방법을 활용할 수도 있습니다.

면접에 있어서 지원자를 정확히 파악하기 위해 분명성 있는 면접 질의서를 사전에 꼼꼼히 준비합니다. 일률적으로 모든 지원자에게 해당하는 일반적 항목은 생략하고 지원자의 지원 분야의 특성과 어울리는 구체적 질문을 준비합니다.

이 과정을 통해서 지원자에 대해서 서류 심사에서 부족했던 사실이나 정보를 정확히 파악할 수 있습니다. 또한 충분한 시간을 면접에 할애하여 회사에 적합한 지원자를 선택하는 것입니다. 단 몇 분간의 면접이 아니라 1박 2일, 또는 2박 3일의 일정으로 면접 프로그램을 만드는 것입니다. 토론 활동, 공동체 게임, 발표하기, 과제 세미나, 장기 자랑, 극기 훈련 등 다양한 과정에서 지원자가 보여 주는 장점을 발견하고 그것을 평가하여 뽑는 것입니다. 장기적으로는 인턴 제도이나 수습 사원제도를 활용하여 채용의 방법을 다원화하는 것도 하나의 방법입니다.

이런 방식으로 채용 방식을 채택한다면 일회적인 면접으로 지원자를 잘못 판단할 수 있는 오류를 줄일 수 있습니다. 또한 지원자의 입장에서는 자신의 부족한 면을 보강할 수도 있고, 실수를 만회하여 남다른 모습도 보여 줄 수 있는 시간적 기회를 가질 수 있기 때문 지원자를 배려하여 채용한다는 취지에도 적합할 것이라 생각됩니다.

5) '평가형' (비판 또는 지지형) 논술 해결 방법

＾ 제시문에 대한 직접적 반론(비판)이나 지지(옹호)하는 글을 쓰는 것입니다. 통계나 자료를 활용하고 제시문의 관점, 논제의 조건에 맞게 씁니다.

＾ 좋은 점과 나쁜 점을 따져서 서술하는 것입니다.

＾ 장점과 단점, 긍정적인 면과 부정적인 면, 순기능과 역기능, 의의와 문제점(한계) 등을 따지는 문제입니다.

^ 제시문의 견해를 비판적으로 검토하여 문제점이나 한계를 밝히는 것입니다.

(1) 평가형 논술의 3가지 유형

^ 단순 비판 : 제시문 자체의 결함이나 한계를 상세히 밝힙니다.

^ 자료 활용 비판 : 자료가 어떤 점에서 제시문의 내용과 상충하는지를 밝힙니다.

^ 자료 활용 지지(옹호) : 자료가 어떤 점에서 제시문을 지지하는지, 논리적 연관성을 따져서 밝힙니다.

(2) 평가의 원리

^ 평가는 의의와 문제점을 드러내는 것입니다. 모든 문제는 동전의 양면과 같습니다. 따라서 밝은 면과 어두운 면, 긍정적인 면과 부정적인 면이 항상 공존합니다.

^ 의의와 문제점의 우선순위는 5:5, 6:4, 7:3 등 좋은 점과 나쁜 점이 사안에 따라 어떤 입장에 서느냐에 따라 우선순위가 있습니다. 절대적으로 나쁘거나 절대적으로 좋은 것은 없습니다.

^ 비판은 문제점을 강조하라는 의미입니다. 즉 문제점을 부각하여 때리라는 의미이다. 따라서 옳고 그름을 따져서 좋은 점보다는 나쁜 점을 부각시킵니다.

(3) 사례 분석 : 2012학년도 성균관 대학교 모의 논술 문제

☑ 제시문

[보기 1]

2011년 1월 13일 벵가지에서 시작된 카다피 리비아 국가수반 겸 국가평의회 의장의 퇴진을 요구하는 반정부 시위가 시작되었으며, 이 시위는 재스민 혁명과 이집트 혁명의 영향을 받아 그 규모가 확대되었다. 맨 처음에 정부는 벵가지에 군을 보내기 시작했다. 리비아 정부의 무차별 진압 작전으로 2월 20일 현재 사망자가 1,200명 발생하였으나 정부군은 이에 개의치 않고 전투기와 용병으로 시위를 강경 진압했다. 리비아에서 일어난 시위는 처음엔 카다피의 장기 집권과 독재에 반대하고 카다피 구속과 정치범 석방을 촉구하는 민주화 시위였으나, 시간이 경과하면서 내전의 형태로 진행되었다. 리비아 정부군이 무력을 사용하여 반군세력을 점차 약화시키자 서방세계는 이 사태를 심각하게 인식하기 시작했다. 특히 리비아 정부군이 반군을 제압한 뒤 피의 숙청에 나설 경우 대규모 민간인 희생까지 발생할 것이 우려되었다. 이에 미국을 포함한 국제사회는 자국 이기주의에 빠져 민간인 학살을 수수방관하고 중동지역 내 민주화 운동의 동력마저 잃게 만들었다는 비난을 피하기 위해 무력 개입을 신속히 결정했다.

논제

[문제 2] : [문제 1]의 한 입장에 근거하여, 〈보기 1〉의 무력 개입의 정당성을 평가하시오

문제 1의 한 입장에 근거한다는 조건이 있습니다. 문제 1에는 4개의 제시문이 있습니다.

제시문 (가)는 정의 실현을 목적으로 하는 폭력의 사용은 또 다른 폭력을 유발하거나, 파괴성의 증대를 가지고 오는 등 심각한 부작용을 불러 오기 때문에 어떠한 폭력도 정당화될 수 없다는 논지입니다.

제시문 (나)에서 인간 사회는 서로의 이해가 다르기 때문에 대립은 상존한다고 합디다. 이러한 대립과 갈등에서 자신을 안전하게 방어하기 위해서는 무력이 불가피하다고 서술하고 있습니다.

제시문 (다)에서 폭력은 동물적 본능에 기인한 부끄러운 행동이라고 말하면서 폭력은 인간에게서 진정한 행복을 앗아갈 뿐이라고 설명하고 있습니다.

제시문 (라)에서는 부당한 폭력으로 억압받는 시민들을 구하기 위해서 폭력은 정당화될 수 있다고 말합니다. 이런 경우의 폭력적 개입은 도덕적 의무이며, 개입하지 않을 경우 오히려 부끄러움을 느껴야 한다고 기술하고 있습니다.

정리하면 제시문 (가)와 (라)는 폭력 사용의 정당성을 주장하고 있고 제시문 (나)와 (다)는 어떠한 경우에도 폭력은 정당화 될 수 없다는 상반된 논지를 보여 주고 있습니다. 이러한 입장 정리를 바탕으로 자신은 한 가지 관점에서 보기 1에 드러난 국제사회가 리비아 사태에 군사적으로 개입한 정당성을 평가해야 합니다.

보기의 내용이 제3자에 의한 인도적 개입이라는 점을 밝히고, 이를 지지하거나 비판하여야 합니다. 제시문 속에서 주요 근거를 찾고 상세하게 평가를 해야 합니다.

정의의 실현을 목적으로 하는 폭력 사용은 정당하다는 논지를 유지해야 합니다. 보기의 내용을 보면 리비아의 카다피는 내전을 불사함으로써 자국민들을 전쟁의 공포와 고통으로 몰아넣었습니다. 힘없는 민중의 입장에서 카다피에 저항할 무기도 조직도 없는 상황에서 수많은 인명이 죽어갔습니다.

인도주의적 관점에서 리비아 국민의 희생을 묵인하는 것은 인간으로서 부끄러운 일입니다. 따라서 국제 사회가 공조하여 독재자를 물리치는 일은 인간의 존엄성을 지키는 소중한 과업인 것입니다. 국제 사회가 리비아 사태를 관망만 하고 개입하지 않을 경우 리비아 민중의 더 많은 희생만 가져올 뿐입니다. 그러므로 유엔을 중심으로 국제 사회가 신속하게 개입을 결정하여 폭력을 종식시켜야 합니다.

[정당하지 않다는 비판적 입장]

폭력의 사용은 어떠한 경우에도 정당하지 않다는 입장을 유지해야 합니다. 폭력적 수단의 한계는 또 다른 폭력을 부르는 악순환 구조라는 것을 밝히고, 정의 실현이라는 명분이 정치적으로 악용될 경우에는 더 큰 문제를 유발할 수 있다는 점을 들어 무력개입의 정당성을 비판해야 합니다.

이런 입장에서 본다면 국제 사회의 개입은 무력을 통해서가 아니라 카다피와 민중들 간의 화해와 조정을 돕는 대화부터 주선해야 한다고 주장할 수 있습니다. 국제 사회의 무력 개입이 물론 카다피 군에게도 타격을 주겠지만 전쟁이라는 참혹함은 군인들 뿐 만 아니라 불특정 민간인들에게도 큰 피해를 준다는 사실을 제시합니다. 전쟁엔 승자가 없음을 제시하는 것입니다. 정부군과 민간인의 희생, 전쟁 후에 민중들이 겪게 될 고통은 제삼자가 당하는 일이 아니기 때문입니다. 또한 국제 사회의 개입이 인도적 차원이라는 명분으로 포장되어 있지만 실제적으로 전쟁에서 승리한 후 리비아에 대한 경제적 이권을 노리는 정치적 의도가 깔려있다는 것을 상기시킬 필요가 있습니다.

결국 폭력을 통한 국제 사회의 인도적 개입은 그 의도가 불순하며 리비아의 민중은 전쟁과 전쟁 후의 피폐함을 고스란히 맛봐야 한다는 점에서 국제 사회의 무력개입보다는 중재의 노력이 선행되어야 한다고 생각합니다.

6) '찬반 논쟁형' 논술 해결 방법

^ 논술자의 주관적인 논리 전개 능력이라는 점에서 중요합니다.
^ 어떤 논리적인 근거를 통해 자신의 주장을 입증하고 설득시키느냐가 중요합니다.
^ 막연한 절충론은 지양합니다.
^ 반대 입장을 반박(논박)하여 자신의 입장을 옹호할 수도 있습니다.
^ 자신의 입장 안에서 다른 입장을 포용하는 변증법적 사고를 한다면 긍정적인 평가를 받습니다.
^ 자신의 입장이 강한 찬성, 약한 찬성이냐 적극 찬성, 조건부 찬성이냐를 명확히 할 필요가 있습니다.

(1) 논리 전개 방법

쟁점의 파악

한쪽 입장을 택해 지지하거나 반대하는 문제입니다. 쟁점이란 입장이나 주장이 달라 다투는 문제점을 말합니다. 이 쟁점을 놓고 서로 다른 근거로 따지는 것이 논쟁입니다.

반대 입장의 반박

상대방의 입장을 정확히 파악하여 문제점을 지적해야 하며, 상대 주장의 긍정적 측면은 배려합니다. 다만 핵심적 본질은 반박해야 합니다.

자기 입장의 옹호

양비양시론(둘 다 옳다 또는 그르다)은 주장을 불분명하게 합니다. 어중간한 중립이나 절충보다 자신의 주장을 정확히 하고 상대를 존중하면서 서술합니다.

(2) 사례 : 2012학년도 서울 시립대학교 모의 논술 문제

☑ 제시문

(가)

합종(合從)이라는 것은 여러 약소국가들끼리 연합하여 강대한 한 나라를 공격하는 것이고, 연횡(連橫)이라는 것은 강대한 한 나라를 섬김으로써 다른 국가들을 공격하는 것인데, 이들은 모두 국가를 보존하는 방법이 아니다.

지금 연횡을 주장하는 책사(策士)들은 누구나 '강대국을 섬기지 않으면 필경 적을 만나 큰 화를 입게 될 것이다.'라고 말하고 있다. 그런데 강대국을 섬기는 것이 틀림없는 사실로 확정되기 위해서는 강대국에게 자국의 지도를 바치고 옥새를 올리며 간청해야만 한다. 지도를 바치니 국토는 줄어들고, 옥새를 바치니 명예는 실추된다. 나아가 국토가 줄어드니 국세는 약화되고, 명예가 실추되니 정치가 문란해질 수밖에 없다. 이렇듯 연횡책을 써서 강대국을 섬긴 나라들은 국토를 잃고 정치가 문란해질 뿐, 이익을 얻는 것을 나는 본적이 없다.

또한 합종을 주장하는 책사들은 누구나 '약소국을 구원하지 않고 강대국을 공격하면 천하의 균형을 잃게 되고, 천하의 균형을 잃으면 나라가 위태로워지고, 나라가 위태로워지면 군주가 비천해진다.'라고 말한다. 그런데 사실상 약소국을 구원하려면 군대를 일으켜 강대국과 싸워야 한다. 약소국을 구원한다고 해서 그 약소국이 반드시 보전될 수 있는 것도 아니고, 강대국과 싸우는 데에 약간의 실수가 없으리라는 법도 없어서 자칫 조그만 실수라도 저질렀다가는 강대국에 지배당하고 만다. 출병하면 군대가 패할 것이고, 물러나 지킨다고 해도 성이 함락되고 말 것이다. 이렇듯 합종책을 사용하여 약소국을 구원해서는 국토를 상실하고 군대를 잃을 뿐, 이익을 얻는 것을 나는 보지 못했다. (……)

책사들은 합종과 연횡을 내세우며, '외교에 성공하면 크게는 천하를 통치할 수 있고 작게는 국가를 안정시킬 수 있다.'고 떠들어댄다. 하지만 천하를 통치하려면 능히 다른 나라를 공격할 수 있어야 하고, 국가를 보전하려면 침략당하지 않을 만큼 강해야 한다. 군대가 강하면 능히 다른 나라를 공격할 수 있고, 정치가 안정되면 침략당하지 않게 된다. 그리고 이러한 정치의 안정, 군대의 강화는 외교정책으로부터 얻을 수 있는 것이 아니라 내실 있는 내정을 통해 실현될 수 있는 것이다. 그럼에도 지금 법과 치술(治術)로써 내정의 충실을 도모하지는 않고 지계(智計)를 동원하여 외교에만 힘쓰니, 이래서는 정치의 안정, 군대의 강화를 이룰 수 없다. 속담에 "소매 긴 옷을 입으면 춤을 잘 출 수 있고, 재물이 많으면 장사도 잘 할 수 있다."라는 말이 있다. 이 말은 여건이 갖추어지면 일이 잘 풀린다는 것을 의미한다.

정치가 안정되고 군대가 강성하면 국정을 모의(謀議)하기가 용이하고, 군대가 약하고 정치가 혼란스러우면 국정을 도모하기가 어렵다. 그래서 진(秦)나라의 관리들은 정책을 중도에 열 번이나 바꾸어도 실패하는 경우가 드물었지만, 연(燕)나라의 관리들은 정책을 한 번만 변경해도 실패할 때가 많았다. 따라서 진나라의 관리는 반드시 지혜롭지 않아도 되지만 연나라의 관리는 절대로 우매해서는 안 되니, 이것은 두 나라 간에 정치가 안정되어 있는가 아니면 혼란스러운가 하는 점에서 서로 차이가 나기 때문이다.

(나)

The prisoner's dilemma was first formalized as a game in 1950 by Merril Flood and Melvin Dresher of the RAND corporation in California and first rephrases as an anecdote about prisoners by Albert Turker of Princeton University a few months later.

The prisoner's dilemma presents us with a stark example of how to achieve cooperation among egoists. How can individuals be led by self-interest to serve a greater good? The game is called the prisoner's dilemma because the commonest anecdote to illustrate it describes two prisoners each faced with the choice of giving evidence against the other and so reducing his own sentence. The dilemma arises because if neither betrays the other, the police can convict them both only on a lesser charge, so both would be better off if they stay silent, but each is individually better off if he betrays the other.

Do not get misled by your morality. What we are seeking is the logically 'best' action in a moral vacuum, not the 'right' thing to do. And that is to defect. It is rational to be selfish.

But selfishness was not the rational thing to do after all - so long as the game is played more than once. When two colleagues were asked to play the game 100 times for small sums of money, they proved surprisingly keen to cooperate: on sixty of the 100 trials, both of them cooperated and captured the benefits of mutual aid. They were allowed to make notes during the game. Each one admitted in those notes that he was trying to be nice to the other to lure him into being nice back - until the very end of the game, when each saw the chance for quick killing at the other's expense. When the game was played repeatedly and indefinitely by a single pair of people, niceness, not nastiness, seemed to prevail.

* anecdote: 일화, defect: 변절하다, 배반하다.

(다)

자연이 인간들의 모든 소질을 계발시키기 위해 사용하는 수단은, 궁극적으로는 사회의 합법칙적인 질서의 원인이 되는 한에서, 사회 속에서 인간들 상호간에 벌이는 항쟁이다. 내가 여기서 말하고 있는 '항쟁'이란 인간의 반사회적인 사회성을 의미한다. 즉 그것은 끊임없이 사회를 파괴하려고 위협하는 일반적인 저항들과 유사한 측면이 있으면서도 다른 한편으로는 사회를 이루어 살아가려고 하는 인간의 성향을 의미한다.

인간의 소질은 분명 인간의 본성에 존재한다. 인간은 자신을 사회화하려는 성향을 갖고 있다. 인간은 사회적 상태 속에서 자신의 자연적 소질을 계발하려고 하기 때문이다. 반면에, 인간은 자신을 개별화하려는 (자신을 고립시키려는) 성향도 강하게 가지고 있다. 인간은 자신 속에 단지 자신의 의도대로만 행동하려는 반사회적인 특성도 갖고 있기 때문이다. 따라서 인간은 자신이 다른 사람들에게 저항하는 성향을 갖고 있음을 스스로 알고 있으므로 도처에서 저항에 부딪치게 될 것임을 예측할 수 있다. 이 저항이야말로 인간의 모든 능력을 일깨워 주며, 인간으로 하여금 나태해지려는 성향을 극복하게 하고, 명예욕, 지배욕, 소유욕 등에 의해 행동하게 함으로써 어울리기도 힘들지만 벗어나기도 힘든 동시대인들 가운데에서 어떤 지위를 성취하게 해 준다.

이런 과정을 통해, 조야한 상태로부터 본래 인간의 사회적 가치에서 성립하는 문화에로의 최초의 진보가 일어난다. 그때부터 인간의 모든 재능들이 점차 계발되고 취미가 형성되며, 인간은 계속된 계몽에 의해 도덕적 식별력에 대한 조야한 자연적 소질을 점차로 특정한 실천적 원리들로 변화시킬 수 있다. 이를 통하여 자연적 감정에 의해 함께 뭉친 인간의 사회를 도덕적인 전체로 바꿀 수 있는 사고방식이 자리를 잡기 시작한다.

반사회성은 그 자체로서는 사랑할 만한 속성이 아니기는 하다. 그렇지만 모든 사람들이 자신의 이기적인 자만에서 반드시 마주치게 되는 저항을 산출하는 그런 반사회성이 없다면, 인간의 모든 재능들은 완전한 조화로움과 만족감 및 서로를 사랑하는 목가적인 삶 속에서 영원히 묻혀 버리고 말 것이다.

(라)

우리나라 사람들은 소나무를 좋아한다. 소나무 향과 솔잎을 스치는 바람 소리는 우리의 마음을 사로잡는다. 그런데 소나무 숲 속의 모습은 매우 특이하다. 다른 숲에는 온갖 잔풀과 크고 작은 나무들이 함께 어울려 자라지만, 소나무 아래엔 풀이 자라지 않는다. 솔잎이 카펫처럼 깔려 있을 뿐이다. 바늘 같은 솔잎이 촘촘하게 땅을 뒤덮어, 공기와 햇빛이 통하지 못하게 한다. 그런 곳에서는 잔풀이 자랄 수 없고, 어떤 나무도 새싹을 틔울 수 없다. 경쟁자의 등장을 원천적으로 가로막는 소나무의 용의주도함에서는 약육강식(弱肉强食)의 잔인함마저 느껴진다.

이런 소나무의 모습은 우리나라 대기업과 중소기업의 생태계를 생각하게 한다. 물론 대기업들은 우리 경제의 기둥이요 자부심이다. 경제 위기도 가뿐하게 넘기고, 명실상부한 글로벌 기업으로서 세계시장을 주름잡고 있다. 하지만 대기업과 중소기업의 생태계는 소나무 숲 속과 너무도 닮았다. 협력사들이 고사(枯死) 직전까지 내몰리더라도 대기업들은 기술을 가로채거나 납품단가를 후려치면서까지 자기 이익을 올리는 데에 거리낌이 없다. 이는 대지가 공급하는 영양소와 햇빛과 공기를 다른 나무들과 나누지 않고 모조리 독차지하는 소나무의 생존 방식과 결코 다르지 않다.

경제학에는 누구든지 자기이익을 극대화하면 보이지 않는 손에 의해 사회 전체의 후생(厚生) 또한 극대화된다는 원리가 있다. 그래서인가, 대기업들은 "하도급 기업에 너무하는 것 아니냐"는 비판에 이런 경제학 원리를 원용해 "우리는 단지 이윤 극대화라는 시장경제의 원리를 따를 뿐인데 뭐가 잘못되었느냐"는 식으로 대응한다. 하지만 이런 태도는 경제학의 일부 입장만을 내세우는 것이다. 경제학은 결코 자기 몫만 악착같이 챙기는 행위를 선(善)이라고 가르치지는 않는다.

다른 나무가 싹을 틔우지 못하도록 바늘 같은 솔잎을 촘촘히 떨어뜨리는 것은 '공정(公正)'이라는 사회정의에도 맞지 않는다. 그것은 기회를 독차지하려는 것일 뿐, 결코 공정한 경쟁이 아니다. 성장의 기회를 제대로 주지 않은 상태에서의 경쟁이 어찌 공정한 것이 될 수 있겠는가? 우리 헌법 전문에는 "각인(各人)의 기회를 균등히 해야 한다"라고 명시되어 있다. 따라서 우리는 성장의 기회를 원천적으로 가로막는 요인이 있다면 그 요인을 하나하나 없애나가야만 한다.

대기업과 중소기업의 동반 성장이라는 목표는 중소기업에도 성장의 기회를 고르게 나누어 주자는 것이다. 초과이익공유제는 이 목표를 달성하기 위한 하나의 방법이다. 즉 하도급기업의 생산성 향상과 고용안정을 위해 대기업의 자율적인 투자나 기부를 유도하고, 여기에 호응하는 대기업에는 혜택이 돌아가도록 하려는 것이다. 이는 기업들이 수익의 일부를 공익적인 일에 기부할 때 기업들에게 세제상 혜택을 주는 것과도 별반 다르지 않다.

시장이란 원래 불완전하다. 초과이익공유제는 사회공동체를 유지하기 위해 불완전한 시장의 실패를 보완해보자는 것이다. 그것은 결코 대기업의 이익을 강제로 빼앗겠다는 것이 아니다. 그러므로 우리 대기업들도 눈앞의 자기 이익만을 지키려 하지 말고 우리 경제 전체를 바라보는 넓은 시야와 너그러운 마음을 가져야 할 것이다. 우리는 소나무 껍질만이 있는 단조로운 숲이 아니라, 열매도 딸 수 있고 버섯과 약초도 얻을 수 있는 다양한 숲을 원한다.

(마)

[도표 1]
학생 1인당 월평균 사교육비

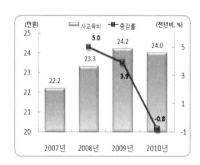

[도표 2]
학생의 사교육 참여율

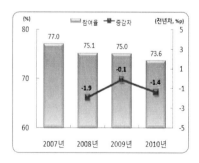

가구의 월평균 소득 (만원)	학생 1인당 월평균 사교육비 (만원, %)			학생의 사교육 참여율 (%, %p)		
	2009년	2010년	증감률	2009년	2010년	증감 차
100 ~ 200 미만	11.0	10.3	-6.4	55.1	50.7	-4.4
200 ~ 300 미만	18.0	17.0	-5.6	72.9	69.8	-3.1
300 ~ 400 미만	24.6	24.0	-2.4	82.6	79.8	-2.8
400 ~ 500 미만	31.0	29.8	-3.9	86.5	84.5	-2.0
500 ~ 600 미만	37.2	36.2	-2.7	88.9	87.1	-1.8
600 ~ 700 미만	42.0	40.4	-3.8	90.1	89.6	-0.5

논제

〈문항 3〉 '개인이나 사회의 발전을 위해서는 상생보다는 경쟁을 우선시해야 한다.' 라는 주장에 대한 찬반 입장을 정한 뒤, [가]~[라]를 모두 활용하여 자신의 입장을 옹호하시오. (1,000자 내외, 배점 50점)

논제 분석

상생보다는 경쟁 우선이라는 주장에 대한 입장 정리를 합니다.

조건: 제시문 (가) ~ (라) 모두를 활용합니다.

논제 해설

제시문 (가)는 경쟁을 긍정하는 글입니다. '합종'과 '연횡'의 개념을 설명하면서 연횡은 강대국을 섬기는 일로 영토가 줄고 정치가 문란해진다는 점, 합종은 강대국과 전쟁을 통해서 영토와 군대를 잃는다는 문제점을 기술하고 있습니다. 이 같은 상황을 맞지 않기 위해서 정치를 안정시키고 군대를 강화하는 내실을 통해 경쟁에서 살아남을 힘을 기르는 것을 역설하고 있습니다.

제시문 (나)는 경쟁 우선에 반대하는 입장입니다. '죄수의 딜레마' 게임이론의 예를 들면서 죄수들은 처음에는 자신의 형량을 줄이기 위해서 언제나 배신을 선택하지만 이런 유형의 게임이 반복되다 보면 서로를 배신하기보다는 상호간의 이익을 위해 협력하여 상생하는 것을 설명하고 있습니다.

제시문 (다)는 상생보다는 경쟁 우선의 입장입니다. 인간들은 사회 속에서 서로 항쟁, 경쟁을 통해서 자기 계발을 합니다. 이러한 항쟁을 '반사회적 사회성'이라고 설명하면서 개인의 능력계발의 원천이라고 주장하고 있습니다. 즉 상호협력은 자신을 현 상태에 안주시켜 사회적 퇴행을 가져오지만 경쟁과 항쟁은 개인뿐만 아니라 사회를 진보시키는 원동력이라고 설명하고 있습니다.

제시문 (라)는 경쟁보다는 상생을 강조합니다. 초과이익 공유제를 통한 대기업과 중소기업의 동반성장의 중요성을 언급하고 있습니다. '공정'이라는 사회 정의의 실현을 위해, 시장 실패의 극복을 위해, 공동체의 발전을 위해 대기업들이 이 제도에 적극적으로 동참하기를 촉구하고 있습니다.

[경쟁 우선에 찬성하는 입장]

(가)입장을 강화합니다. 합종과 연횡이라는 외교정책보다는 자국의 정치 내실화와 부국강병책을 도모하여 다른 나라에 의지하지 않고 경쟁하면서 주체적으로 나라의 발전을 이루어야 한다는 논지로 서술합니다.

(나)입장을 반박합니다. 죄수의 딜레마 이론이 결과적으로 죄수간의 상생과 협력을 통해 사회 발전을 이룬다는 논지로 해석되지만 현실적으

로 죄수간의 협력은 '담합'과 '야합'이라는 사회적으로 부도덕한 행위로 발전할 여지가 있기 때문에 공정한 사회 질서를 저해할 수 있습니다. 최근에도 업종이 같은 스마트폰 생산 업체들의 담합으로 소비자들이 피해를 보는 일이 발생하고 있습니다.

(다)입장을 강화합니다. 사회의 발전은 구성원의 발전에 달려있다고 합니다. 개인들이 자신의 무한한 잠재력을 발휘하여 사회 발전의 원동력으로 삼아야 합니다. 개인들은 서로 간의 경쟁과 반목을 통해서 오히려 성장하는 것입니다.

(라)입장을 반박합니다. 초과 이익공유제로 대기업과 중소기업이 상생한다고 주장하지만 이는 시장경제 체제 자체를 경시한 일방적 발상입니다. 중소기업들이 위와 같은 제도를 통해서 보호받는다면 자체적 경쟁력을 상실하고 국제 사회의 기업 경쟁에서 도태될 수 있습니다. 무한 경쟁 시대에 살아남기 위해서 중소기업 스스로 생산성을 높이고 기술을 개발하는 자구적인 노력들이 선행되어야 합니다. 동반 성장이라는 이유로 대기업의 경제 활동이 위축된다면 중소기업을 원조함으로써 얻는 사회적 이익보다 손실이 더 커지기 때문에 국민 경제 전체를 생각한다면 상생보다는 각 기업들의 자신의 위치에서 이익 창출을 위한 노력을 해야 합니다.

[경쟁 우선에 반대하는 입장]

(가)입장에 반박합니다. 경쟁을 통해 나라가 안정되고 부국강병을 이룩한다고 하지만 이러한 사고는 상대국과의 갈등 시 전쟁도 불사하겠다는 극단론에 빠질 위험이 있습니다. 나라간의 분쟁은 대화와 타협을 통

한 외교적 조정이 선행되어야 하는 것입니다. 또한 불필요한 군비증강으로 주변국과 마찰을 야기할 수도 있고 국민의 경제적 부담만을 가중시켜 민생 문제가 심각해질 부작용을 안고 있습니다.

(나)입장을 강화합니다. 죄수의 이론은 상대방을 배신하여 자신의 이득을 취하는 것이 아니라 서로의 이익을 위해 상호 협력할 수 있다는 것을 보여주는 사례로 보여주고 있습니다. 인간의 본성이 이타적이라는 원리가 이 이론에 깔려있는 것입니다. 따라서 인간은 이기적 본성으로 살아가는 것이 아니라 충분히 공존과 상생의 입장에서 사회생활을 하는 것입니다. 즉 바람직한 공동체를 유지하기 위한 원리로서 적합한 것입니다.

(다)입장을 반박합니다. 상호 협력은 개인을 사회의 편안함에 안주시킬 뿐이며 저항과 항쟁이 사회 발전의 원동력이라는 주장입니다. 그러나 사회 구성원들이 상호 신뢰가 없다면 개인의 다양한 능력 계발도 의미가 없을 것입니다. 사회는 타인과의 관계 속에서 발전하는 것이기 때문입니다.

(라)입장을 강화합니다. 단기적으로 보면 국민 경제에서 대기업이든 중소기업이든 각자의 위치에서 생산성을 높이고 기술 개발을 통해서 경쟁력을 확보하는 일은 중요합니다. 하지만 그러한 과실로 얻은 이익이 어느 집단에 편중된다면 경제적으로나 사회적으로 부의 불균형 문제를 야기할 수 있습니다. 그렇지 않아도 양극화와 중산층의 붕괴가 사회적 문제로 자리 잡은 상황에서 자본주의 경쟁의 논리로만 경제 현상을 이해한다면 문제해결의 실마리를 풀지 못할 것입니다. 상생의 관점에서 동반성장을 실시한다면 장기적으로 국민 경제 전체에 긍정적 영향을 줄 것입니다.

7) '문제 해결형' (대안 제시형) 논술 해결 방법

- 제시문과 연관된 문제 상황(현안)을 주고 해결책 또는 자신의 견해를 창의적으로 제시하는 것입니다.
- 창의적 사고를 측정한다고는 하나 논술에 제시되는 문제에 '누구도 생각하지 못한' 새로운 대안을 제시하는 것은 현실적으로 힘든 일입니다. 따라서 논제에 따른 제시문 분석을 바탕으로 가장 적절하고, 현실적으로 가능한 대안을 제시해야 합니다.

(1) 유의점

- 원칙과 당위를 내세우지 말고 구체적 대안을 제시해야 합니다.
- 자신이 제시한 대안의 타당성을 뒷받침할 근거를 제시해야 설득력을 확보할 수 있습니다.

(2) 유형

- 수정 보완형 : 기존의 견해나 해결책을 보완하는 형식으로 재구성합니다.
- 창의적 대안제시형 : 새로운 견해나 대안을 모색하는 형식으로 자신의 해결책에 대한 정당화 과정이 필수입니다. 즉 타당한 근거를 바탕으로 대안을 재구성해야 합니다.

(3) 작성 포인트

완전히 새로운 아이디어를 내기는 힘듭니다. 따라서 주어진 제시문의 아이디어를 더 심화시키거나 다른 영역으로 확대 적용하는 것도 창의적인 글이 됩니다. 창의력만 강조하다가 책임지지도 못할 독특한 주장을 하는 것은 오히려 논점의 비약을 가져올 가능성이 있습니다.

(4) **사례** : 2012학년도 고려대학교 모의 논술(인문계) 문제

☑ 제시문

(1)

세계사에는 수많은 전쟁이 있었다. 맨주먹으로 싸운 전쟁, 창으로 싸운 전쟁, 화기와 폭탄을 사용한 전쟁, 방어전과 섬멸전, 내전과 국제전……. 그리고 세대 간 전쟁이 있다.

세대 전쟁은 여타 다른 갈등이나 전쟁과는 근본적으로 다르다. 군대가 등장하지도 않고, 서로 총을 쏘지도 않고, 포로를 잡지도 않는다. 그럼에도 세대 갈등은 전쟁이라 불러도 전혀 손색이 없을 정도로 투철하고 혁명적인 힘을 발동시킨다. 어떤 의미에서는 가장 오래된 전쟁이자 가장 현대적인 전쟁이다. 생물학적으로 프로그래밍되어 있기에 가장 오래된 전쟁이며, 말과 모욕으로 치러진 심리전이기에 가장 현대적인 전쟁이다.

심리전은 노인들에게서 자신의 아름다움에 대한 믿음, 자신의 오감과 이성에 대한 믿음을 앗아감으로써 인간의 자의식을 무너뜨린다. 소포클레스의 아들은 법정에서 90세의 아버지가 정신이 온전하지 못하다고 주장하였다. 아버지에게 똑같은 짓을 한 수많은 다른 자식들처럼 그 역시 그런 주장으로써 아버지의 재산을 빼앗으려 하였다.

세대 전쟁의 배후에는 경제적 갈등이 숨어 있다. 젊은이들은 노인들이 자신들의 앞길을 가로막는다고 비난하고, 노인들은 젊은이들이 자신의 재산을 노린다고 생각해 왔다. 그러나 19세기 말 이후 연금보험이 도

입되고 연령 피라미드가 유지되어 세대 간 협약이 제 기능을 다하는 동안 세대 전쟁의 야비한 본질은 잊혀졌다. 이와 더불어 노인들을 노동시장에서 퇴출시킬 필요가 없다는 사실마저 잊혀졌다. 누구든 일정 연령에 이르면 퇴직을 하였기 때문에, 노인들이 활동적이고 영향력이 크며 각 분야에서 생산적으로 일할 수 있다는 생각을 하지 못하게 되었다.

그러나 오늘에 이르러 세대 갈등은 다시금 심각한 문제로 대두되었다. 노인 인구가 급증하고 사회·경제적 환경이 급변함에 따라 노인 부양을 위한 사회적 부담이 크게 증가하였기 때문이다.

효 사상을 바탕으로 노인에 대한 공경을 공동체 안에서 실현해 온 한국의 경우도 최근에는 세대 갈등이 사회적 문제가 되고 있다. 60대 이상의 인구가 적었던 시절에는 개인적으로나 사회적으로 노인을 충분히 부양할 수 있었으며 노인은 존경과 우대의 대상이었다. 그러나 상황은 바뀌었다. 1990년에 5.1%를 차지하던 65세 이상의 인구 비율은 2000년에 7.2%, 2010년에 11.0%로 빠르게 증가하였다. 2018년에는 14.3%, 2026년에는 20.8%에 달할 것으로 예측된다. 노인 인구의 증가는 암, 뇌질환, 치매 등과 같은 만성적 노인성 질환 치료를 위해 사회가 부담해야 하는 의료 비용의 증가를 뜻한다. 또한 이들에게 지급해야 하는 연금 규모의 확대를 의미한다.

이런 상황에서 현대의 노인들은 더 이상 공경을 기대할 수 없는 회색지대에 놓이게 되었다. 평균 수명이 늘어나면서 부모, 조부모, 증조부모 세대가 공존하는 상황도 발생하였다. 이에 따라 젊은 세대의 부양 책임도 더욱 커질 것이다. 노인 인구가 증가하는 반면에 출산율은 저하되어 경제활동 인구가 줄어들면서 고령화는 심각한 사회문제가 되었다.

경제활동 인구가 감소하고 퇴직 이후의 삶에 대한 지출 비용이 증가하면서 사회복지 시스템을 둘러싼 세대 간 갈등이 고조되고 있다. 한국에서 1988년부터 시행된 국민연금은 20여 년이 지난 2010년에 연금 수

급자가 3백만 명을 넘어섰다. 국책 연구 기관의 예측에 따르면, 2036년에는 적자가 발생하고 2060년에는 연금 기금이 고갈될 것이라고 한다.

중장년층 이하 세대의 연금 부담이 커지면서 이미 보이지 않는 세대 간 전쟁은 시작되었다. 연금을 통해 자신들의 노후를 보장받으려는 노인 세대와 그들의 연금까지 책임져야 하는 젊은 세대 간의 갈등은 갈수록 심화될 것이다. 충분히 생산성이 있는 노인을 힘없고 인지 능력이 떨어지는 사람으로 취급해 퇴직시키는 현상이 이제는 노인 세대에 대한 젊은 세대의 부담을 가중시키고 있다. 조만간 세대 전쟁이 몰고 올 문제는 생명을 위협하는 전염병처럼 매일매일의 뉴스거리가 될 것이다.

(2)

(가)

맹자가 말하였다. "내 노인을 섬겨서 남의 노인에게 미치고 내 아이를 사랑하여 남의 아이에게 이른다면, 천하를 손바닥에 놓고 움직일 수가 있다. 「시경」에 이르기를 '처자에게 모범이 되어 형제에 이르고 그럼으로써 집과 나라가 다스려진다.'라고 하였으니, 이 마음을 가져다가 저기에 보탤 뿐임을 말한 것이다. 그러므로 은혜를 확장시키면 천하를 보존하기에 충분하고, 은혜를 확장시키지 못하면 처자도 보호할 수 없다."

(나)

어와 저 조카야 밥 없이 어찌할까
어와 저 아저씨야 옷 없이 어찌할까
힘든 일 다 말하려무나 돌보고자 하노라

오늘도 다 새었다 호미 메고 가자꾸나
내 논 다 매거든 네 논 좀 매어 주마

올 길에 뽕 따다가 누에 먹여 보자꾸나

이고 진 저 늙은이 짐 벗어 나를 주오
나는 젊었으니 돌이라 무거울까
늙기도 서럽다 하겠거늘 짐조차 지실까

(다)

　사람들은 핵가족으로부터 국가적인 공동체에 이르기까지 점점 더 광
범위해지는 연대의 동심원 체계에 속해 있다. 사람들은 자신과 가까운
사람들에게 가장 강한 책임감을 느끼고, 조금 먼 사람들에게는 그러한
사물의 질서를 존중할 책임과 의무를 덜 느끼게 된다. 그러나 '내 것'
과 '내 것이 아님' 그리고 '다른 사람 것'과 '다른 사람 것이 아님'을
지나치게 구별하게 되면 공동체에서는 불협화음이 나타날 수 있다.

　우리 모두는 특정한 사회적 정체성의 담지자로서 우리의 환경에 다가
간다. 나는 어느 누군가의 딸 또는 아들이며, 또 다른 누군가의 삼촌 또
는 사촌이다. 나는 또한 이 도시 저 도시의 시민이며, 이러저러한 집단
의 성원이다. 그렇기 때문에 나에게 좋은 것은 같은 공동체에 속한 누
구에게나 좋은 것이어야 한다.

　개인들은 사회적 지위 때문에 연대를 맺기도 하지만 또한 동의와 상
호부조를 통해서 연대 제도에 참여하기도 한다. 공동체의 발전과 연관
된 이러한 원리는 19세기 말에 사회보험을 탄생시키는 데 중심적인 역
할을 하였다. 우리 모두는 실제로 서로에 대한 책임이 있기 때문에 공동
선에 헌신하고자 하는 인식을 확고히 해야 한다.

(3)

　오늘날 선진국에서 정부 지출이 가장 많은 분야는 복지이다. 그리고

복지 분야 중에서 대규모 정부 지출이 이루어지는 대표적인 프로그램은 공적 연금이다. 공적 연금은 정부가 노인들에게 매달 정해진 급여를 제공하는 것인데, 이의 재원 마련을 위해 경제 활동에 종사하는 국민들은 매달 소득의 일정액을 연금 보험료로 정부에 납부해야 한다. 이런 면에서 연금은 국가가 국민들에게 요구하는 일종의 강제 저축이다.

공적 연금을 지지하는 사람들은 국민의 노후 생활 보장을 위한 국가 개입은 정당하다고 주장한다. 그러나 자유의 가치를 존중한다면 개인들이 자신에게 해로운 선택을 할 자유도 인정해야 한다. 어떤 사람이 현재를 즐기는 데 자신의 소득을 모두 쓰는 대가로 궁핍한 노년을 감수하기로 결정했다면, 우리가 무슨 권리로 그것을 막을 것인가? 우리는 대화를 통해 그가 잘못 생각하고 있다고 설득할 수는 있다. 그러나 우리에게 그의 결정을 바꾸도록 강제할 권한이 있을까?

공적 연금을 지지하는 사람들은, 만일 이 제도가 없다면 스스로 노후 대비를 하지 않는 사람으로 인해 다른 사람들이 피해를 본다는 주장을 하기도 한다. 현대 사회에서 궁핍한 노인이 고통 받는 것을 그대로 방치할 수는 없기 때문에 정부는 공공 부조 등을 통해 지원한다. 이는 스스로 노후 대비를 하지 않는 사람 때문에 사회가 부담을 떠안게 됨을 의미한다. 따라서 강제적인 연금 가입은 그 사람의 이익이 아닌 다른 사람들의 이익이라는 관점에서 정당화된다는 것이다.

만약 공적 연금이 없는 상태에서 노령 인구의 90%가 사회에 부담이 된다면 이 주장은 매우 설득력이 있다. 그러나 오직 1%만이 공공의 부담이 된다면 전혀 그렇지 못할 것이다. 왜 1%의 사람들이 사회에 초래하는 부담을 막기 위하여 99% 사람들의 자유를 제한해야 하는가? 자발적인 노후 대비가 어려운 소수에게는 어느 정도 국가 지원이 필요할 수 있다. 하지만 나머지 다수에게는 스스로 노후 대비를 하도록 맡겨 두는 것이 연금 가입을 강제하는 것보다 바람직하다.

다수가 자발적으로 노후 대비를 할 수 있다면 공적 연금 제도는 별 이득도 없이 너무 큰 비용을 지불하는 셈이다. 이 제도는 우리의 소득 가운데 상당 부분에 대한 처분권을 박탈했으며 국가 재정의 위기를 초래하였다.

논제

제시문 (2)와 (3)은 사회문제 해결에 대한 서로 다른 관점을 제시하고 있다. 제시문 (2)와 (3)의 관점을 비교하고, 이에 근거하여 제시문 (1)의 사회문제를 해결하기 위한 자신의 견해를 논술하시오. (50점)

논제 분석

사회문제 해결에 대한 제시문 (2)와 (3)의 관점을 비교합니다. 이에 근거하여 제시문 (1)에 나타난 사회문제를 해결하기 위한 자신의 견해를 기술합니다.

논제 해설

제시문 (2)와 (3)은 공동체 의식을 강조한다는 공통점이 있습니다.

제시문 (2)는 공동체 주의를 바탕으로 사회적 책임을 강조하는 관점입니다. '가'는 '추은'의 개념을 설명하면서 어버이를 어버이로 섬기는 것에서 더 나아가 백성을 어질게 대하는 사회적 책무를 강조하고 있습니다. '나'는 정철의 훈민가로서 백성이 지켜야할 도리로써 '효'를 강조하여 세대 갈등의 해결책을 보여 주고 있습니다. '다'는 사회 보험이 탄생한 예를 설명하면서 사회 속의 개인들은 서로에 대한 책임이 있기 때문에 공동의 선을 실천해야 한다고 주장합니다.

제시문 (3)은 자유주의를 바탕으로 개인적 책임을 강조하는 관점입니다. 그 예로 오늘날의 사회복지 정책의 일환인 노령 연금의 가입을 정부가 강제하고 있다는 점을 비판하고 있습니다. 공적 연금을 지지하는 입장에서는 국가의 가부장적 역할을 강조하고, 다른 선량한 사람들의 피해를 방지한다는 점에서 정부의 강제 연금가입을 정당하다고 판단하고 있습니다. 그러나 제시문은 국민 다수가 자발적으로 노후 대비를 할 수 있다는 관점입니다. 즉 개인의 자유를 침해하지 않는 자유주의에 입각해서 시장을 활용하여 개인적 책임 하에 자발적으로 노후 대비를 하는 것이 바람직한 해결 방법이라고 기술하고 있습니다.

제시문 (1)은 사회문제가 노령화에 의한 세대 간의 갈등, 구체적으로 노후 소득 보장의 수단인 연금을 둘러싼 세대 간의 갈등을 지적하고 있습니다. 이 문제를 풀기 위해 사회적 책임을 강조하는 방식과 개인적 책임을 강조하는 방식 모두를 검토해야 합니다. 또한 절충안을 마련한다면 이 문제를 두고 왜 절충이 필요한지, 어떻게 절충할 수 있을지에 대해 명확히 밝혀야 합니다.

[사회적 책임이라는 관점에서 해결 방안]

연금을 둘러싼 세대 갈등을 해결하기 위해서는 우선 우리 사회에서 노인을 바라보는 의식이 전환되어야 합니다. 공동체 의식을 통해 노인들을 배려하려는 사회적 합의가 선행되어야 하며 노후 문제를 사회적 모성으로 바라보는 따뜻한 마음이 필요합니다. 그러나 현실적으로 노인의 노후 문제는 국가의 재정 지원과 노인 고용정책을 중심으로 다루어져야 합니다.

먼저 퇴직 연령을 조절하여 일할 수 있는 능력이 있는 노인들은 사회 속에서 자신의 능력을 발휘할 수 있도록 해야 합니다. 다음으로 노인들이 할 수 있는 적합한 일자리를 창출하거나 조정하는 것입니다. 예를 들어 톨게이트 안내원이 하는 일은 단순한 작업이라 노인들이 하기에도 적합한 것입니다. 이렇게 청장년층과 노인들이 할 수 있는 일는 노동의 양과 질을 달리하는 일자리를 개발한다면 세대 간의 갈등을 피하면서도 충분히 노인의 자발적 경제참여를 유도할 수 있습니다.

구체적 사례로 기업이나 개인의 기부 문화를 활성화한다든지 노인 공경을 위한 교육 프로그램의 활성화, 자발적 사회봉사자의 육성 등 현실적으로 가능한 방법들을 고민해 보는 것도 좋을 것입니다.

[개인적 책임이라는 관점에서 해결 방안]

연금을 둘러싼 세대 갈등을 해결하기 위해서는 개인의 책임을 원칙으로 해야 합니다. 고령화와 저출산 문제로 젊은 세대의 연금부담이 증가하는 상황에서 국가의 재정 지원에는 한계가 있습니다.

정부가 노인 일자리를 창출하여 노인들이 자율적으로 소득을 얻을 수 있게 제도적 장치를 마련해야 합니다. 일할 수 있는 노인들이 자발적으로 노동 시장에서 자신들의 경제활동을 할 수 있도록 제도의 개선이 선행된다면 공적 부조에 의지하지 않고서도 노인들이 스스로 경제적 자립을 영위함으로써 젊은 세대의 존경을 받을 것입니다. 또한 효율적인 재정 운용으로 세대 갈등을 해소할 수도 있습니다. 노인 복지에 들어갈 예산을 노인 경제 활동을 돕는 방면으로 활용한다면 일회적으로 주는 지원보다 더 노인들의 삶을 행복하게 만들 수 있습니다.

[절충적 관점에서 해결 방안]

고령화 사회에서 노인 계층은 그 성향이 다양합니다. 자발적인 노동이 가능한 노인들도 있겠지만 전적으로 국가의 공적 부조에 의지해야 할 계층도 상존합니다. 예를 들어 노인성 질병이나 신체적, 정신적으로 고통을 받는 노인들의 경우에는 공동체 의식에 입각한 정부의 보호가 절대적으로 요구됩니다.

따라서 노인의 노후 대비 문제에 대한 대책은 노인들이 상황에 맞게 이원화하여 수립하여야 합니다. 일할 능력이 있는 노인들에게는 자발적으로 경제 활동에 참여할 수 있는 일자리를 제공하고, 전적으로 공적 부조에 의지해야 할 경우에는 젊은 세대가 이해할 정도의 선별적 공적 부조를 통해서 노인의 노후를 제도적으로 지원해야 합니다. 이렇게 한다면 오히려 노인을 공경의 대상으로 바라보는 사회적 인식을 제고한다는 측면에서 보이지 않는 사회적 이득이 있다고 생각합니다.

8) '설명형' 논술 해결 방법

＾ 제시문 속의 원리나 이론에 근거하여 설명합니다.
＾ 제시문을 통해 사실이나 현상을 설명하고 이를 예측합니다.

(1) 설명형 논술 해결법

＾ 주어진 제시문을 상세한 분석을 통해 파악하여 기술하고, 제시문 속의 원리나 이론이 어떻게 해서 그 현상의 설명 기반이 되는지를 가능하면 상세히 밝힙니다.
＾ 해설, 해명과 혼돈하지 말아야 합니다. 설명은 특정한 논점이나 논지를 쉽고 명확한 언어로 재진술하는 것입니다.
＾ 서론, 본론, 결론의 구분을 무시하고 어떻게 하면 알기 쉽게 밝혀서 말할 것인지에 초점을 맞춰서 제시합니다. 주어진 문제에 따라 그

'용어'의 정의, 역사적, 철학적 의미 등을 알기 쉽게 설명하면 됩니다.

∧ 자기의 생각을 말하면 안 되며, 자연스런 흐름에 따라 쓰는 것입니다.

(2) **사례** : 2012학년도 중앙대학교 일반전형 모의 논술

☑ 제시문

(가)

쾌락은 감관(感官)*에 의한 쾌(快)이다. 그리고 감관을 즐겁게 하는 것을 쾌적이라고 부른다. 고통은 감관에 의한 불쾌(不快)이다. 그리고 고통을 낳는 것은 불쾌하다. 쾌락과 고통은 서로 획득과 결여(+와 0)처럼 대립해 있는 것이 아니라, 획득과 상실(+와 -)처럼 대립해 있다. 즉, 한쪽은 다른 한쪽에 대해서 모순적으로 대립할 뿐만 아니라, 상호 교환 관계로 맞서 있다. 나의 현재 상태를 버리도록(그런 상태로부터 나오도록) 나를 직접적으로 자극하는 것은 나에게 불쾌하다. 그것은 나를 고통스럽게 한다. 마찬가지로 그런 상태를 유지하도록(그런 상태에 남아있도록) 나를 자극하는 것은 나에게 쾌적하다. 즉, 그것은 나를 즐겁게 한다. 그러나 우리는 끊임없이 시간의 흐름 속에서 그리고 이것과 결합한 감각의 교체 속에서 움직이고 있다. 쾌락은 생을 촉진하는 감정이며, 고통은 생을 저지하는 감정이다. 그러나 생이란, 이 양자 사이의 대립 관계의 부단한 겨루기이다. 쾌락과고통의 상호 대립적 힘의 상호 작용이 우리 삶이다.

그러므로 고통은 모든 쾌락에 선행하지 않으면 안 된다. 즉, 고통은 항상 최초인 것이다. 어떤 정도를 넘어서는 증대되지 않는 쾌락을 끊임없이 계속 추구한다면, 그 결과는 희열 때문에 급사(急死)하는 것 이외에 무엇이 있겠는가? 또한 어떠한 쾌락도 다른 쾌락에 직접적으로 이어질 수 없다. 하나의 쾌락과 다른 쾌락 사이에는 고통이 개재(介在)해 있음이 틀림없다. 약간의생명력의 촉진과 저지가 교차할 때 건강상태가

유지될 수 있다. 고통은 인간 활동의 '박차(拍車)'이다.

*감관: 감각기관과 그 지각작용을 통틀어 이르는 말

(나)

조울증적 증상이 결합된 간질병은 한 위대한 화가에게 치명적으로 작용했다. 고흐의 예술가로서의 삶은 가장 창조적이었던 말년에 간질병으로 인한 심각한 불안과 정신적 혼란, 폭발적인 분노를 동반하는 정서장애에 크게 영향을 받았다. 동시에 고흐가 겪었던 질병은 그의 표현력을 해방시키기도 했다. 고흐는 이미 독주인 압생트로 인하여 심각한 알코올 중독에 빠져 있었고, 이로 인해 간질병 증상이 더 심해지기도 했다. 한번은 친구인 고갱을 죽이겠다고 위협을 하고 나서 정신착란 상태에서 자신의 오른쪽 귀를 자르기도 했다. 이렇게 감정이 폭발한 결과가 그의 대표작인 〈귀에 붕대를 감은 자화상〉에 직접적으로 표현되어 있다. 삶에서 고통의 순간들을 겪으면서 고흐는 강박적일 만큼 왕성한 창작욕을 발휘하였다. 우리가 압도적일 만큼 많은, 놀라운 고흐의 그림들을 보게 된 것도 다 이 조증의 성격을 띠는 그의 증상 덕택이다. 어떤 그림은 단 하루 만에 완성된 적도 있다. 심지어 집에서 멀리 떨어진 밀밭에서 총으로 자신을 쏘고 나서도 고흐는 자신이 묵고 있던 여인숙까지 기어와, 더 이상 힘이 없어 붓을 잡을 수 없을 때까지 세 점의 그림을 더 그렸다.

(다)

우리는 계단 맨 꼭대기에 서 있었다. 우리는 오르는 사람의 죄를 씻겨주는 산의 두 번째 고리를 보았다. 그곳에는 영혼도, 조각의 흔적도 없었다. 우리는 이미 그 고리를 따라서 걷고 있었다. 우리는 세상에서 일마일이나 됐을 법한 거리를 선한 의지로 아주 빠르게 지나갔다. 나의 스승이자 길잡이인 베르길리우스가 말했다.

"이 고리는 질투의 죄를 응징하지. 그렇기에 여기서 사용되는 채찍은 질투를 잠재우는 사랑에서 나오는 것이다. 용서의 길목에 다다르기 전에 너는 그 소리를 아주 쉽게 들을 것이라고 여겨지는구나. 이제 앞을 봐라. 잘 보면 저쪽에 사람들이 절벽에 등을 기대고 늘어서 있는 것이 보일 것이야."

나는 눈을 커다랗게 뜨고 앞을 바라보았다. 과연 그들이 기대 선 바위와 같은 색깔의 망토를 두른 한 무리의 망령들이 보였다. 우리가 그들에게로 다가서는 동안 외치는 소리가 들려왔다. 그들이 견디고 있는 고통이 눈에 들어올 정도로 나는 그들에게 가까이 다가갔다. 그들의 망토는 조악하기 짝이 없어 보였다. 한 사람의 머리는 다른 사람의 어깨에 의지하였고 모두가 절벽에 기대어 있었다. 그 모습은 축일에 교회 문 앞에서 먹을 것을 구걸하는 장님들을 떠오르게 했다. 마치 새로 포획된 야생의 매처럼 이 망령들의 눈썹은 철사로 꿰매어졌기 때문이었다. 그들을 따라 걸으면서 나를 볼 수 없는 그들을 둘러보았다. 나는 현명한 길잡이에게 몸을 돌렸다. 그분은 나의 침묵이 뜻하는 바를 알아차리고 묻기도 전에 그들에게 말을 붙여보라고 허락하셨다. 나는 그들에게 말했다.

"언젠가 당신들도 하늘의 빛을 볼 것으로 확신합니다. 그것이 당신들이 바라는 유일한 목표겠지요. 신이 당신들의 의식을 가리고 있는 너울을 곧 거두어주시길 빕니다. 그래서 기억의 흐름이 죄를 잊고 깨끗하게 흘러가도록 해주시길 빕니다."

(라)

에드먼드 버크는 사람들이 고통의 광경을 담은 이미지를 즐겨 본다고 주장했다. 그는 〈숭고한 것과 아름다운 것을 둘러싼 견해의 기원에 관한 철학적 탐구)에서 "내 확신에 따르면 사람들은 현실의 불행과 타인의 고통을 보면서 얼마간, 그것도 적지 않은 즐거움을 느낀다."라고 적어 놓았다.

사진이 먼 곳에서 벌어지고 있는 고통을 우리 눈앞에 가져온다고 해서 우리는 도대체 무슨 일을 할 수 있을까? 흔히 사람들은 타인의 고통이 자신과 밀접히 연결되어 있다는 사실을 잘 받아들이지 못한다. 관음증적인 향락(이런 일이 나에게는 일어나지는 않을 거다, 나는 아프지 않다, 나는 전쟁터에 있지 않다 같은 사실을 알고 있다는 그럴싸한 만족감)을 보건대, 흔히 사람들은 타인의 시련, 그것도 쉽사리 자신과의 일체감을 느낄 법한 타인의 시련에 관해서도 생각하지 않으려 한다.

어떤 이미지들을 통해서 타인이 겪고 있는 고통에 상상적으로 접근할 수 있다는 것은, 멀리 떨어진 곳에서 고통을 받고 있는 사람들과 그 사람들을 볼 수 있다는 특권을 부당하게 향유하는 사람들 사이에 일련의 연결고리가 있다는 사실을 암시해 준다. 고통 받고 있는 사람에게 연민을 느끼는 한, 우리는 우리 자신이 그런 고통을 가져온 원인에 연루되어 있지는 않다고 느끼는 것이다. 우리가 보여주는 연민은 우리의 무능력함뿐만 아니라 우리의 무고함도 증명해주는 셈이다. 따라서 우리의 선한 의도에도 불구하고 연민은 어느 정도 뻔뻔한 반응일지 모른다. 특권을 누리는 우리와 고통을 받는 그들이 똑같은 지도상에 존재하고 있으며 우리의 특권이 그들의 고통과 연결되어 있을지도 모른다는 사실을 숙고해 보는 것, 그래서 타인의 고통에 연민만을 베푸는 것을 그만두고 타인의 고통에 연대하는 것, 이것이야 말로 우리의 과제이다.

현대의 시민들, 스펙터클이 되어버린 폭력의 소비자들, 전쟁터에 직접 가보는 위험을 무릅쓰지 않고도 참상을 세세히 말하는 데 정통한 사람들은 진실해질 수 있는 가능성을 비웃도록 단련되어 있는 사람들이다. 위험과 고통의 현장에서 멀리 떨어져 의자에 앉은 채 우월한 위치에 있다고 주장하기란 얼마나 쉬운 일인가.

(마)

내가 지금 아프다고 느낄 때 나는 내가 속한 문화의 개념으로 아픔을 인식한다. '저리다', '시리다' 등과 같이 아플 때, 우리는 우리가 살고 있는 사회가 인정한 개념으로 가족이나 친구들과 나의 고통에 대해 이야기한다. '뒷골이 쑤신다', '어깨가 뻐근하다', '아랫배가 살살 아프다' 등 아무리 영어 광풍이 몰아치는 한국 사회에서도 우리는 영어로 아플 수는 없다. 그래서 고통은 사회문화적으로 인식, 소통된다. 여기서 고통이 사회문화적으로 인식, 소통된다는 것은 단지 언어학적인 부분만을 이야기하는 것은 아니다. 어떠한 자극을 고통이라고 정의하는 것, 어떠한 정도의 자극을 고통의 단계로 인정하는 우리의 감각 또한 사회문화적으로 형성된다.

인류학자 마거릿 로크는 일본의 중년 여성들과 북미의 중년 여성들이 느끼는 갱년기 고통의 정도가 다르다는 것에 주목하고, 갱년기 장애를 훨씬 덜 느끼는 일본 여성들을 대상으로 연구를 진행하였다. 그는 일본 사회가 여성들에게 부과한 이중고(즉, 현모양처이자 좋은 며느리로서의 역할과 일본 근대화 건설의 참여라는 시민으로서의 역할), 그리고 그 이중고를 감내하게 만드는 일본 사회의 봉건적 억압 아래에서 일본 여성들이 고통을 인식하는 방식은 서구 문화권의 북미 여성들이 인식하는 방식과는 다르게 형성된다는 것을 발견하였다.

(바)

고통의 영상은 전 세계의 시청자는 물론 현지 주민들에게도 정서적으로, 도덕적으로 커다란 충격을 던져준다. 사실 그러한 영상들은 대중매체의 중요한 일부분이 되어 있기도 하다. 희생자들의 영상은 심야 뉴스에서 '인포테인먼트(infotainment)'라는 이름으로 상업화되어, 마케팅이나 경쟁 과정에 편입된다. 인간의 경험을 실존적으로 포장하는 것, 대중의 감정을 자극하고 집단적인 행동을 유발할 수 있는 잠재력, 또한 현장을 목격하거나 증언할 수 있는 능력 등은 시장 점유율을 높이기 위한 수단으로 이용된다. 프랑스 의사회학자 루크볼탄스키의 말처럼, '아무리 멀리서 발생한' 고통도 전 세계 대중문화의 최첨단을 달리는 미국 문화의 안테나에 포착되기 마련이다.

이를테면, 과테말라, 르완다, 그리고 보스니아의 살인자가 갖는 미학적 관점과 그로 인해 죽은 사람들이 뉴스에 보도되는 방식 사이에는 일정한 상관관계가 존재한다. 텔레비전에는 박격포와 지뢰 때문에 사지가 절단된 사람들의 모습이 자세히 비춰진다. 그리고 그 모든 과정은 텔레비전을 통해 상세하고도 극적으로 우리 앞에 제시된다. 따라서 희생자 - 그들의 상처와 흉터 그리고 비극- 의 문화적 자산은 육체적, 성적 폭력이 보편화되는 것과 똑같은 문화적 코드로 평가되어 영화의 소재로 팔리거나 상업화되고, 타블로이드신문이나 소설가들도 독자들의 관심을 끌기 위해 이런 소재를 활용한다.

논제

[문제 1] '고통의 기능' 이라는 관점에서 제시문 (가), (나), (다), (라)의 논지의 차이점을 설명하시오. (40점, 530자~550자)

논제 분석

고통의 기능이라는 조건에 맞게 씁니다. 제시문 (가), (나), (다), (라)의 논지를 밝히고 그 차이점을 설명합니다.

먼저 각 제시문의 공통된 중심 화제와 미세한 차이점을 밝힙니다. 각 제시문은 모두 인간의 삶에 있어서 고통의 기능에 대해 설명하고 있습니다.

제시문 (가)는 고통의 존재론적 기능을 설명합니다. 고통과 쾌락은 본질적으로 반대의 개념이지만 고통이 있음으로써 쾌락을 느낄 수 있고 그것이 삶의 원동력이라는 말입니다. 즉 고통과 쾌락은 상호 작용을 통해서 인간 활동의 박차 역할을 하는 것이라고 설명하고 있습니다.

제시문 (나)에서 고통은 인간의 잠재성을 일깨워 예술적 창조성을 극대화시키는 역할을 한다고 '고흐'의 예를 들어 설명하고 있습니다. 즉 질병의 고통이 예술가를 괴롭히지만 역설적으로 그것은 예술가에게 창조적 영감을 주는 것이라고 말합니다.

제시문 (다)는 고통의 종교적 역할을 지옥의 비유를 통해서 보여주고 있습니다. 영혼의 구원은 고통이라는 정죄 의식을 통해서 가능하다는 것입니다. 즉 구원을 위한 속죄 수단으로서의 고통은 인간의 죄를 씻어주는 역할을 한다는 설명입니다.

제시문 (라)는 방송 매체를 통해 이미지로 보는 타인의 고통은 상상으로서만 고통에 접근하게 하여 그것을 향유하는 사람들에게 연민과 위안만을 주는 하나의 상품으로 전락한다는 것입니다. 따라서 소비자가 직접 고통을 느끼고 같이 해결하려는 의지에 방해가 된다는 말입니다. 즉 자본주의의 허위의식과 상품화 경향은 타인의 고통에 냉소적인 현대인을 양산한다는 설명입니다. 따라서 현대인은 연민과 동정으로 타인의 고통을 대할 것이 아니라 적극적 연대를 통해 문제를 해결하자는 주장입니다.

9) '서술, 기술형' 논술 해결 방법

기술(記述) 또는 서술(敍述)의 사전적 의미는 사물의 특질을 객관적, 조직적, 논리적으로 쓰라는 의미입니다. 또는 어떤 사실을 차례를 쫓아 서사적으로 쓰라는 의미입니다.

(1) 서술, 기술형 논술 해결법

^ 어느 정도 서론 본론 결론의 체계를 갖추어 차례를 쫓아 논리적 흐름대로 쓰십시오.
^ 자기의 의견은 피하고, 사물의 특질을 객관적, 체계적으로 설명하세요.
^ 서론, 본론, 결론의 틀을 갖추면 좋겠지만, 문제의 특성에 따라 정확한 체계를 갖추지 않아도 좋습니다. 즉 설명과 논술의 중간쯤의 틀과 체계를 갖춘다고 생각하면 됩니다.

(2) **사례** : 2012 한양대학교 수시 2차 모의 논술 문제

☑ 제시문

(가)

나라를 다스리는 것도 집안을 다스리는 것과 같은데, 고을을 다스리는 것은 말해 무엇 할 것인가? 집을 다스리는 예를 들어보자. 가정의 어른이 날마다 소리 지르고 화내면서 아이들과 노비들을 때리고, 돈 한 푼을 훔쳐도 용서하지 아니하고, 국 한 그릇을 엎질러도 용서하지 않으며, 심하면 철퇴로 어깨를 치고 다듬잇방망이로 넓적다리를 친다. 그런데도 아이들의 눈속임은 더욱 심해지고, 노비들의 도둑질도 더욱 방자해진다. 온 집안이 모여 헐뜯고 오직 들킬까봐 두려워하며 위아래 모두 눈가림으로 그 어른을 속인다. 슬프게도 이 집안의 어른은 독한 아버지가 되고, 가도(家道)가 어그러져 큰 혼란으로 빠져들어 마침내 법도 있는 집안의 모양을 이룩할 수 없게 된다.

그러면 다른 집안의 어른을 예로 들어보자. 그는 새벽에 일찍 일어나 세수하고 머리 빗고 의관을 정제한 다음 엄숙하고 단정하게 앉아 아침 문안을 받고, 할 일을 나누어 맡겨 각기 그 일을 처리하도록 한다. 따르지 않는 자가 있으면 순순히 타일러 깨닫도록 하고, 일에 수치가 될 만한 것이 있으면 숨겨두고 드러내지 않다가 한가한 때에 따로 불러 차근차근 훈계하고 꾸짖는다. 어른이 부지런함으로 통솔하니 집안사람들이 부지런하지 않을 수 없고, 어른이 검소하고 꾸밈없이 통솔하니 집안사람들이 검소하고 꾸밈없지 않을 수 없으며, 어른이 공손함으로 통솔하고 청렴함으로 통솔하여 표준이 이미 바르게 되니 모든 것이 순조롭지 않을 수 없다. 자제들이 모두 깔끔하게 행동하며 노복들이 모두 순박하고 선량해서 속이는 것이 무엇인지, 도둑질이 무엇인지 알지 못한다. 일 년 내내 뜰에서 매질하는 소리가 없어, 그 집에 들어서면 화목한 분위기가 가득해 봄바람이 스며드는 것 같다. 거문고와 비파, 서책은 깨끗이 잘 정돈되어 있으며 초목은 윤택하고 가축은 살졌으니 물어보지 않더라도 법도 있는 군자의 집임을 알 수 있다. 이러한 일로 살피건대, 말소리와 얼굴빛으로 백성을 교화하는 것은 말단의 방법이며, 형벌로써 사람을 바르게 하는 것도 말단의 방법이다. 수령 자신이 바르면 백성이 바르게 되고, 수령 자신이 바르지 않으면 비록 형벌을 가하더라도 바르게 되지는 않을 것이다. 천지가 생긴 이래로 이 이치는 항상 그러했던 것이니, 어찌 잡설(雜說)로써 어지럽히겠는가.

(나)

현명한 군주는 자신의 신민들의 결속과 충성을 유지할 수 있다면 잔인하다는 비난을 받는 것을 걱정해서는 안 됩니다. 왜냐하면 너무 자비롭기 때문에 무질서를 방치해서 그 결과 많은 사람이 죽거나 약탈당하게 하는 군주보다 소수의 몇몇을 시범적으로 처벌함으로써 기강을 바로잡는 군주가 실제로는 훨씬 더 자비로운 셈이 될 것이기 때문입니다. 전자는 공동체 전체에 해를 끼치는 데에 반해 군주가 명령한 처형은 단지 특정한 개인들만을 해치는 데에 불과할 뿐입니다. (중략)

그런데 사랑을 느끼게 하는 것과 두려움을 느끼게 하는 것 중에서 어느 편이 더 나은가에 대해서는 논쟁이 있었습니다. 제 견해는 사랑도 느끼게 하고 동시에 두려움도 느끼게 하는 것이 바람직하다는 것입니다. 그러나 동시에 둘 다 얻는 것은 어렵기 때문에, 굳이 둘 중에서 어느 하나를 포기해야 한다면 저는 사랑을 느끼게 하는 것보다는 두려움을 느끼게 하는 것이 더 안전하다고 생각합니다.

이것은 인간 일반에 대해서 말해줍니다. 즉 인간이란 은혜를 모르고 변덕스러우며 위선적인 데다 기만에 능하며 위험을 피하려고 하고 이익에 눈이 어둡습니다. 당신이 은혜를 베푸는 동안 사람들은 모두 당신에게 온갖 충성을 바칩니다. 이미 말한 것처럼, 막상 그럴 필요가 별로 없을 때, 사람들은 당신을 위해서 피를 흘리고, 자신의 소유물, 생명 그리고 자식마저도 바칠 것처럼 행동합니다. 그렇지만 당신이 정작 그러한 것들을 필요로 할 때면, 그들은 등을 돌립니다. 따라서 전적으로 그들의 약속을 믿고 다른 대책을 소홀히 한 군주는 몰락을 자초할 뿐입니다. 위대하고 고상한 정신을 통하지 않고, 물질적 대가를 주고 얻은 우정은 소유될 수 없으며, 정작 필요할 때 사용될 수 없습니다.

인간은 두려움을 불러일으키는 자보다 사랑을 베푸는 자를 해칠 때에 덜 주저합니다. 왜냐하면 사랑이란 일종의 감사의 관계에 의해서 유지되는

280
아들! 서울대 가다

데, 인간은 악하기 때문에 자신의 이익을 취할 기회가 생기면 언제나 그 감사의 상호 관계를 팽개쳐 버리기 때문입니다. 그러나 두려움은 항상 효과적인 처벌에 대한 공포로써 유지되며, 실패하는 경우가 결코 없습니다.

논제

〈문제〉 (가)와 (나)를 읽고, 현재 우리 사회에 필요한 지도자 상(像)에 대하여 주어진 조건에 맞추어 서술하시오.(1400자)

〈조건〉

1. (가)와 (나)를 비교하고, 이에 관한 자신의 견해를 밝힐 것.

2. 청소년 지도 문제를 예로 들며 일반적 논의로 나아갈 것.

3. 지금 우리 사회의 문제점을 설정하여 논의할 것.

논제 분석

① 제시문 (가)와 (나)를 참고하여야 합니다.

(가)와 (나)의 비교, 청소년 지도 문제를 예로 들어 일반론으로 확장할 것, 지금 우리 사회의 문제점을 설정하여 논의할 것입니다.

② 3가지 조건에 맞게 써야 합니다.

③ 현재 우리 사회를 분석하고 현상과 적합한 바람직한 지도자 상을 생각해 봅니다.

논제 해설

제시문 (가)와 (나)는 우리 사회의 바람직한 지도자의 모습에 대해 각기 다른 관점을 보여줍니다.

제시문 (가)는 한 나라의 지도자가 나라를 다스리는 원리를 어른이 집안을 다스리는 원리로 비유하여 설명하고 있습니다. 어른이 집안을 다스림에 있어서 자신부터 솔선수범하여 공손한 태도를 갖고, 청렴한 삶의 모범을 보여야 한다고 말합니다. 그래야만 아랫사람이 그 모습을 배우고 스스로 잘못을 뉘우치고 어른을 따른다고 합니다. 또한 어른의 그런 행동에 감복하여 올바르게 행동하려고 노력한다고 주장하고 있습니다. 즉 인간은 본성적으로 선하기 때문에 윗사람이 모범을 보이면 그대로 따르려는 품성을 있다는 말입니다. 따라서 현명한 수령은 강제를 통해서가 아니라 자신의 올바른 삶의 자세를 스스로 모범을 보임으로써 백성들이 자발적으로 따르도록 한다는 설명입니다.

이와 반대로 제시문 (나)는 현명한 군주는 인간의 악한 본성을 전제로 두려움과 엄격함으로 백성을 다스려야 한다고 주장합니다. 지도자가 자비로우면 무질서를 방치하게 되는 결과를 초래함으로 바람직한 지도자의 모습이 아니라는 주장입니다. 사랑과 자비로 다스려야 한다는 이상적인 통치 방법을 일견 긍정하고는 있지만 인간은 본성적으로 자기중심적이기 때문에 현실적으로는 두려움과 공포를 주는 통치 수단을 지향해야 한다는 설명입니다.

두 제시문은 인간의 본성을 선하다, 또는 악하다는 전제를 바탕으로 결론을 이끌어갑니다. (가)의 사회는 백성들이 지도자의 품성을 수용하는 자세로 살기 때문에 지도자가 모범을 보이는 방식으로 통치를 할 것이며 (나)의 사회는 엄격한 통치로 다스리게 될 것입니다. 그러나 현실적으로 전적으로 선하거나 악한 백성은 존재하지 않습니다.

우리 사회에서 청소년을 지도하려고 할 때 위 제시문에 근거해서 두 가지 방식의 교육 방법을 생각해 볼 수 있습니다. 지도자, 혹은 선생님들은 학생을 사랑과 자비로 대하며, 자신이 솔선수범하는 모습을 보여줌으로써 학생 스스로 배우고 따르기를 기대할 수 있습니다. 그러나 아직 자신의 정체성이나 가치관을 확립하지 못한 청소년기 학생들은 적절한 강제나 엄격한 훈육을 통해서도 좋은 인성을 기를 수 있습니다.

하지만 두려움과 공포로 교육하는 방식은 민주 사회의 일원을 교육한다는 취지에도 맞지 않을뿐더러 학생들을 폭력에 둔감하게 하고 자발적으로 행동하는 즐거움을 앗아갈 수 있다는 측면에서 근본적인 교육 방식은 아니라고 생각합니다. 스스로 모범을 보이는 지도자 상이 바람직한 것입니다.

이러한 문제는 우리 사회에서 벌어지고 있는 일부 지도자들의 부패와 부도덕을 생각해 보면 쉽게 이해할 수 있습니다. 저축은행 사태와 관련하여 금융통화 위원회의 비리 사슬이 지금 심각한 사회 문제로 떠오르고 있으며, 정권 말기에 불거져 나오는 대통령 측근들의 권력형 비리, 금품 수수의 의혹들은 백성들의 마음을 무겁게 합니다. 경제적 이해관계에 따라 물질의 유혹을 이기지 못하는 지도자들을 보면서 백성들은 자신의 잘못된 행위들을 자위하는 방편으로 삼을 수 있다는데 문제의 심각성이 있습니다.

이런 부도덕한 사회 현상을 극복하기 위해서라도 올바른 품성으로 백성의 본보기가 될 수 있는 지도자가 바람직하다고 생각합니다. 이런 덕성과 품성을 지닌 지도자의 강제와 규제라면 구성원 모두가 신뢰를 바탕으로 엄격한 사회 질서를 유지하는 데에도 자발적으로 따를 것입니다. 비록 엄격한 규율과 통제라도 그 정당성이 인정된다면 국민들은 그것을 수용하게 될 것이며 자신들의 삶에서 지도자의 모습을 닮아가려는 노력을 할 것입니다.

10) '자료 해석형' 논술 해결방법

^ 최근의 두드러진 특징입니다.

^ 학문적 의사소통을 위한 필수 소양이기 때문에 중요성이 커졌습니다.

^ 텍스트(그림, 통계, 자료, 도표 등)의 의미를 파악하여 평가하거나 설명합니다. 그런데 꼭 제시문의 내용과 연관하여 생각하세요.

^ 자료에 대한 해석능력과 제시문 속의 이론이나 원리와의 연관성을 파악하는 능력을 봅니다.

^ 설명형이나 평가형, 대안 제시형과 복합적으로 출제되는 경향이 있습니다.

(1) 자료 분석형 논술 해결법

^ 자료 분석을 통한 현상의 추이를 파악하는 방식입니다.

^ 수치변화 추이, 특정 항목 수치의 유지 또는 변화, 변수들 사이의 상관관계에 주목해야 합니다.

^ 관련 자료를 분석해서 그 내용을 제시문과 관련하여, 특정 견해나 이론을 지지 또는 비판하는 방식으로 글을 씁니다.

^ 관련 자료를 활용하여 주어진 문제 상황에 대한 해결책을 제시하는 방식으로도 출제가 됩니다.

(2) 사례 : 2012학년도 성균관 대학교 모의 논술 문제

논제

아래 (표 1)과 (그림 1), (그림 2)는 공통적으로 하나의 현상을 보여준다고 할 수 있다. 그 현상이 무엇이며, 어떤 점에서 그렇게 해석가능한지 상세히 밝히시오.

논술고사 문제지 (인문)

[문제 3] 아래 <표 1>과 <그림 1>, <그림 2>는 공통적으로 하나의 현상을 보여준다고 할 수 있다. 그 현상이 무엇이며, 어떤 점에서 그렇게 해석가능한지 상세히 밝히시오.

국가	폭력시위 빈도	최루탄 사용량(ton)
가	100	5
나	1,050	73
다	1,400	102
라	600	40

<표 1> 국가별 연간 폭력시위 빈도와 경찰의 최루탄 사용량

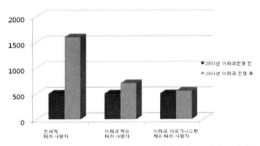

<그림 1> 이슬람 근본주의자들의 테러로 인한 사망자 수: 연평균 (단위: 명)

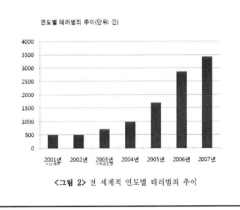

<그림 2> 전 세계적 연도별 테러범죄 추이

성 균 관 대 학 교   〈4/5〉

아래의 표와 그림들의 공통된 관점은 폭력이 또 다른 폭력을 부르는 '폭력의 악순환'과 관련된 자료들입니다.

〈표 1〉은 구체적 수치를 언급하면서 정확하게 분석해야 합니다. (가)~(라) 국가들의 연간 폭력 시위 빈도와 시위의 진압을 위해 경찰이 사용한 최루탄의 양을 보여 주는 자료입니다. 이 자료에 따르면 (가) 국가는 시위 빈도 20회당 1톤의 최루탄을 사용합니다. (나) 국가는 1,050회의 시위라면 (가) 국가를 기준으로 했을 때 52.5톤의 최루탄을 사용해야 하지만 실제로는 73톤을 사용하여 40% 정도를 더 소모했습니다. (다) 국가는 1,400회의 시위에 70톤을 사용해야 하지만 실제로 102톤을 사용하여 46%를 소모했습니다. (라) 국가는 600회의 시위에 30톤을 사용해야 하지만 실제로 40톤을 사용하여 33% 정도를 더 사용했습니다.

이것은 폭력 시위의 빈도가 늘어날수록 최루탄의 사용량은 정비례로 증가하는 것이 아니라 지수 함수적으로 늘어나고 있다는 것을 보여 주는 것입니다. 따라서 시위 폭력의 빈번한 발생은 그것을 진압하기 위해 더 많은 폭력이 필요하다는 것을 증명하고 있는 것입니다.

〈그림 1〉은 이슬람 근본주의자들의 테러로 인한 전 세계 연평균 사망자를 보여주고 있습니다. 2003년 이라크 전쟁 전의 그래프를 보면, 전 세계 지역에서 사망자의 수가 일정하게 유지되고 있었다는 것을 알 수 있습니다. 그러나 2003년 이라크 전쟁 후를 보면 이라크에서의 연평균 사망자가 이라크를 제외한 전 세계 사망자의 수보다 더 많다는 것을 알 수 있습니다. 또한 아프가니스탄의 연평균 사망자를 살펴보면 2003년 이라크 전쟁 이후 전 세계적으로 연평균 사망자가 증가하였는데 그 중

가분의 대부분이 이라크에서의 증가이고 그 다음이 아프가니스탄에서 증가한 것이라는 사실을 입증하고 있습니다. 따라서 이라크 전쟁이라는 폭력이 이라크에서의 연평균 사망자의 수를 증가하는 요인으로 작용한 것으로 보아 폭력이 폭력을 부르는 악순환을 입증하는 사례라고 할 수 있습니다.

〈그림 2〉는 전 세계 테러범죄 추이를 연도별로 보여 주는 그래프입니다. 2003년 이라크 전쟁을 계기로 전 세계 테러범죄의 건수가 크게 증가하고 있다는 사실을 보여 주고 있습니다. 마찬가지로 이 그래프를 통해서 폭력의 악순환을 입증할 수 있습니다.

▶ 7. 논술 작성법의 핵심 길라잡이

1) 논술작성 요령

- ^ 글씨는 깨끗하게 씁니다.
- ^ 문체는 간결하게 씁니다. 즉 복문을 피하고 단문 위주로 씁니다.
- ^ 구어체의 일상용어보다는 문어체의 개념어를 사용합니다. 예를 들어 '여러 사람'은 '사회 구성원'으로, '좋다고 생각한다'는 '지지한다'로 쓰는 방식입니다.
- ^ 문학적 용어(지나친 수사표현)나 전문적 용어를 삼가고 이해한 대로 쉽게 씁니다.
- ^ 가급적 두괄식으로 구성하여 논지를 부각합니다.
- ^ 접속사나 담화 표지를 잘 활용하여 글의 흐름을 매끄럽게 유지합

니다. 담화 표지는 '정리해서 말하면, 결과적으로, 가장 중요한 점은' 등 앞으로 전개될 이야기의 흐름을 요약, 강조, 예고하는 말들입니다.

^ 양비론, 양시론, 절충론보다는 자신의 주장을 명확히 밝히고 그 근거를 서술합니다.

^ 수동 표현은 삼가고 능동 표현을 씁니다. 그래야 글에 자신감이 묻어납니다.

^ 일률적인 서론, 본론, 결론 구성은 의미가 없습니다. 논제의 성격에 따라 글자 수가 적은 문제는 본론만 써도 됩니다.

^ 뛰어난 문장보다는 어법에 맞는 쉬운 문장이 좋습니다.

^ 완성된 문장으로 씁니다. 주어, 서술어, 목적어, 보어 등 문장의 필수성분은 빼먹지 마세요.

^ 비문은 삼가고, 문장 호응에 유의하여 자연스럽게 씁니다.

^ 불확실한 어투보다는 단정적인 어투로 씁니다. ~이다, ~있다 등의 서술어를 사용합니다.

2) 논제 해결 요령

^ 논제 파악이 중요합니다. 논제에서 요구하는 사항에 맞는 답을 씁니다. 꼭 묻는 말에만 답하세요.

^ 논제에서 조건이 붙어 있는지를 꼭 확인하여 조건에 맞게 씁니다.

^ 제시문을 꼼꼼하게 요약하고 숨겨진 의미까지 파악합니다. 그대로 인용은 금물입니다.

^ 제시문간의 연관성을 따져서 먼저 공통 화제를 찾고, 각 제시문의 미세한 관점의 차이를 파악합니다.

아들! 서울대 가다

- 요약적으로 서술하지 말고 구체적으로 써야 합니다. 즉 제시문에 나와 있는 내용을 자신의 글에서 먼저 밝히고 그 의미를 설명해야 합니다.
- 문제 해결 방안 등은 상투적인 글보다 자신만의 독창성이 엿보이는 글이 좋습니다. 단 제시문에서 파악할 수 있는 사실들로부터 사고를 확장하여 현실 가능한 대안을 마련합니다. 대안을 제시할 때는 의식적인 부분, 사회구조적 부분(제도), 개인적인 부분을 잘 따져서 우선순위에 따라 서술합니다.
- 어설픈 독창성은 글의 맛을 버립니다. 제시문을 토대로 약간의 변형과 확장을 통해 재구성하여 창의력을 보여줍니다.
- 자신의 주장이나 의견에는 꼭 근거가 있어야 합니다. 근거는 우선순위를 정하여 구체적이고 적합하게 제시합니다.
- 개인의 특수한 경험이나 주관적, 감상적 표현은 자제합니다. 즉 객관적인 자료나 사례를 들어야 설득력이 있습니다.
- 충분한 시간을 갖고 구상하고, 개요 짜기는 상세하게 작성합니다. 제시된 글자 수의 안배도 이때 합니다.
- 평소에 많이 써 보고, 첨삭 등 평가를 받은 후에 다시 써 봅니다.
- 기출문제는 꼭 챙겨서 풀어 봅니다. 단 시간을 체크하여 시간 내에 끝내는 연습을 해야 합니다. 실제로 시험 시간은 짧기만 합니다.

3) 글을 쓸 때 주의할 점

- 맞춤법에 맞게 써야 신뢰를 줍니다.
- 원고지 사용법의 준수는 기본입니다.
- 원고지 분량, 글자 수를 지킵니다.

^ 답안지에는 어떤 낙서도 하면 안 됩니다.

^ 현장 상황(유의 사항)에 적응해야 합니다. 각 학교별 특성별로 필기구, 글의 분량, 시험시간 등을 숙지합니다.

▶ 8. 각 대학별 논술고사의 특징(인문계열)

이 장에서는 각 대학의 논술시험의 특징을 설명하겠습니다. 각기 그 유형이 달라 보이지만 기본적인 논술의 특징은 비슷합니다. 따라서 자신이 지원한 대학의 특징만 부분적으로 살피지 말고, 전체적인 논술 문제의 틀을 이해하기 위해서라도 각 대학의 논술 경향을 모두 살펴보는 것이 좋습니다.

1) 서울대학교

① 심층면접을 보다 강화하는 방향으로 갈 것입니다. 그러나 여전히 정시에서 논술이 중요하기 때문에 정시논술과 함께 심층면접을 보다 적극적으로 준비해야 합니다.

② 서울대 논술은 제시문이 상대적으로 쉽고 논제도 복잡하지 않습니다. 세부 논제로 제시해 주기 때문에 학생은 논제의 요구에 따라 제시문을 활용하면서도 자신만의 독창적인 사고를 보여주어야 합니다. 정형화된 사고가 아닌 논리적이고 창의적인 사고 능력을 요구하는 것입니다. 따라서 제시문 독해력의 비중이 약하고 논리적 사고력과 창의력의 비중이 더 크기 때문에 답안의 변별력이 매우 크게 작용합니다.

③ 수시에서도 내신 전 과목을 반영하듯이 논술에서도 전 과목의 배경 지식을 반영합니다.

^ 서울대 논술은 쉽다

통합교과형 논술이기 때문에 교과서를 충실히 학습하는 것이 필수입니다. 제시문은 쉽고 답이 어렵습니다. 쉬운 제시문을 어렵게 푼다? 쉬운 상황을 분석해서 의미 있는 해석을 하라는 뜻입니다.

^ 서울대 논술은 어렵다

사회문제와 연결하여 발상해야 합니다. 특히 독창적, 통합적(보편적) 사고 능력이 필수입니다. 따라서 자신이 알고 있는 모든 교과영역을 관련시켜서 발상해야 하고, 그 문제점을 창의적으로 분석, 해결해야 하는 것이 여러분에게는 어려운 작업입니다.

2) 연세대학교

① 연세대 수시논술은 인문 계열과 사회 계열로 나누어 실시합니다.
② 〈논제 1〉은 독해력 평가입니다. 먼저 관점이 다른 3개의 제시문을 비교, 분석할 것을 요구합니다. 다음으로 각 사례에서 비교의 기준이 되는 공통점과 미세한 차이점을 토대로 논의를 진행하라는 것입니다. 무엇보다도 제시문에 나타난 구체적 사례를 일반화하여 정리하는 것이 중요합니다. 그 사례가 무엇을 의미하는지를 파악하여 개념화하라는 것입니다. '귀납논증'이네요. 여러 경험적 사례들을 살펴서 그 속에 담긴 일반적 의미를 찾으라는 뜻입니다.
③ 〈논제 2〉는 제시문의 관점을 활용하여 다른 관점을 평가하라는

'다면사고형' 문제입니다. 즉 다양한 각도에서 생각하고 문제에 접근하라는 뜻이지요. 실험 결과나 연구 결과를 자료로 주고 그 의미를 해석하고, 다른 제시문과 연결시켜 해결하라는 것입니다. 그것을 통해 논리력, 사고력, 창의력을 종합적으로 평가합니다.

3) 고려대학교

① 고려대 논술은 독해력이 기본입니다. 제시문 요약과 비교를 기초로 하여 논점에 대한 본인의 견해를 제시하는 유형입니다. 따라서 〈제시문 1〉의 요약이 가장 중요합니다. 논제를 풀어 갈 때도 〈제시문 1〉의 논지와 내용들을 활용하여 다음 논제의 답을 구성하세요. 그러면 논리의 비약이나 내용의 빈약함을 극복할 수 있습니다.

② 〈논제 1〉은 제시문의 요약입니다. 요약은 논술의 가장 기본이기 때문에 기출문제를 중심으로, 문단별로 소주제를 정리하면서 전체 주제를 파악하는 훈련을 꾸준히 해야 합니다. 요약에서 중요한 것은 제시문의 내용을 충실히 반영해야 합니다. 중요한 부분을 생략하거나 가볍게 처리하면 감점 요인이 됩니다.

먼저 제시문 내용을 밝히고 그것에 대한 분석과 해설을 쓰세요. 쉽게 말하면 '이런 걸로 봐서 이렇다'라고 쓰는 것입니다.

③ 〈논제 2〉는 제시문들을 비교하고 자신의 견해를 밝히는 문제입니다. 또한 사회현상과 관련하여 문제 해결을 요구하기도 합니다. 비교 대상이 되는 제시문의 핵심을 요약하여 공통 주제를 찾고, 자신의 의견을 제시할 때에는 주장과 근거를 명확히 드러내야 합니다. 또한 자신의 생각과 반대되는 제시문의 내용을 논리적으로 반박함으로써 자신의 주장을 강화할 수도 있습니다.

④ 〈논제 3〉은 수리 논술입니다. 평소 수학의 기본 개념을 충실히 공부했다면 큰 어려움 없이 해결할 수 있습니다. 수학과 사회 문제의 통합이라는 인문논술 취지에 맞게 구성하기 때문에 확률과 통계, 수열, 함수 등의 영역에서 출제되는 경우가 많습니다. 유의할 점은 논제 1번, 논제 2번 풀이에 시간을 너무 할애하다 보면 수리 문제를 소홀히 하거나 풀지 못할 경우가 발생할 수 있으므로 시간 안배에 각별히 신경을 써야 합니다.

4) 서강대학교

① 인문 사회계열 논술을 하나로 통합했습니다.
② 논제와 출제 의도를 파악합니다. 출제자가 요구하는 사항에 맞춰 답을 써야 합니다. 논술 문제를 정확히 독해하지 못하면 논제를 잘못 이해할 수 있기 때문에 논제를 제대로 파악해야 합니다.
③ 제시문에서 문제를 발견하고 해석하는 능력을 봅니다. 제시문의 요약을 바탕으로 제시문 간의 공통점과 차이점을 분석하고 특정 관점에서 논하라는 문제 유형입니다. 제시문을 정확히 읽고 효율적으로 요약하고, 제시문을 꼼꼼히 독해한 뒤에 중심생각을 찾아 거기에 관한 자기 생각을 써야 합니다.
④ 제시문 간의 논리적 연관 관계를 파악합니다. 제시문은 한 문항에 보통 3~6개가 나옵니다. 제시문 간의 연관 관계를 잘 파악해야 출제자 의도를 파악할 수 있습니다. 서로 같은 견해의 제시문과 반대되는 견해의 제시문을 정확히 구분해야 합니다.
⑤ 타당한 논거를 제시해야 합니다. 논제 해결에 필요한 논거를 제시문에서 파악하고, 자신의 배경지식과 정보, 경험에서 습득한 논거

들을 통합하여, 새로운 생각을 추론해야 합니다. 논술은 논리적인 근거, 논거를 제시하는 문제입니다. 논거는 제시문에서도 도출해야 하지만 좀 더 깊이 생각하여 자신만의 창의적인 논거를 생각해 내야 합니다.

⑥ 자신의 논지가 합당한 논거에 근거하고 있는지, 예상되는 반론에 대응하면서 그것을 재반박하는 형식으로 구상을 해도 좋습니다. 주장을 뒷받침하는 논거를 찾아내도 그것이 객관적으로 설득력이 없으면 소용이 없습니다. 논거를 제시하는 방법에는 연역적, 귀납적 방법이 있습니다. 우리가 이미 이성적으로 알고 있는 합리적 판단명제를 제시할 수도 있고 경험에서 축적된 통계나 정보를 논거로 들 수도 있습니다.

⑦ 그래프와 도표는 철저하게 분석합니다. 그래프나 도표를 파악하는 기본 원리는 일반적인 제시문의 독해법과 비슷합니다. 우선, 그래프와 도표에 담긴 정보의 의미를 찾아내야 합니다. 그 다음으로 그래프와 도표에 담겨 있는 사회 현상이 무엇인지 파악하여 요약한 뒤에 답안을 작성하면 좋습니다.

⑧ 글쓰기에 있어서 체계적인 구성 능력과 서술 능력을 평가합니다. 먼저 핵심 생각과 핵심어를 정리하여 씁니다. 무작정 답안을 작성하지 말고 답안에 쓸 주요 발상과 핵심어를 메모하여 정리합니다. 다음으로 효율적인 개요를 작성합니다. 여러 문단으로 답안을 작성할 때, 글 전체의 주제가 명료하게 드러날 수 있도록 문단 구성을 해야 합니다. 주의할 점은 적정 분량까지 미리 정하여 쓰는 것이 전체적인 구성에 안정감을 줍니다.

5) 성균관대학교

① 정상적인 고등교과 과정에서 출제하기 때문에 제시문이 쉽고, 논제에서 요구하는 사항이 명확하고, 형식이나 분량에 제한이 없습니다. 분량 안배에 어려움이 있다면 다른 대학의 비슷한 유형의 문제를 기준으로 정해도 좋습니다.

② 통합 교과형으로 제시문과 자료를 주고 제시문의 주제와 그림, 표, 수치, 정보 등의 관련성을 파악하여 바르게 해석하는 능력을 평가합니다. 따라서 여러 학문의 통합 이슈를 주제로 비판적 평가와 창의적 사고를 요구합니다.

③ 문제 해결형 논제를 출제합니다. 제시문의 독해와 분석을 바탕으로 사회 문제에 대한 실제적 대안을 제시하라는 것입니다. 이러한 대안 제시형의 문제는 배점이 높고 변별력이 크다는 특징이 있습니다. 따라서 성대 논술에서 좋은 점수를 얻으려면 창의적 문제 해결 능력을 길러야 합니다.

④ 원고지를 사용하지 않고 필기도구도 자유입니다. 단 고사 시간은 120분입니다.

6) 한양대학교

① 인문 계열, 상경 계열로 나누어서 출제합니다. 인문 계열의 경우 1,400자 정도의 장문 1문제가 출제되며 상경 계열의 경우 600자 분량의 원인 분석 한 문제와 수리 문제 1문항을 출제합니다.

② 장문의 인문 계열 논술은 서론, 본론, 결론의 틀을 잡아서 체계적으로 글을 작성해야 합니다.

③ 학생들이 늘 접하는 쉬운 지문을 새롭게 독해하는 방식이지만 논제는 다소 까다로워지고 있습니다. 제시문을 분석하고 사회 현상의 창의적 대안을 찾는 문제 해결형의 논제로 바뀌고 있습니다.

④ 서로 다른 유형의 제시문을 서로 연결시켜 구조적으로 사고하는 능력을 평가합니다.

7) 중앙대학교

① 제시문의 내용은 고전, 사회, 과학 등으로 다양합니다. 이러한 다양한 제시문들을 통합하여 출제 의도에 맞는 답을 작성해야 합니다.

② 제시문의 비교와 분석을 토대로 제시문의 논지를 비판하는 유형으로 출제됩니다.

③ 자료 해석형 문제로 주어진 자료를 분석하고 활용하여 논제에서 요구하는 답을 추론하는 과정을 평가합니다.

④ 인문 수리 문제를 1문제 출제합니다. 정확한 수식으로 답을 찾아가는 수리적 계산 능력을 평가하는 방식이라기보다는 창의적 사고력을 측정하는 문제에 가깝습니다.

⑤ 인문 계열 논술은 제시 자료의 통합적 이해, 창의적 문제해결, 논리적 표현력을 평가합니다.

⑥ 교과서 수준의 통합 논술을 지향하며 논술의 유형을 일관되게 유지하는 것을 원칙으로 하고 있습니다.

8) 서울시립대학교

① 논제의 정확한 이해를 바탕으로 찬성, 반대의 입장을 논리적으로 구성할 수 있는 능력을 평가합니다. 특히 논제에서 주어진 조건에 맞게 서술하는 능력을 평가합니다.

② 각 분야의 고전이나 영어 지문, 도표 등을 바르게 분석하는 독해 능력을 평가합니다.

③ 제시문을 활용하여 자신의 주장을 뒷받침하는 근거를 찾는 능력을 평가합니다. 특히 제시문의 관점을 지지하여 수용하거나 반박하여 비판하는 능력을 평가합니다.

④ 국제화에 따른 영어 지문의 중요성을 강화하였습니다. 영어 지문의 난도가 높아서 영어에 취약한 학생들은 세심한 준비가 필요합니다.

9) 한국외국어대학교

① 영어 지문을 필수로 제시합니다. 단, 두 영어 제시문에서 공통된 관점과 그 차이점을 찾아야 답을 쓸 수 있습니다.

② 핵심어를 활용하여 제시문의 요지를 파악하는 서술형입니다.

③ 각 제시문을 비교 분석하거나 그 차이점을 설명하는 유형으로 출제합니다.

수험생에게

한마디!

10. 수험생에게 한마디!

▶ 1. 수시 대비의 중요성, 혹은 필요성은?

2013학년도부터 수시 비중이 64.4%로 확대되었습니다. 특히 서울대의 경우 80% 이상을 수시에서 충원한다고 발표하였습니다. 또한 수시 횟수를 6회로 제한하고, 입학사정관 전형을 확대한다고 합니다. 이에 따라 수험생 여러분이 어떻게 수시 전략을 짜야 하는지 고민이 많을 것입니다.

먼저 3학년 수험생들은 수시 대비를 위해 지난 3년간의 학교생활을 뒤돌아보면서 사소한 부분이라도 빼놓지 말고 자신의 생활을 꼼꼼히 기록해 보십시오. 그리고 얼마 남지 않았지만 내신 성적을 유지하거나 향상시키기 위해서 마지막 남은 힘을 다 쏟아 부으십시오.

수시는 이제 선택이 아니라 필수입니다. 60%가 넘는 수시 전형을 포기하고 정시에 올인하는 전략은 이제 통하지 않습니다. 우수한 재수생들과 반수생들이 모두 정시에 기대를 하고 있는 상황에서, 수능 한방으로 정시에서 좋은 결과를 낼 수 있다는 생각은 버려야합니다. 지금의 대입 전형으로는 수시에서 여러분의 특성과 강점을 보여줄 수 있는 자기소개서, 증빙 서류, 학교생활기록부, 비교과 활동(독서, 봉사, 동아리), 추천서 등을 철저히 준비해서 하나의 감동적인 스토리로 잘 엮어야 합니다.

▶ 2. 수시 준비는 언제부터 하는 것이 좋을까요?

본격적인 준비는 3학년 여름방학 때부터입니다. 기말고사가 끝나고

'서울대 입학처'에 있는 정보들을 활용하여 먼저 모집요강을 분석하고, 서울대가 원하는 '인재상'에 대해서 철저히 검토했습니다. '지피지기면 백전불태'라는 말이 있듯이 수험생들도 자기가 지원하는 학교의 모든 정보를 숙지하십시오. 지원하는 학교의 '건학 이념'이나 전공과 관련된 학과의 소개, 교수진 등 많은 부분에 대해서 미리 알고 대비하셔야 합니다.

여름방학 때부터 자기소개서를 쓰기 시작했는데요, 지난 3년을 성찰하는 계기가 되었다는 점에서 의미 있는 시간이었습니다. 특별한 스펙이 없어서 고민이 많았는데, 학교생활에서 얻은 사소한 경험을 중심으로 해서 그 활동의 의미를 강조하는 방식으로 2달에 걸쳐서 작성하였습니다. 돌이켜보면 수험생들은 좀 더 일찍 수시 대비 서류준비를 시작했으면 합니다. 수능 시험은 다가오는데 생각이 많아지면서, 수능 공부에 소홀해질 수밖에 없었기 때문에 공부 패턴을 유지하기가 쉽지 않았습니다. 다행히 서류 작업을 마친 후에는 수능 공부에 전념할 수 있었습니다.

▶ 3. 아들이 갖추었던 스펙을 알려 주세요.

아들의 스펙은 변변치 않습니다. 반장이나 임원을 했던 경험도 없고, 남들이 다 가지고 있는 텝스 성적표도 없었습니다. 하지만 중요한 것은 대외적인 거창한 스펙의 나열이 아니라 학교 내에서 경험했던 활동과 그 의미를 부각시키는 것입니다.

다음의 두 가지 사항에 대해서 수험생들은 꼭 자신의 활동 경험을 찾아야 합니다. 첫째, 자기 주도적 학습에 대한 경험입니다. 여러분도 알다시피 대학의 목적은 학문 연구를 통해 사회에 이바지하는 인재를 길러 내는 것입니다. 주어진 과제에 순응하는 소극적인 학습 태도로는 대학이 원하는 인재가 될 수 없습니다. 3년 동안 자기 자신이 관심을 가지고 주도적으로 해결했던 탐구 사례가 있어야 합니다. 아들의 경우는 '충청북도 무역협회'가 주관한 '충청북도 중소기업의 해외진출 전략'에 대한 논술 경시대회를 준비하면서 스스로 공부했던 마케팅에 관한 학습 내용과 입상 결과를 증빙서류로 제출하여 입학사정관에게 좋은 이미지를 줄 수 있었습니다.

둘째 '지적 호기심'에 대한 열정을 보여주어야 합니다. 스스로 공부한다는 것의 전제가 호기심입니다. 호기심은 여러분이 학교에서 배우고 느꼈던 자연현상이나 사회현상에 대한 탐구 열정을 불러일으킵니다. 이러한 두 가지 태도에 대한 자기 정리가 화려한 스펙보다 훨씬 의미가 크다고 생각합니다.

참고로 아들의 스펙을 말씀드리자면 충북 무역논술 입상, 시사 이슈 스크랩 활동, 유패드(전국 정치외교 연합 동아리)활동, 학사 내 논술반 활동과 생글생글 경시 대회 입상, 백범 일지 감상문 입상, 학교 '진리장' 인증서, 한국사 1급 자격증, 교외 표창장 2부와 장학증서 4부, 기숙사 확인표 등입니다.

▶ 4. 자기소개서를 작성할 때 주의해야 할 점과 강조해야 할 것은 무엇이라 생각합니까?

자기소개서는 자신의 얼굴입니다. 진솔함과 자신만의 매력을 보여주어야 합니다. 먼저 준비 단계에서 해야 할 일입니다. 첫째, 평소에 비망록을 작성하여 자신의 생활을 기록으로 남겨야 합니다. 둘째, 생활기록부 내용에 대해서 면밀하게 분석하고 충분히 숙지해야 합니다. 셋째, 평소 학교생활에 적극적으로 참여해야 합니다. 특히 비교과 영역에서 자신의 매력을 드러내야 합니다.

다음으로 자기소개서 작성의 기본 원칙들입니다.

첫째, 솔직하게 써야 합니다. 약간의 화장발로 미화하는 것은 애교로 봐 주지만 허구의 것으로 소설을 쓴다면 입학사정관들이 알아차리고 추후에 학교에 직접 확인할 수도 있습니다. 또한 남 앞에 내세우기 부끄러운 일들도 그 의미를 드러낼 수 있다면 좋은 소재가 됩니다. 좌절 속에서 희망을 보는 삶의 자세는 누구라도 칭찬합니다.

둘째, 구체적으로 써야 합니다. 직접 제시가 아니라 간접 제시를 통해서 자신의 모습을 드러내야 합니다. '나는 착하다', '나는 잘 났다'라는 당위적인 주장은 의미가 없습니다. 자신의 잘난 점을 구체적 사례를 통해 설명해야 합니다.

셋째, 감동적이어야 합니다. 자신의 능력이 부족하여 자기소개서를 감동적으로 쓰기가 힘들다면 주변의 도움을 받아서라도 하나의 일관된 스토리로 각색하는 것이 좋습니다.

넷째, 논리적 일관성입니다. 자신의 이야기를 이것저것 나열하는 것이 아니라 자신의 삶의 목표, 장래 진로와 관련시켜서 그 의미를 설명하는 것이 좋습니다.

다섯째, 자기소개서에 드러난 모든 사항에 대해서 증빙서류를 준비해야 합니다. 제출하는 증빙서류는 각 항목 별로 대표적인 사례 2-3개를 선별하여 학교 직인을 찍어서 첨부합니다. 나머지 서류들의 증빙은 지원자의 고등학교에서 검사했다는 것으로 인정합니다.

여섯째, 스펙은 화려하지 않아도 자신의 꿈을 보여줄 수 있다면 그것으로 충분합니다.

마지막으로 자기소개서에서 강조해야 할 점은 자신의 열정과 자신감을 드러내는 것입니다. 단순히 '열심히 하겠습니다'라는 '립 서비스'가 아니라 자신이 열정을 가지고 해결했던 사례를 들어서 자신의 장점을 기술하십시오.

▶ 5. 면접을 보기 전에 어떤 준비를 했나요?

수능이 끝나자마자 곧바로 준비에 돌입했습니다. 제출했던 서류에 대해서 각 부분별로 면접 대비 정리장을 기록했습니다.

첫째, 학교 생활기록부에 기재되어 있는 모든 사항에 대해서 검토하고 보충 설명이 필요한 부분은 따로 답을 준비했습니다. 특히 독서 활동에서 기록했던 책들에 대해서 다시 한 번 그 내용과 의미를 숙지했습니다. 또한 기록되지 않은 책 중에서 서울대가 요구하는 인재라면 읽었을 법한 책으로 『제3의 길』을 택하여 정독하였습니다. 가끔 면접에서 고전 텍스트나 심도 있는 책들을 물어보기 때문에 필살기로 한 권을 준비한 것입니다.

둘째, 자기소개서에 기재된 기본 개념들을 정리하고 예상되는 질문 리스트를 만들어 답을 정리하면서 반복적으로 훈련했습니다. 특히 사회과학대학을 지원했기 때문에 사회현상이나 시사 이슈에 대해서는 더 중점적으로 체크하였습니다. 다행히 저의 아버지가 논술학원 원장이라 많은 부분에서 도움을 주었습니다. 면접의 성격상 면접관과 피면접인의 관계를 설정하여 서로 질문하고 답해야 하는 훈련이 필수적인데 아버지가 그 역할을 잘 해주셨습니다.

셋째, 면접과 관련된 사이트를 활용하여 다른 합격생들의 경험을 참고하였습니다.

넷째, 비교과 활동의 내용을 정리하여 그 활동에서 얻은 의미를 다시 한 번 숙지하였습니다.

다섯째, 서울대학교 사이트를 활용하여 학교와 지원 학과의 특성에 대하여 파악하였습니다.

여섯째, 폰이나 디카로 모의면접 장면을 수시로 동영상으로 찍어서 직접 모니터링을 했습니다. 저의 장단점을 스스로 파악할 수 있어서 잘못된 면접 자세를 교정할 수 있었습니다.

▶ 6. 면접 때 실수한 점, 그리고 잘한 점은 무엇이라 생각합니까?

면접 내용은 대체로 쉬운 편이었습니다. 자기소개서에 드러난 기록들 중에서 확인하고 싶은 내용을 면접관이 미리 체크하여 질문한다는 인상을 받았습니다. 특별하게 실수한 것은 없지만 존경하는 인물에 대한 질문의 내용을 잘못 알아들어서 조금 버벅거렸던 것이 마음에 걸렸습니다.

면접고사는 단기간의 노력으로 성과를 얻기가 힘든 시험입니다. 평소 자신의 지식과 경험을 총동원해야 하기 때문에 밑천이 딸리면 대화를 매끄럽게 이어가기가 곤란합니다. 면접의 기술은 그야말로 기술에 지나지 않지만 면접의 내용은 수험자의 모든 지식을 재구성하는 과정이므로 길게는 초등 때부터 다양한 독서와 폭넓은 토론을 통해서 배양해야 하는 전인 능력입니다. 평소에 사회문제와 사회현상에 관심을 갖고 자신만의 입장을 정리해 놓지 않으면 대답의 깊이가 없기 때문에 금방 자신의 지식이 드러나게 됩니다. 뉴스나 신문을 통해서 시사적인 문제에 대해 이해하고 자신의 고민을 통해서 관점을 정리해 두어야 합니다.

▶ 7. 내신이 평균 3등급 이하인 학생들은 어떤 전형을 목표로 해야 할까요?

먼저 지원 대학의 내신 반영 방법을 정확히 파악하는 것이 중요합니다. 수시 일반전형에서 상위권 및 중상위권 대학은 주로 논술고사를, 중위권 대학들은 적성고사를 실시합니다. 논술 출제 경향도 대학별로 다르기 때문에 지원할 대학의 경향을 파악할 필요가 있습니다. 특별전형이나 입학사정관 전형에서 면접을 중시하는 추세이므로 해당 전형의 특성에 맞춰 준비할 필요가 있습니다.

예를 들어 외국어 특별전형이라면 영어 에세이를, 수학·과학 특별전형이라면 수학 및 과학에 대한 심층 면접을, 입학사정관 전형이라면 인성 면접 대비에 집중하는 등 지원 대학 및 전형별로 요구하는 면접 내용 및 방식을 미리 파악해 대비해야 합니다.

현실적으로 학업성적 우수자가 아니라면 수시 일반전형에서 대학별고사와 구술 면접을 대비하여 기본적인 배경 지식과 표현력을 훈련해야 합니다. 정리해서 말하면 내신 성적이 3등급 이하라도 수시를 포기하지 말고, 지원 대학의 요강을 검토하여 지원 자격을 확인하고, 대학별고사나 면접을 철저히 준비하는 것도 하나의 방법이라고 생각합니다.

▶ 8. 논술 준비는 어느 정도 수준인 학생들이 어떻게 준비해야 할까요?

수시에서 논술전형은 자격 제한이 없고 논술 성적으로만 선발하기 때문에 내신 성적이 좋지 않은 수험생들도 한 번 도전해 볼만한 전형입니다.

대부분의 상위권 대학 중에 '일반 전형'이라는 것이 논술전형입니다.

그런데 평소 논술을 준비하지 않은 수험생이 도전하기에는 좀 힘든 전형입니다. 전국에 있는 수험생들 중에는 논술 시험을 위해서 3년간을 애를 쓰며 공부한 학생들도 많습니다. 또한 논술의 성격상 하루아침에 좋은 글을 쓰기도 사실상 어렵습니다. 꾸준히 논술을 훈련해 온 수험생이라면 꼭 도전해 보십시오.

단 논술전형이라고 해서 수능을 소홀히 하면 안 됩니다. 학교에 따라서 '우선선발'이라는 것이 있어서 수능 점수가 높은 학생은 자기들끼리 경쟁을 합니다. 즉 경쟁률이 낮게 때문에 합격할 가능성이 훨씬 높습니다. 지원하고 싶은 대학의 논술 기출 문제를 중심으로 풀어보면서 그 유형을 연습하는 것이 가장 효과적인 방법입니다.

▶ 9. 수시 지원이 여섯 번으로 제한되었는데 어떻게 쓰는 것이 가장 현명할까요?

2013학년도 대학입학전형 기본사항, 변경사항 안내에 의하면, 교육대학 포함, 산업대학·전문대학을 제외한 '전형'의 범위는 '수시모집의 정원 외 전형(재외국민 전형 등)을 포함한 모든 전형'을 의미합니다. 따라서 정원 내 일반전형과 특별전형뿐만 아니라 정원 외 특별전형인 농어촌 학생 전형, 특성화(전문계) 고교전형, 재외국민과 외국인전형, 기초생활수급자 및 차상위계층 전형도 수시지원 횟수에 포함되는 것입니다.

또한 수시모집의 모든 전형, 정원 외 전형(재외국민 전형 등)을 포함한 모든 전형은 '수험생이 전형료를 각각 지불하고 원서를 여섯 번 접수하는 것'을 말하므로 지원한 대학의 수와 관계없이 수시모집에서 지원한 모든 전형을 대상으로 하며, 동일한 대학에서 복수의 전형에 지원한 경우에도 별도의 전형에 각각 지원한 것으로 산정합니다. 즉, 지원 횟수를 셀 때, 지원한 대학의 수가 아니라 지원하여 전형료를 낸 전형의 수가 기준이 됩니다. 따라서 올해 수시모집부터는 동일 모집 시기 안에서 중복 지원한 경우 각각 지원한 것으로 인정되므로 동일 모집 시기 안에서의 중복지원이 가능하도록 하는 대학들이 사라질 것입니다.

반면, 각 대학들은 지원 횟수 제한에 따른 지원율을 높이기 위해 1회 지원으로 다양한 조합으로 선발하는 '통합전형'이라고 불리는 중앙대 2013 수시 일반전형과 같은 전형들을 경쟁적으로 도입할 가능성이 높습니다.

중앙대는 전년도의 경우 학업우수자전형 유형1과 유형2(학생부형), 일반전형(논술형)을 모두 지원하면 3회 지원한 것으로 인정되지만 올해처럼 학업우수자전형 유형1은 일반전형의 트랙1로, 유형2는 트랙2로, 일반전형의 우선선발은 트랙3으로, 일반전형의 일반선발은 트랙4로 옮겨 놓은 후 일반전형을 1회 지원하면 트랙1부터 순서대로 4까지 사정함으로써 학생은 1회만 지원하면 실질적으로는 3개 전형을 지원한 효과를 얻게 되는 것입니다. 이러한 경우 내신 성적이 우수한 학생들은 '학생부형'과 '논술형'을 모두 평가받는 기회를 얻지만 내신이 불리한 학생들은 사실상 학생부형은 합격이 어려우므로 논술형만 지원한 것과 큰 차이가 없게 됩니다.

주의할 점은 지원자가 6개 전형을 초과하여 원서를 접수한 경우에는 초과된 전형의 원서 접수를 취소하고 전형료를 환불하고, 대학별 입학 전형이 종료된 후, 복수지원 위반 사실이 전산자료 검색을 통해 확인될 경우 입학을 무효로 하도록 되어 있습니다. 따라서 7번째 이후 지원한 대학은 합격 유무와 상관없이 무효 처리가 되는 점에 주의해야 합니다. 지원한 대학들 중 해당 대학에 전형료를 낸 은행 거래 내역 등을 통해 꼭 확인하십시오.

대부분의 전문가들이 수시 1차 전형에 상당수의 지원자가 몰릴 것이라고 예측하고 있습니다. 특히 상위권 대학들은 1차에 접수를 마칠 것이라는 예상입니다. 제 생각으로는 1차 모집에서 4회(상향 지원 1회, 소신 지원 2회, 안정 지원 1회), 2차 지원에서 2회(소신 지원 1회, 안정 지원 1회)를 하는 것이 좋지 않을까 생각합니다. 많은 수험생이 조급한 마음으로 1차 지원에 몰리게 되면 상대적으로 2차 지원의 경쟁률이 다소 낮아질 것으로 예상되기 때문에 여섯 번의 기회를 고르게 나누어 쓰는 전략이 좋을 듯합니다.

▶ 10. 장학금! 어떻게 받을 수 있나요?

대학 입학금과 등록금 문제로 고민하는 학생들은 장학금 사이트를 참고하여 자신의 성적과 가정 형편에 맞게 꼭 신청하십시오. 인생에는 많은 기회가 있지만, 잡지 못하면 의미가 없습니다. 수능 시험이 끝나면 여러 가지 준비할 것이 많아 바쁘겠지만 장학금 신청은 꼭 챙기십시오.

① 장학금 사이트를 활용하여 정보를 탐색합니다.
② 자기소개서를 원하는 장학재단이 많습니다. 틈틈이 준비해 두세요.
③ 1차 서류전형에서 통과하고 2차 면접을 봐야 하는 장학재단도 있습니다. 자신의 삶의 과정을 돌아보고 가치관과 정체성, 사회 문제에 관한 배경 지식들을 정리해 두세요.

소박한 가정에서 평범하게 자란, 아들이 서울대학교 사회과학대학에 합격하였습니다. 아빠로서 아들이 참 대견하고 자랑스럽습니다. 가난한 아빠의 입장에서 경제적인 뒷받침을 충분히 해주지는 못했지만 정신적인 위로와 격려를 많이 해주었습니다.

아들을 따듯한 시선으로 지켜보면서 인생과 진로에 대해서 틈틈이 대화를 했습니다. 시간이 날 때마다 아들 친구들과 동네 운동장에 가서 아이크림을 걸고 내기 축구를 하면서 아들과 교감했습니다. 때로는 당구장에 데리고 가서 당구의 기술을 가르쳤던 기억은 흐뭇한 행복 그 자체였습니다.

엄마들의 잔소리는 음악과 같아서 적당하면 삶의 활력이 되기도 하고 넘치면 짜증스런 소음이라고 하지요. 하지만 까다롭고 쩨쩨한 아빠들의 성난 잔소리는 아이들에게 돌이킬 수 없는 상처를 준다고 합니다. 아이들에게 항상 따뜻한 위로와 격려를 해줍시다.

이 땅의 아버지들이 아이들의 학업 문제와 인생 문제에 대해서 더 많은 관심을 갖고 솔직한 대화를 많이 갖기를 희망합니다.

이렇게 아들을 빌미로 서툰 글을 썼습니다. 이 책을 쓸 수 있도록 저에게 기회를 준 아들 주안이, 엄청난 체력으로 인터넷을 검색하여 귀중한 정보를 제공했던 억척스런 아내 성희, 주말에 기숙사에서 나와 집에서 쉬고 있는 형을 위해 맛있는 라면을 끓여주었던 사랑스런 작은아들 주현이, 매일 새벽마다 손자들을 위해 기도하시는 어머니, 모든 기쁨을 사랑하는 가족들과 함께하고 싶습니다.